제3판

일상의 여성학

여성의 눈으로 세상읽기

곽삼근
김신현경
김현미
손승영
이소희
주은희

박영사

「일상의 여성학」이 1998년에 첫 출간된 이후 2005년에 개정판을 낸 지도 벌써 12년이 지났다. 첫 출간 이후 20년간 여성학계에는 커다란 변화가 있었다. 21세기는 여성의 세기가 될 것이라는 예측과 맞물려 다양한 변화의 움직임들이 있었다. 한국에 여성가족부가 출범한 이래 여성정책 측면이나 여성들의 정치적 · 경제적 활동에 있어서도 큰 진전이 있었음은 여성학의 기여가 혁혁함을 느끼게 해 준다. 법적 제도적 변화에 이어 여성의 일상적 삶의 영역에도 영향을 끼치게 되면서 여성학은 문화전반으로 관심이 확대되고 있다.

그러나 우리나라는 국가의 경제력에 비하여 여성의 정치 · 경제적 지위는 세계적으로 열악한 위치에 있다. 북유럽의 여성권한지수가 0.8~0.9를 상회하는데 한국은 0.55 정도로 매우 저조하며, 성별 임금격차가 매우 커 2015년도 현재 OECD 회원국 중 4년 연속 최하 1위이다. 여성운동과 유엔여성차별철폐협약의 영향으로 인하여 세계 각국 여성의 사회적 지위는 나날이 증진되어 왔으나, 아직도 한국의 여성권한지수는 세계적으로 하위권에 머물고 있다. 국제적으로 비교해 볼 때 한국 여성들의 고등교육수준은 높은 편이지만, 고등교육을 받은 여성들의 경제활동 및 사회활동 참여율은 지속적으로 낮은 편이다. 한국이 선진국으로 진입하기 위해서는 여성 권한 강화를 포함한 여성 인력의 효율적 활용이 시급히 필요하다. 한국 여성들의 생활 현장에서 나타나는 문제들을 해결하기 위해서는 여성들의 경제적 지위를 높이는 동시에 정치활동 참여 활성화와 조직 내 여성 고위직 종사자의 증가로 여성권한지수를 향상시킬 것이 요구된다.

무엇보다도 그 동안 여성학의 대중화를 통하여 주변인으로서 존재하였던 위치를 자각한 여성들은 어떠한 형태로든 자신의 개인적 정체성을 찾고자 노력하고 있으므로, 여성학은 이를 적극 반영할 필요가 있다. 여성학은 이론과 실천을 포괄하는 행동학문으로서의 기능을 충실히 할 것을 요청받고 있으며, 이번 개정판에서는 이러한 한국의 여성지위에 대한 변화 요구와 최근의 여성문화, 페미니즘의 성장과 대중적 요구를 반영하고자 하였다.

새로운 모습으로 선보이는 「일상의 여성학」은 제목에 걸맞게 여성들 삶에서 변화되고 있는 주체인식과 여성주의 문화를 적극 반영하였다. 법·제도 정책의 변화 등은 물론 변화하는 여성학 관련 이론과 실천을 담고자 한 것이다. 종래의 총 5부 15장이었던 내용을 총 4부 12장으로 재구조화하면서 시대흐름에 맞게 여성주의 문화와 대중문화의 비중을 높였다. 집필진 구성에서도 기존 필자들 외에 여성주의문화 전공자인 김신현경 박사를 추가로 영입하여 대중문화 부분을 충실히 보강하였다. 새로운 책을 만들어내는 것보다 더욱 힘들게 추진되는 개정 과정을 기획해 주신 박영사와 편집을 담당해 주신 편집부 직원들께 감사의 마음을 전한다.

2017년 2월
집필진 일동

머 리 말

　여성학에 관심을 갖고 자리를 함께 한 지 벌써 2년이 지났다. 1996년 4월 중간고사 기간에 모처럼 시간을 맞춰 만남을 갖자던 제의가 「일상의 여성학」이라는 결실로 맺어진 것이다. 처음에는 그저 여성들의 이야기인 일상적인 대화로 시작하였다가 점점 구체적인 문제에 접하게 되었고, 그러다가 책을 집필하자는 방향으로 자연스럽게 의견이 모아졌다.

　책을 공동으로 집필한다는 것은 상당히 어려운 작업이다. 협의회를 하기 위해서 다섯 사람이 동시에 같은 시간을 낸다는 것이 무엇보다 힘들었다. 그러나 한편 학문적으로 통하는 사람들끼리 서로 공통의 목표를 향해 함께 일한다는 것은 참으로 즐겁다는 것을 알게 되었다. 연구실을 돌며 그 동안 바쁜 틈에도 좋은 장소에서 함께 한 시간들이 새삼 그립다. 책의 집필 방향을 정하고 책의 목차를 가다듬으며 상호의견을 조정하는 과정에서 서로의 언어적 감각과 재치에 웃음을 터뜨리곤 하였다. 특히 책의 제목을 결정하는 날, 갖가지 이름들이 나열되면서 오랜 시간 심사숙고하고 논의를 해야만 하였다. 톡톡 튀는 어휘들 중 그래도 가장 참신하다고 모두 입을 모아 만장일치로 이름을 지었을 때는 정말 유쾌한 기분이었다.

　이 책은 제목이 말해 주듯이 일상의 여성학을 다룬다. '여성의 눈으로 세상 읽기'라는 부제가 그동안 남성들의 시각에서 보았던 세상사를 새로이 부합하도록 각각의 다른 학문영역에서 저자들이 집필하려고 하였다. 그러나 기존의 여성학 저서는 공동집필이라고 하더라도 각 편간에 상호연계가 부족하거나, 별개의 논문을 한데 묶은 것처럼 겉돈다는 것이 우리들의 공통의견이었다. 따라서 저자들은 전체적인 책의 흐름을 상호조정하며 각 장의 내용을 집필하도록 노력하였다.

　　이 책은 총 5부 15장으로 되어 한 학기 16주 강의에 적합하도록 구성하였
다. 제1장, 9장, 10장은 김현미가, 제2장, 11장, 12장은 이소희가, 제3장, 4장 ,5
장은 주은희가, 제6장, 13장, 14장은 손승영이, 제7장, 8장, 15장은 곽삼근이 집
필하였다. 물론 처음 계획한 책조율을 통하여 몇 차례 수정하였다. 이 책은 각
부별로 전체적 요약문을 실어 부에서 다룬 내용을 파악할 수 있도록 하였고, 각
장의 서두에 목차를 수록하여 한눈에 장의 내용을 알 수 있도록 배려하였다. 또
한 각 장을 읽은 후 토론 및 연구과제를 제시하여 주요 문제를 공부하기 쉽도록
하였다. 여성의 눈으로 세상을 보고 느끼고 읽는 데에 이 책이 작은 보탬이 되
기를 바라는 마음 간절하다.

　　이 책을 세상에 내놓게 되기까지 직접, 간접으로 도와 주신 여러 사람들의
협조에 감사드린다. 또한 다섯 명의 공동저자가 서로 양보하고 이해해 주어 계
획한 절차에 착오없이 맞출 수 있었음을 감사하게 생각한다. 우리 다섯 사람의
가족들에게도 모두 고마움을 전하고 싶다. 끝으로 이 책을 기꺼이 출판해 주신
박영사 안종만 사장님과 더운 여름날 다섯 명의 분주한 여성 저자들과 서로 연
락하느라 고생을 많이 한 편집부 직원들께 깊은 감사를 드린다.

1998년 7월

저자 대표

차 례

제 1 부 여성주의와 여성학

제 2 부 여성과 남성의 심리적 이해

여성주의와 여성학

자신이 몸담고 있는 사회에 성차별이 존재한다고 믿는 사람이라면 그 원인과 현상을 체계적으로 이해하고 싶어한다. 여성학은 바로 이러한 욕구를 제도권 학문 영역에서 탐구하는 새로운 분야이다. 제1장은 여성학이 어떤 학문인가를 이해하는 것을 목표로 한다. 여성학은 1970년대 이후에 새롭게 등장한 신생학문이지만 여성학의 기본적 인식틀인 페미니즘은 남녀 불평등이 지속된 이래로 존재해 왔다. 여성학은 성차별적인 현실을 체계적으로 분석하여 여성억압의 구조와 기원을 밝혀내는 분과 학문으로서 페미니즘 인식론과 여성주의 운동을 결합하여 사회를 실질적으로 변화시키려는 실천학문적 성격을 지닌다. 제1장에서는 서구와 한국사회에서 여성학이 설립된 배경과 발전과정을 이해하고 여성학이 학문 분과로서 갖게 되는 강점과 딜레마를 이해한다. 아울러 여성학과 여성주의에 대한 편견과 오해를 점검한다.

제2장에서는 여성억압의 현실을 다양한 관점에서 설명하는 네 가지의 고전적인 여성주의 이론과 최근의 네 가지 여성이론으로 설명한다. 서구 자유주의 '인간' 개념에서 여성을 배제했다는 데 주목한 자유주의 여성주의 이론, 계급을 여성억압의 주요 원인이라고 설명하는 마르크스주의 여성주의 이론, 가부장제가 여성의 몸을 통제하는 방식에 주목한 급진적 여성주의 이론, 마르크스주의 여성주의와 급진적 여성주의의 이론적 핵심을 결합하여 여성억압을 설명하는 사회주의 여성주의 이론이 고전적인 여성주의 이론이다. 최근의 여성주의 이론으로는 여성의 타자성을 창조적으로 해석하고 차이와 다양성에 주목하는 포스트모던 여성주의 이론, 생태학과 여성주의 운동을 결합시킨 에코 여성주의 이론, "여성" 개념의 본질주의에 도전하여 한 국가, 또는 전 세계적인 관점에서 모든 여성들이 평등하게 창조되거나 구조화되지 않았다는 통찰력에 근거하는 복합문화 여성주의 이론과 전 지구적 여성주의 이론이 있다.

제 1 장

여성학의 이해

1 여성학(Women's Studies)이란?

여성학은 여성이 역사적·제도적으로 차별되어 왔다는 인식에서 출발하여 그러한 차별을 없애기 위해 연구나 교육을 행하는 운동으로 정의되는 새로운 학문이다. 한국사회에서 여성학은 종종 여성들에 의해 행해지는 여성에 관한 연구라고 이해되어진다. 하지만 여성학은 단순히 여성에 관한 연구가 아니라 특별한 관점과 시각으로 여성의 경험을 연구하고, 성차별주의를 변화시키려는 실천학문이다. 성차별주의는 여성들을 사회적으로 힘이 없는 집단으로 만들 뿐 아니라, 남성들에게 과도한 특권과 그에 따른 의무를 부여함으로써 남성 또한 억압을 받는 구조이다. 그러므로 여성학은 남녀의 차이가 위계적으로 형성되는 원인과 과정을 분석하여, 대안을 제시하는 것을 목적으로 한다. 여성학에서는 성평등주의 시각을 기본으로 하여 성차, 사회화과정, 사랑, 결혼, 성, 가족, 노동, 법, 경제 등 제반영역에서 남녀의 차이가 구성되고 위계화되는 방식을 분석한다.

여성학이 어떤 학문인가를 이해하기 위해서는 여성주의 운동(feminist movement)에 관한 총체적인 이해가 선행되어야 한다. 여성주의 운동 혹은 페미니스트 운동은 삼중의 실천행위(triple practices)로 정의된다. 즉 남성우월주의에 기반을 둔 가부장제를 비판하고 해석하는 이론적이며 학문적인 텍스트로서의 여성주의 인식론(페미니즘)과 이러한 새로운 지식을 교육하는 제도적 장치로서의 여성학, 그리고 실질적인 사회변화를 위해 조직적으로 실행되는 행위로서의 여성운동이 결합된다.

여성주의 운동에서는 운동의 현장과 이론적 작업은 분리되지 않으며, 산출된 지식은 인간의 삶을 변화시키는 데 직접적으로 개입한다. 여성학은 인식론으로서의 페미니즘을 기반으로 하여 지식을 생산하고 가르친다. 페미니즘의 가장 주요한 논점은 여성이 자신의 삶의 주체가 되지 못하고 항상 '타자'로 취급되어 온 것에 대한 인식에서 출발한다. 여성이 자아에 대한 긍정성을 회복하고 독립적인 인격을 회복하기 위해서는 여성 개인의 노력과 아울러 사회적 범주로서의 여성들의 집단적 실천이 요구된다. 이러한 실천을 가능하게 하기 위해서는 총체적이고 체계적인 방식으로 상황을 분석해야 하며, 여성학은 바로 이러한 지식 생산과 확산을 주도하는 역할을 한다.

2 페미니즘 인식론

페미니즘은 여성 억압의 원인을 이해하고 개선하려는 다양한 관점과 시각이므로 한마디로 정의 내릴 수 없는 복합적인 사상체계이다. 페미니즘은 성(性)을 학문적 의제로 삼는다. 즉 성적 차이(sexual difference)가 어떠한 방식으로 역사적으로 또는 문화적으로 구성되는지를 분석함으로써, 남녀 간의 차별이 이루어지는 사회적 맥락을 분석한다. 페미니즘은 '문화'라는 개념을 도출시키면서 우리의 인식에 획기적인 전환을 가져왔다(김현미, 1997). 페미니즘은 사회적·문화적으로 형성된 성차, 즉 젠더(gender)라는 개념을 도입하면서, 기존에 남녀관계에 획기적인 전환을 가져온다. 즉 페미니즘적인 인식론이 등장하기 이전에는 남녀는 본래적인 생물학적인 차이 때문에 다른 기질을 갖게 되고 성에 따라 특정한 역할을 행할 수밖에는 없다는 인식론이 지배적이었다. 이런 인식론은 생물학적 결정론이라 부른다. 예를 들어 여성은 아기를 낳을 몸을 갖고 태어났으므로, 여성이 당연히 아기를 기르고 양육해야 할 뿐 아니라, 다른 사람을 돌보고 감정적인 사랑을 베푸는 것이 당연하다고 생각했다. 페미니즘은 남녀 간의 차이들이 계속적으로 생산, 유지되고 강조되는 것은 남성들이 얻게 되는 특권과 혜택에서 비롯한 남성중심적 세계관에서 비롯되는 것이라고 주장한다. 페미니즘은 여성의 억압을 여성이 지닌 생물학적인 특성에서 비롯된 것으로 보지 않고, 문화적 요인에서 찾는다. 즉 '여자답게' 길들여지고, 교육되고, '여자로서' 할 수 있는 일만을 하게 만드는 사회화과정을 문제시한다. 그러므로 페미니즘은 여성들에 의한 새로운 문화의 생산을 사회변혁의 중심영역으로 상정한다.

그러나 각 나라와 문화권에서 성차가 구성되는 방식은 다르다. 즉, 역사적·문화적 맥락이 다르므로 젠더가 구성되는 방식, 여성성과 남성성이 실천되는 방식, 그리고 성불균형이나 성위계화가 구성되는 방식이 다양할 수 있고, 이에 따라 페미니즘이나 여성운동의 틀이나 내용이 다를 수 있다. 주로 서구에서의 여성운동이 '평등'의 개념을 중심으로 여성의 권리획득에 집중해 왔다면, 한국의 여성운동은 남성중심의 집단주의 문화가 생산해내는 역사적이며 문화적인 왜곡과 모순을 운동의 주요 과제로 삼아왔다.

구체적으로 젠더가 수행되는 방식은 문화권마다 달라도 페미니즘 인식론이 위치하는 철학적 기반은 같다. 무엇보다 페미니즘은 여성의 타자화를 거부한다. 여성은 늘 누구의 딸, 누구의 부인 또는 누구의 어머니로서만 사회에 알려진다. 이것은 여성이 남성과의 관계 속에서만 자신의 존재를 알릴 수 있고, 사회적 인정을 받게 된다는 의미이다. 왜 여성들은 개인으로서 자신을 드러내기보다 다른 남성과의 관련성 안에서만 평가를 받는 것일까? 페미니즘은 이렇게 여성이 주체가 되지 못하고 '타자'(Other)로 인식돼 온 것에 대한 비판을 수행한다. 여성의 타자성은 여성이 남성이 될 수 없기 때문에 생겨난다. 즉 남성은 늘 행위와 의지의 주체이며 개별적인 인격이 있는 존재로서 자아감을 갖는 반면 여성은 남성이 아닌, 남성과의 차이를 통해 정의되는 존재로 규정된다는 것이다. 즉 가부장제 사회에서 남성은 여성과의 차이를 본질화하고 위계화하는 과정을 통해 정체성을 획득한다. 여성과 남성이 인간으로서 갖게 되는 많은 공통점에도 불구하고, 여성과 남성의 '차이'는 극대화되고 양립불가능한 것처럼 설명된다. 즉 여성은 남자와 다른 존재로 규정되고, 그 둘 간의 차이는 극대화되고 위계화된다. 여성은 스스로 자신을 정의하고 대표할 수 있는 존재성을 부정당한다. 여성이 남성의 타자로서가 아닌 독립된 인간으로 서게 하기 위해 페미니즘은 여러 방면의 노력을 기울여 왔다. 일차적으로 페미니즘은 여성의 타자화가 생성되고, 유지되는 사회적 메커니즘을 분석한다. 여성성을 새롭게 재개념화하거나 '양성성'을 강조하는 것도 이러한 노력에 포함된다.

  페미니즘은 성차가 위계적 차별로 인식되는 맥락을 비판한다. 항상 여자들의 속성은 남성들이 자신을 표현하거나 동일시하고 싶어하는 대상과 반대의 '성격'을 지닌 것들로 정의되어져 왔다. 예를 들어 힘과 생명, 에너지의 상징인 태양이 남성적인 것으로 규정되면 그 반대적인 속성 즉 어둡고 차갑고 음성적인 달의 이미지는 여성과 비유된다. 이러한 상징성은 위계적 질서를 수반하여 항상 여성적인 것은 남성과는 다른, 부정적인 의미를 띠는 문화적 의미와 연결된다. 우리 인식 속에 존재하는 이러한 인식의 불평등성은 실제의 삶 속에서도 여성을 비하하고 여성의 사회적 공헌을 보이지 않게 하는 남성중심주의적 질서를 정당화한다.

  페미니즘은 여성경험의 주변화를 거부하여, 여성의 자기 긍정성을 확대시킨다. 이제까지 잘 알려져 있지 않은 여성의 역사를 복원해내고, 여성의 경험을 재해석함으로써 여성의 문화를 재구성하고 회복시키는 것은 남성에 의해 들려진 이야기(History)로부터 여성의 역사(Herstory)를 만들어 가는 것과 같은 전복적인 실천이다.

  최근 페미니즘은 여성과 남성 간의 권력관계에 대한 관심에서부터 젠더와 다른 범주들 간의 결합이 만들어내는 정체성과 억압의 과정에 관심을 갖는다. 위에서 언급한 것처럼 역사적으로 페미니즘은 단일한 체제가 아니라 여성억압에 대해 다양한 원인과 해결책을 제시하면서 발전해왔다. 페미니즘 연구나 운동이 서구와 한국 모두에서 주로 가부장제나 자본주의 같은 총체적 구조에 대한 분석을 통해 여성 억압의 기원과 해결책을 모색해왔다. 그러나 1980년대 이후에는 여성과 남성의 '차이'를 기반으로 한 억압뿐만 아니라 여성들 간의 차이에 관심을 갖게 되면서 계급, 인종, 섹슈얼리티, 국적, 세대 등 다른 사회적 차별화의 기제와의 관련성을 통해 여성들의 다양한 억압 경험을 연구한다. 즉, 서구 백인 중산층 여성의 경험을 바탕으로 이론화되었던 페미니즘 인식론에 대한 문제 제기를 통해 젠더 본질주의적 시각에서 탈피하고자 한다. 1990년대 이후 페미니즘은 젠더와 다른 사회적 기제들을 연결시켜 사유하는 교차이론(intersection)의 관점을 채택한다. 교차성(Intersectionality)의 관점에서 특히 강조되는 것은 '다양하고 주변적인 입장들과 위치들'에 대해 주목하는 것이다(Knudsen 2004). 개인은 젠더정체성뿐만 아니라 지속적으로 다른 사회적 정체성들을 획득하고 변화시키면서 매우 복잡하고 유동적인 정체성이나 입장을 갖게 된다. 교차이론은 젠더 경험과 다른 사회적, 문화적 범주들이 어떻게 교차하면서 복잡한 정체성과 입장을 구성해가는지, 이런 다중적 정체성에 기반을 둔 페미니즘을 위해 어떻게 지식을 만들어나가고 실천적인 운동을 구성해갈지를 고민하는 이론이다(김현미 2014).

페미니즘 인식론은 여성들뿐만 아니라 다른 제 억압을 경험하고 있는 사람들과 연대하며 가부장제, 이성애중심주의, 경제제일주의, 인종주의 등에 저항한다. 페미니즘 운동은 억압 받는 존재들의 공통된 정치적 목표를 인식해가면서 성장해왔다. 또한 가부장제가 여성과 남성의 위계를 강화하는 제도일 뿐만 아니라 남성들 간의 위계와 '정상'/'비정상'의 구분을 강화하는 제도임을 강조하면서 남성성에 대한 연구를 수행해왔다. 무엇보다 전구지적인 자본주의의 확장과 그로 인한 빈곤화, 비인간화, 환경 파괴나 재앙 등이 빈번하게 일어나는 것에 대한 페미니즘적 실천도 활발하게 진행되고 있다. '모든 삶은 연결되어 있다'는 모토로 페미니즘 운동을 전 지구적인 범위로 확장할 필요성이 강하게 대두되고 있다(김현미 2014).

3 여성학과 페미니스트

여성학을 통해, 또는 여성주의적 세계관의 습득을 통해 의식화 된 사람을 우리는 흔히 페미니스트 혹은 여성주의자라 부른다. 페미니스트란 '스스로 그렇

다고 인식하고 다른 사람들도 페미니스트로 인정하는 사람'이다. 그러한 인식은
의식화를 통해 이뤄진다. 의식화란 여성 및 성적 소수자에 억압에 대한 깨달음
과 이들이 획득해야 할 권리에 대해 자각하는 것을 의미한다. 또한 변화를 위한
연대와 공동체 운동의 필요성을 이해하는 과정을 포함한다. 일부의 운동가들이
자신의 몸담고 있는 사회운동의 지향과 자신의 일상적 실천에서 괴리를 보이는
것에 비해 페미니스트가 된다는 의미는 자신의 일상에서 진행되는 미세한 것들
에 대해서도 의미를 끌어내고 불평등에 저항할 수 있는 감수성을 갖는 것이다.
이때 자신의 무의식적인 언어나 행위가 기존에 남녀 권력관계과 제반 억압관계
를 재생산하는 데 기여하고 있지는 않은지에 대한 자기 성찰성을 가져야 함은
물론이다. 이는 지금까지 자신의 몸과 정서에 익숙한 문화에서부터 자신을 분리
해내는 과정이므로 갈등을 수반하는 고통스러운 깨달음일 수 있다. 하지만 동시
에 힘을 획득하는(empowered) 긍정적인 자기 확대의 경험이다.

앞 절에서 언급한 것처럼 여성학은 인식론으로서의 페미니즘을 기반으로
하여 지식을 생산하고 가르친다. 여성학을 배운 사람은 페미니스트으로서의 자
각을 갖게 되는 경향이 높다. 서구에서 여성학의 설립은 여성주의 운동의 결과
이며 여성운동의 전개와 밀접한 관련을 맺는다. 여성학은 미국에서 1960, 1970
년대 널리 확산된 여성운동의 와중에서 생겨나기 시작했다. 이는 여성학을 가르
치는 교수진이나 여성학을 배우고자 하는 학생들 사이의 공통된 인식의 결과에
따른 것인데, 여성의 사회적·정치적 불평등은 부분적으로는, 고등교육에서의 커
리큘럼, 연구과제나 방법론상에서 '여성'의 경험이 배제되는 것에 기인한다는 인
식이다. 여성학은 교과과정, 연구, 저술 및 교수 등 모든 영역에서의 지식생산
과정에 관여하여 기존의 남성중심적 사고틀에 변화를 일으킨다.

여성학은 영국 반대학(Anti-University)에서 최초로 강의되었으며, 미국에서
는 1970년에 샌디에고 주립대학에서 최초로 여성학 프로그램이 공식적으로 승
인되었다(National Women's Studies Association, 1991). 한국에서는 1977년 이화여대
에서 최초로 여성학이 선택교양강좌로 개설되었다. 1982년에 이화여자대학교의
대학원에 여성학과가 설치되었고 1990년부터 박사과정이 개설되었다. 2005년
이후 여러 대학에서 여성학 석박사 과정이 개설되었다. 한국에서 여성학 수업은
1990년에 들어오면서 급격한 수적 증가를 경험했다. 1984년에는 한국여성학회

가 창립되었고 「한국 여성학」 학술지를 발간하고 있다.

서구에서 여성학의 대학 내 제도화가 당시 여성운동의 영향과 지원 아래 이루어낸 성취였다면, 한국에서의 여성학의 출현은 한국사회의 여성교육에 대한 관심 및 노동시장에서의 여성차별이라는 맥락에서 이해되어져야 한다(장필화, 1996). 즉 교육 자체가 사회적 지위 향상으로 간주되고 있는 한국적 상황에서 한국의 여학생들은 공적인 평가체제로 운영되는 대학진학에 있어서는 차별을 받지 않은 반면, 졸업 후 노동시장에서 '여성'이라는 이유로 차별을 받게 된다. 또한 '성'이라는 조건 때문에 경험하게 되는 다양한 성적 폭력 및 비인간화를 통해 부정적인 성 정체성을 갖게 된다. 많은 여학생들이 이를 깨닫게 되고, 이론적으로 이런 현상을 이해하고, 대학 내에서 정치화하려고 한 것이 한국대학에서 여성학이 폭넓게 수용, 정착된 계기로 본다(김은실, 1998). 한국의 경우, 대학 내에서 여성학강좌가 개설되는 과정에서 특이한 점은 바로 학생들에 의해 여성학강좌의 개설이 요청되었다는 점에 있다. 1988년과 1989년에 대학 내에 여학생회가 조직되면서 모든 학부생들이 수강할 수 있는 여성학강의를 마련할 것을 학교당국에 요청했다. 몇몇 여학생회에서는 선거공약에 여성학 개설을 포함하기도 했고, 여성학 개설을 지지하는 서명운동을 벌이거나, 여학생회 주최로 여성학 특강을 준비하기도 했다(조형, 1990). 여학생회는 대학 내에서 여성학강좌를 개설하는 것뿐만 아니라, 여성학강사를 선정하고 여성학 교과과정을 새롭게 구성하는 데 있어서도 핵심적 역할을 했다(김은실, 1998). 이는 학생들이 성차별에 대한 개인적이며 정치적인 관심사를 교실로 유입시킨 학생–페미니스트 운동의 긍정적 측면으로 이해된다.

1990년대 모든 대학에서 여성학 강좌가 개설되면서, 한국의 페미니즘은 대중화되기 시작했다. '캠퍼스페미니즘'이 확산되면서 1990년 중, 후반 이후 '영페미니스트'가 탄생하게 된다. 당시 '영페미니스트'는 말 그대로 기존의 여성 운동 그룹인 시니어 페미니스트(senior feminist)들과 '세대'적인 차이를 보이며, 대학 내 남성 운동가와 분리하여 독자적인 문화 운동을 벌여나간 신세대 페미니스트들을 상징하는 범주이다. 이들은 이미지와 스타일에 대한 '감각'을 체득한 신세대의 문화를 내재화하면서도, '운동가'로서의 실천 의지를 강하게 견지해냈던 페미니스트들로서 '일상의 정치화'를 통한 변혁 운동을 주장했다. 특히, '성희롱',

'성폭행' 사건들을 통해 '섹슈얼리티'에 대한 비판적 자각을 갖게 되면서 여성주의 운동을 벌여나갔다. 이런 영페미니스트의 '성의 정치학'은 이후 2015년 '메갈리아' 세대의 페미니스트로 그 맥이 이어진다. '메갈리아' 세대의 페미니스트들은 대학의 여성학 수업뿐만 아니라 다양한 디지털 네트워크에서 교환된 정보, 인식, 감정 등을 통해 여성주의적 자아를 갖게 된 페미니스트들을 의미한다(김현미 2016).

④ 학문분야로서의 여성학: 강점과 딜레마

여성학의 주요 분석범주는 성(gender)에 대한 개념화인데, 권력과 기회를 차등화해내는 뿌리 깊은 사회적 고안물의 하나로서 성을 가르치는 것이다. 가장 중요한 것은 여성학은 억압받는 여성들뿐만 아니라 다른 제 억압을 경험하고 있는 사람들과 연대하며 이들에게 권리가 확장되도록 노력하는 데 있다. 그러므로 여성학이 어떠한 학문인가를 이해하기 위해서는 이러한 억압을 받고 있는 다른 그룹들과의 공통된 정치적 목표를 인식해야 한다. 이러한 변혁지향적인 여성학의 성격 때문에, 일반적으로 학계에서 통용되는 "감정에 사로잡히지 않는 객관적인" 학문이 되기 힘들다. 객관적이란 말은 기존 학문이 남성중심적인 지식체계를 당연시하고 교육체제를 통해 이것을 재생산해 온 것들에 대한 문제 제기를 하지 않는 것을 의미하기 때문이다. 그러므로 여성학자나 여성학을 전공하고 수강하는 학생들은 소위 '중립적인' 연구자의 자리에 자신을 위치시키지 않는다. 왜냐하면 '중립적'이란 의미는 연구자와 연구대상 간의 분리를 이루어내고 어떠한 감정적 이입을 배제할 때만 성립된다. 여성학은 인간을 연구대상으로 삼고, 불평등의 문제를 고민하는 학문분야이므로, 연구대상을 완벽하게 물건처럼 대상화할 때만 획득되는 연구자와 연구대상 간의 분리가 이루어질 수 없다. 오히려 기존의 학문들이 객관화 또는 과학화란 이름으로 생성해 온 지식들은 지극히 남성중심적인 관점에서 이루어졌기 때문에 보편적이라기보다는 오히려 편파적인 측면이 있다. 여성학자들이 '학자가 되기에는 너무 감정적이다'라는 일부에서의 비판은 오히려 여성학이 변혁적 학문이기 때문에, 기존의 학문들이 지닌 추상성과 권위의식으로부터 벗어나 있다는 긍정적인 의미로 이해되어야 한다. 여성학자 또한 연구대상의 일원이 되며, 다른 여성들이 경험하는 억압과 여성에 대한 신뢰의 감정이 없이는 훌륭한 여성학자가 될 수 없다. 여성학은 남성과 여성 개개인으로 하여금 일상적 삶에서의 끊임없는 자기 성찰을 하게 만드는 일이 중요하다. 여성학 교육의 성과도 여성학을 접한 피교육자의 사고와 행동에 변화를 가져올 때만이 그 의미가 크다(조형, 1990). 때문에 연구나 독자적인 학문적 성취라는 것으로 여성학의 합법성을 평가받지 않으려 한다.

여성학이 이렇게 주류 학회의 취지와는 맞지 않는 지향을 지닌다는 것은 여성의 주변화된(marginal) 위치를 반영하는 것인데, "주변에서 보는 관점"은 오히려 여성학의 이론적 기반, 즉 '타자'로서의 관점으로, 이는 기존의 제 학문들과 여성학을 구별짓는 중요한 이론틀을 제공한다.

여성학은 학제의 분과적 경계를 넘어서, 기존의 학과들이 갖고 있는 폐쇄성을 극복하고 학제적 연구(interdisciplinary)의 성격을 띤다. 이는 어떤 면에서는 여성학이 여성학 위원회, 여성학과, 여성학 프로그램, 여성학 센터 등의 다양한 제도적 장치를 통해 대학 내에서 가르쳐질 수 있다는 이점이 있다. 하지만 여성학 분야의 학제적 성격과 구조적 다양성은 동시에 여성학이 끊임없이 대학 내에서 독립 학문분야로 인정받고, 재원을 확보하는 데 어려움을 주고 있으며, 다른 학문분과와 타협을 해 나가야만 유지될 수 있는 취약점을 지니기도 한다. 이는 대학에서 기존의 학문분야(discipline)라는 것이 거의 '행정의 단위,' 즉 재원이 할당되고 독립적인 권위를 부여받는 폐쇄적 단위라는 것과 동일시되는 상황에서, 전통적 학문 간 경계를 넘나드는 여성학분야는 항상 그 지적 권위를 의심받게 되고, 재원의 독립적 확보를 어렵게 만든다. 재원부족과 보상제도의 부재 때문에, 종종 여성학을 가르치는 교수진은 가장 최첨단의 학문을 선도하고, 가장 열성적으로 가르치고 연구하는 학자들이지만, 고용을 보장받지 못하는 경우가 많다. 특히 한국에서는 대학 내에 주로 전임교수나 '과'가 없이, 시간강사들에게 강의가 일임됨으로써 여성학이 주도적·체계적으로 발전되기 어려운 여건에 있다(조형, 1990).

여성학의 대학 내에서의 정치·행정상의 주변화된 위치는 바로 여성학이라는 학문의 특성이 가장 잘 유지될 수 있는 토양이라는 긍정적 평가를 내릴 수도 있다. 즉 여성학의 이러한 위치는, 여성학이 기존의 범주를 거부하고 지식의 정치성에 대한 비평을 해 나가면서, 주류의 체제 유지적인 시스템 안으로 편입되가는 것에 저항하여 계속 진보적 입장을 유지할 수 있는 조건이 된다는 것이다. 여성학은 대학 내에서 '중심'(Center)이 누리는 안정된 재원과 지적 권위를 확보하기 위해 노력하면서도 인식론적, 정치적 입장에서는 중심이 지닌 가부장적 속성을 해체해야 하는 목표를 지니게 된다.

5 페미니즘에 대한 오해

여성학은 새로운 학문분야이지만 '페미니즘'은 일반인에게 낯설지 않은 용어가 되었다. 그렇지만 여전히 TV나 대중매체를 통해 이해되는 페미니즘에 대한 대중적 인지도는 낮거나 왜곡된 경우가 많다. 이는 정보의 부족 등에서 생기기도 하고 한국사회에서 왜곡된 상태로 내려온 여성관과 매스컴에서 생산해낸 편협한 이미지 때문이기도 하다. 무엇보다도 많은 여성들이 페미니즘과 자신의 삶이 어떤 방식으로 연결될 수 있는가에 대한 어려움을 느끼고 있다.

장필화(1997)는 여성학에 대한 편견과 오해는 우리 사회에 존재하는 여성비하적인 문화와 관련이 있다고 본다. 그는 여성과 관련된 이슈를 가치 폄하시키는 몇 가지의 경향을 지적한다. 첫째, 여성과 관련된 이슈를 사소화(trivialization)시키는 경향이다. 전쟁, 계급, 경제 문제와 같이 다른 중대한 문제들이 있는데 여성들의 억압에 대해 이야기하는 것을 '사치'니 '중산층 여성'들이 문제니 하는 것처럼, 여성문제는 구조적 측면의 문제와 아무 관련이 없다고 단순화하는 경향이다. 또한 여성문제를 특수화(particularization)시켜 버리거나 지나친 보편화(universalization)를 시켜 버린다. 특수화란 여성문제를 "특별히 이상한 여자들, 잘난척하고 싶어하는 여자들이나 할 일 없는 여자들"이 제기하는 것처럼 개인적 경험에 기반한 특수한 문제로 취급하여 성적 불평 등의 구조적이고 보편적인 측면을 간과하는 경향을 말한다. 보편화는 "중요한 것은 남녀가 함께 잘사는 인간해방의 문제"라는 식으로 여성문제의 본질을 다루거나 이해하지도 않은 채 이상적인 결론을 내려버리는 것과 같다. 장필화는 이런 말들이 궁극적으로 옳다 하더라도 그것이 성차별의 현실을 직시하지 않기 위해 사용될 때는 여성의 현실을 정당화 하는 데 기여할 뿐이라는 것을 지적한다.

　또한 성차별적인 현실에 대해 문제를 제기하는 여성들이 흔히 듣게 되는 말 중에는 "피해의식에 너무 사로잡혔다"라는 비난과 동정이다. 여성은 자신의 사회적 조건과 상관없이 여성의 '몸'을 갖고 태어나서, 여성으로 취급되는 한, 특별한 차별의 경험을 갖게 된다. 피해를 당한 경험이 있는 사람들이 '피해'의 내용과 피해를 당했을 때의 감정을 이야기하고 그것의 원인을 파악하려는 노력은 정당하고 바람직하다. 또한 그러한 피해가 또 일어날까 두려워하거나 경각심을 갖는 것과, 주위사람들에게 환기시키는 것은 사회를 변화시키기 위해 중요한 일이 될 수 있다. 그렇지만 한번도 여성들에게 적용되는 차별을 경험해 보지 않은 남성들이나 일부의 여성들은 여성들이 당하는 차별과 모욕감을 이해할 수가 없다. 그러므로 그들은 성차별에 대해 언어화를 시켜내는 여성들을 성격적으로 이상이 있거나 지나치게 감정적이다라는 말로 상처를 주게 된다. 직접적인 차별을 당하지 않은 사람이라도 성차별이 주는 비인격적이고 비도덕적인 현상이 개선되기를 원하는 사람들은 피해를 당한 여성을 또 한번 비난하기보다는 자신의 언어나 행위가 그러한 피해를 남에게 일으키고 있지는 않은지 돌아보는 용기가 필요하다.

　페미니즘은 계급, 성적지향성, 장애여부, 종족, 인종 등 다양한 사회적 범주와 결합되면서 남녀의 권력구도뿐만 아니라 복잡한 권력이 교차하며 만들어내는 다양한 차별과 입장들을 분석한다. 기본적으로 모든 이들이 성찰적 자기 인식하에 사회를 평등과 배려라는 가치로 변화시켜내는 것이 가능하다는 믿음을 확산시키는 것이 페미니즘의 목표다. 그러나 페미니즘 운동의 경험에서 드러난 "한 걸음의 진보와 두 걸음의 후퇴(one step forward, two steps backward)"라는 말처럼, 항상 일관적으로 진보적인 경로를 갖는 것은 아니다. 당연히 가부장적 기득권을 주장하는 사람들은 평등을 '상실'로, 배려를 손해로 이해하기 때문이다. 무엇보다 자신이 남성이라는 이유로 매일 수령해가던 가부장적 배당금을 포기할 사람은 없다. 이 때문에 페미니즘 운동은 항상 반동적인 안티－페미니즘으로 공격을 받았고, 더 낙후된 형태의 남녀관계로 퇴행적 경로를 밟기도 한다. 그러나 이런 '느린 진전'에도 불구하고, 모든 개개인의 평등, 자율, 공동체성에 대한 욕구는 쉽게 거세될 수 있는 욕망이 아니기 때문에 다양한 시대적 맥락과 결합하면서 새로운 젠더관계를 이룩해왔다. 페미니즘은 다원주의 가치를 지향하는 현대사회에서 개인 및 조직의 생활 철학으로 받아들여지고 있다.

토론 및 연구 과제

1. 여성이 인격적 주체가 되지 못하고, '타자화' 된다는 의미는 무엇이며, 자신이 이런 것을 경험했을 때 어떤 의문이 들었고, 어떠한 감정이 들었는지 논의해 보자.

2. 평소 자신이 여성학에 대해 갖고 있던 생각들은 무엇인지 토론해 보고, 그런 생각을 갖게 된 배경이나 이유는 무엇인지 해석해 보자.

3. 한국 사회에서 여성학이 실천 학문으로서 여성과 남성, 개개인들의 삶과 연결되기 위해서는 어떠한 주제에 대한 연구와 이론화가 필요한지 논의해 보자.

참고문헌

김은실(1998), "An Overview of Women's Studies in Korea," 아시아 여성학 교과과정
　　　개발을 위한 국제워크숍(Building Women's Studies Curriculum in Asia) 발표문,
　　　이화여자대학교, 3월 26 − 28일.

김현미(1996), "미국대학의 여성학 실태: 기초 여성학을 중심으로," 한국 여성학회 제3차
　　　워크숍, 서울대 호암 교수회관.

_____(1997), "페미니즘과 문화연구는 행복하게 만나는가," 「현대 사상」 가을호, 서울: 민
　　　음사.

_____(2014), "젠더와 사회구조," 한국여성연구소 엮음, 「젠더와 사회」, 서울: 동녘.

_____(2016), "시간을 달리는 페미니스트들, 새 판 짜기에서 미러링으로," 릿터편집부 엮
　　　음, 「Littor 릿터」 2호, 2016년 10 − 11월.

장필화(1997), 「여성학노트」(미간행), 이화여자대학교.

조　형(1990), "전국 대학 여성학강좌 실시 현황에 관한 조사연구," 「한국문화연구원 논총」,
　　　제57호, 서울: 이화여자대학교.

조주현(1996), "기초 여성학 연구방법," 한국여성학회 제3차 워크숍, 서울대 호암 교수 회관.

험, 메기, 심정순, 염경숙 옮김(1995), 「페미니즘 이론사전」, 서울: 삼신각.

Chang, Pilwha(1996), "Women's Studies in Korea," *Women's Studies Quarterly*, vol.
　　　14, New York: the Feminist Press.

National Women's Studies Association(1991), *Liberal Learning and the Women's
　　　Studies Major.*

여성주의 이론

21세기에 볼 수 있는 여성주의 이론의 특징은 그 인식론적인 다양성에 있다. 여성주의 이론이 가부장적 사회구조 속에서 여성억압과 여성종속의 원인과 실상을 규명하는 작업임을 감안해 볼 때 이는 어쩌면 당연한 일일지도 모른다. 또 이러한 현상은 사회구조 속에서의 여성억압과 여성종속이 그리 단순한 이유에 있는 것이 아니라 오랜 세월에 걸쳐 지속적이며 중층적으로 이루어져 왔음을 증명하는 것이기도 하다. 여성주의 이론은 성 평등에 기초한 이론이라고 할 수

있다. 그러나 무엇을 이 성 평등을 가로막고 있는 근본적인 장애물로 보느냐에
따라 크게 네 가지의 여성주의 이론으로 나누어 생각할 수 있다. 즉 자유주의
여성주의 이론, 마르크스주의 여성주의 이론, 급진적 여성주의 이론, 그리고 사
회주의 여성주의 이론 등이 그것이다. 그러나 1980년대 말부터 여성주의 이론은
좀 더 다양하게 분화되었는데 예를 들면 정신분석학적 여성주의 이론, 실존주의
여성주의 이론, 포스트모던 여성주의 이론, 에코 여성주의 이론 등의 등장이다.
그러므로 제2장에서는 주로 고전적인 네 종류의 여성주의 이론과 포스트모던
여성주의 이론 및 에코 여성주의 이론, 또한 가장 최근에 부상하고 있는 복합문
화 여성주의 이론과 전 지구적 여성주의 이론을 중심으로 소개하고자 한다.

　여성주의 이론이 이렇게 하나가 아니라 여럿이라는 사실은 여성들의 정체
성도 단일한 것이 아니라 다양하다는 사실과도 일맥상통한다. 그러므로 이 각각
의 이론과 사상들을 하나의 통일된 이론으로 끌어 모으고 응결시키고 경직시키
기를 거부하는 작업 그 자체가 가부장적인 도그마에 저항하는 여성주의 사상과
이론을 실험하고 실천하는 길이다. 이러한 다양성과 차이에 대한 압력과 더불어
통합 및 동질성에 대한 압력을 어떻게 이론적으로 화해시킬 것인가 하는 점이
바로 21세기 여성주의 사상과 이론의 주된 과제이다. 세계 각 곳의 서로 다른
역사적·문화적 배경을 갖고 있는 여성들이 각자 자기만의 고유영역을 갖고 있
으면서도 서로 대화를 나누고 경험을 공유할 수 있는 공동체로서의 영역을 어떻
게 확보해낼 것인가가 관건이다. 여성주의 사상에 바탕을 둔 보편성과 특수성이
서로 조화롭게 어우러질 때에야 여성주의 공동체로서의 윤리와 정치가 가능하
게 될 것이다.

　여성들의 현실적 경험을 이론화하여 대학에서 연구와 교육을 담당하고 있
는 "여성학"이라는 학문은 20세기 후반의 학문과 지식, 그리고 인식론적인 변화
의 과정이 가장 잘 반영된 분야이다. 다시 말하면 서구 남성중심의 지식체계에
근본적으로 문제제기를 하면서 기존의 이론들이 주장해 온 객관성과 보편성을
거부한 것이다. 이는 기존의 학문체계가 계급, 인종, 성, 그리고 식민역사에 의
한 경험들을 배제한 채 이루어진 학문체계라는 인식이 널리 확산되게 된 데서부
터 기인한다. 이 중 여성학이 가장 심각하게 문제제기를 하는 지점이 바로 기존
의 학문과 지식체계들이 성차별적인 남성중심성에 바탕을 두고 있다는 논지이

다. 그러므로 "여성학"이라는 학문과 여성주의 사상 및 이론을 이해하기 위해서는 기존의 인식론적인 사고의 틀을 깨고 성 평등에 바탕을 둔 사고를 시작하는 것이 가장 중요하면서도 동시에 공통적인 전제라고 할 수 있다.

이 장에서는 기존의 여성주의 이론 가운데 가장 널리 받아들여진 자유주의 여성주의 이론, 마르크스주의 여성주의 이론, 급진적 여성주의 이론, 사회주의 여성주의 이론, 포스트모던 여성주의 이론, 에코 여성주의 이론, 그리고 최근에 부상하고 있는 복합문화 여성주의 이론, 전 지구적 여성주의 이론에서 여성억압과 여성종속에 대하여 그 원인과 분석, 그리고 대안까지를 어떻게 제시하고 있는가를 살펴보기로 하겠다.

1 자유주의 여성주의 이론

자유주의 여성주의 이론은 서구에서 자유주의 정치사상이 발전되어 가던 17, 18세기부터 '인간'의 개념에서 여성은 배제되어 왔다는 점을 논의의 시작으로 하고 있다. 서구 자유주의 사상이 가장 바람직한 사회로 규정하고 있는 개인의 자율과 자아성취를 보장하는 사회에서 언급하고 있는 '개인'이란 백인 중산층의 남성을 기준으로 상정하고 이야기하는 것이며 모든 계층의 여성은 여기에서 제외되었다. 여성들은 인간의 권리와 자유를 외치는 사회에서 "인간"이라는 범주에 속하지 못하였다. 이에 대해 가장 먼저 문제제기를 한 여성주의자는 1792년에 「여성 권리의 옹호」(*A Vindication of the Rights of Woman*)를 쓴 메리 울스톤크래프트(Mary Wollstonecraft)이다. 그녀는 당시 남성 비평가들로부터 "치마를 두른 하이에나"라는 평판을 들었다. 울스톤크래프트는 여성들은 감성적 존재일 뿐만 아니라 남성들처럼 이성적이고 합리적인 존재로서 자율적인 결정권을 갖고 행동하여야 한다고 주장하였다. 그녀의 글은 여성들의 정치적·경제적 자유를 위한 호소문이라기보다 오히려 여성들도 남성들과 똑같이 합리적인 인간으로서의 본성을 공유하고 있다는 주장을 표명한 글이다. 하지만 그녀는 여성들이 남성들로부터 경제적으로 독립하는 것이 여성에게 필요하다는 점은 인정했지만 그러한 상태를 성취할 수 있는 구체적인 방안은 제시하지 못했다. 비록 이러한 한계점은 지니고 있어도 그녀는 정신과 육체가 건강하고 남편이나 아이에게 종속되지 않는 자율적인 여성상을 제시하였으며 여성에게도 남성과 똑같은 교육이 제공되어야 한다고 주장하였다.

이 문제는 19세기에 들어와 좀 더 현실적인 문제와 연결되는 여성주의 이론으로 발전한다. 19세기 영국의 자유주의 사상가 존 스튜어트 밀(John Stuart Mill)은 헤리엇 테일러 밀(Harriet Taylor Mill)과 함께 또는 따로 글쓰기를 하였는데 1832년에 발표한 "결혼과 이혼에 관한 초기 에세이들"(Early Essays on Marriage and Divorce)은 함께 연구하여 쓴 것이고 1851년에 발표한 "여성의 해방"(Enfranchment of Women)은 헤리엇 테일러 밀의 글이며 1869년에 발표한 "여성의 종속"(The Subjection of Women)은 존 스튜어트 밀의 단독 연구로 알려져 있다. 두 사람은 울스톤크래프트와는 달리 우리가 성 평등 내지 성 정체성에 따른 정의를 확보하기 위해서 사회는 여성들에게 남성과 똑같은 교육을 제공해야 함은 물론 여성들에게 남성들이 누리는 것과 똑같은 시민으로서의 자유와 경제적 기회를 제공해야 한다고 주장하였다. 20세기에 들어와 이 계열의 대표적인 저작으로는 1963년에 발표된 베티 프리단(Betty Friedan)의 「여성의 신비」(*The Feminine Mystique*)가 있다. 프리단은 이 책에서 여성들이 전통적인 아내와 어머니 역할에서 만족을 얻을 수 있다는 생각은 미국 백인 중산층 주부들로 하여금 공허하고 비참한 느낌을 갖도록 했다고 주장했다. 하지만 이 책은 미국주부들이 겪고 있는 "이름 없는 문제점"의 존재보다 더 심도 깊은 일련의 문제들을 다루지 못했으며 사회구조적인 문제에 대해서는 전혀 분석해내지 못하고 있다. 프리단 역시 울스톤크래프트나 밀과 테일러처럼 원론적인 차원에서의 남녀평등만을 이야기하고 있을 뿐이고 사회구조적 차원의 문제에 대해서는 파악하지 못했다.

자유주의 입장에서 볼 때 공적·사적 영역의 구별이 성역할에 따른 고정관념으로 귀결되는 것은 비판받을 일이며 동등한 기회만 보장된다면 남성과 여성 모두 선택할 자유가 있다고 주장한다. 성적인 행동(sexual activity)에 있어서도 남녀 모두 동등한 기회를 요구할 자유가 있다고 생각하며 이에 대한 제재를 가하는 데에도 개인의 자율성이 우선시되므로 한계가 있을 수밖에 없다고 본다. 그렇지만 자유주의 여성주의 이론은 1980년대 이후 남성의 가치를 인간의 가치로 받아들이고 있다는 비판에 직면하게 되었다. 또 공동체의 복지보다 개인의 자유를 더욱 중요시하는 점과 성차에 중점을 둔다는 비판도 받고 있다.

2 마르크스주의 여성주의 이론

마르크스주의 여성주의 이론은 여성억압과 여성종속을 가장 잘 설명해 주는 범주로써 계급을 들고 있다. 자본주의 사회구조가 여성억압의 근본 원인이며 그와 연관된 정치·경제·역사 구조의 산물로 이해하도록 촉구하고 있다. 이 이론에서는 부르주아 여성들이 프롤레타리아 여성들과 똑같은 종류의 억압을 경험하지 않을 것이라고 생각한다. 마르크스주의자들은 여성종속이 사유재산제의 도입으로부터 시작되었다고 생각하고 있으며 계급갈등을 인식하는 것이 중요한 관건이라고 생각한다. 마르크스주의에서는 자본주의가 교환관계뿐만 아니라 권력관계 체계라고 생각한다. 자본주의를 교환관계라고 간주하는 경우, 그것은 인간의 노동력을 포함한 모든 것들에 금전적인 가치가 있으며 모든 거래가 근본적으로 교환거래가 되는 상품사회 또는 시장사회로 묘사된다. 자본주의를 권력관계라고 간주하는 경우, 그것은 온갖 종류의 거래관계가 착취를 근본으로 하여 이루어지는 사회로 묘사된다. 그리하여 고용자와 피고용자의 관계는 근본적으로 노동이 임금으로 자유롭게 거래되는 고용관계이지만 강조점에 따라서는 우월한 권력을 지닌 고용주가 피고용자들의 강도 높은 고용을 강요하는 착취관계로 비추어질 수 있다. 이러한 마르크스주의 여성주의 이론에서는 사회적 존재가 의식을 결정한다고 믿고 있으므로 여성의 일이 여성의 사고, 더 나아가서는 여성의 정체성을 형성한다고 믿는다. 또 생산수단의 혁명이 이루어져야만 전체사회의 계급갈등을 해소하는 사회주의 혁명이 이루어지고 이것이 이루어지면 여성에 대한 억압도 자연 사라질 것으로 믿는다. 그러므로 여성 노동자에 대한 성차별은 자본주의 사회 존립의 필요조건이며 여성이 성차별에 대항한다는 것은 결국 자본주의에 대항해야 한다는 결론이 나온다. 여성은 남성 노동자와 함께 사유재산과 계급지배의 체제를 파괴하기 위한 투쟁에 나섬으로써 해결책을 모색해야 한다고 주장한다. 이 이론에서는 주로 여성들의 일과 관련된 제반 사항에 초점을 맞추는 경향이 있다. 그렇게 함으로써 무엇보다도 가족이라는 제도가 자본주의와 어떻게 연관되는가, 어떻게 여성의 가사노동이 자본주의 사회에서 일이 아닌 것처럼 경시되는가, 또 어떻게 여성들에게는 보상과 가치가 적은 일만이 맡겨지는가 하는 문제들을 이해하는 데 도움을 준다. 그러므로 마르크스주의 여성주의 이론에서 가족에 대한 비판은 핵심적인 부분이다. 기존의 자본주의 사회에서는 남성이 가족의 재산을 통제하기 때문에 여성들은 아내로서 남편에게 종속될 수밖에 없다는 것이다. 따라서 여성이 가족 내에서 남성과 평등해지기 위해서는 사유재산제도가 철폐되어야만 하고 이어서 가사노동의 산업화와 사회화가 이루어져야 한다고 주장한다. 이 이론은 다른 여성주의 이론과 비교하여 여성의 경제적 복지와 독립을 주된 관심으로 삼았고 노동자로서 여성의 경험과 가족 내에서 여성의 위치가 교차하는 지점에 관심을 집중하였다. 마르크스주의 여성주의자들은 만일 여성의 지위와 기능들이 사회적 노동현장에서 변하기 시작한다면 가정에서 여성의 지위와 기능들도 변하리라고 믿고 있다. 그렇지만 여성의 지위와 기능을 설명하는 궁극적 요소로 계급을 중요시하는 마르크스주의 이론은 자본에 의한 여성억압과 여성종속만을 설명함으로써 남성에 의한 여성억압이라는 성차에 의한 억압은 간과하고 있다.

3 급진적 여성주의 이론

급진적 여성주의 이론은 지금도 다양한 방향으로 활발하게 진행 중이다. 이 이론에서는 성차에 의한 여성억압이 모든 형태의 억압 가운데 가장 근본적이라는 점에서는 기본적으로 동의하지만 그 억압의 원인에 대해서는 조금씩 의견을 달리 한다. 이 이론은 자유주의나 마르크스주의 여성주의 이론보다 더욱 적극적으로 가부장 사회가 여성의 몸을 통제하고자 시도하는 방법에 초점을 맞춘다. 이러한 통제가 출산, 피임, 낙태의 형태를 취하든지 아니면 여성에 대한 성폭력의 형태를 취하든지 간에 그것은 여성억압과 여성종속의 실상을 그대로 재현하는 권력행사이다. 왜냐하면 자신의 몸에 대한 지배력을 박탈당하는 정도만큼 그 개인은 자신의 인간성도 박탈당하게 되기 때문이다. 이 이론의 가장 대표적인 인물로는 「성의 변증법」(*The Dialectic of Sex*)을 저술한 슐라미스 파이어스톤(Shulamith Firestone)이 있는데 그녀는 체계적인 여성억압의 기원을 성의 생물학적 불평등에서 찾고 있다. 즉 여성은 출산기능 때문에 생존을 위해 남성에게 의존해야 한다는 것이다. 마르크스주의 여성주의 이론에서는 경제적 지위에 따른 계급투쟁에만 관심을 갖고 있는 데 비해 이 급진적 여성주의 이론에서는 성적 지위를 계급의 결정요소로 제시하고 있다. 더불어 생산관계보다는 재생산관계에 더욱 관심을 집중시키고 있다. 그리고 이러한 생물학적 불평등으로부터 비롯되는 성별분업을 계급적 분업보다 여성억압의 훨씬 기본적인 요소로 파악하고 있다. 따라서 여성억압에 대한 투쟁이 노동자로서의 여성에 초점을 맞추는 것이 아니라 여성의 종속적 지위를 규정하는 문화제도와 사회적 관계의 총체성에 집중해야 한다고 주장한다. 이 이론에서는 여성으로서의 정체성은 여성이라는 성적 정체성과 연관되어 있고 더 나아가서는 성적 존재로서의 자기인식과 연관되어 있기 때문에 여성주의 이론에서 성(sexuality)이 가장 중요하며 현재의 남성 중심적인 성이 재인식, 재구성되지 않는 한 여성의 종속적인 상태는 끝나지 않는다고 본다. 급진적 여성주의 이론에서는 여성이 아닌 남성들이 남성의 필요, 욕구, 관심사를 만족시키기 위해 여성의 몸을 통하여 여성성(female sexuality)을 어떻게 교묘하게 통제·조정하여 왔는가를 명백하게 연구하여 드러냈다. 그러므로 이제 여성들이 해야 하는 작업은 여성들의 몸과 여성성을 여성의 시각에서 재구성하는 것이라고 주장한다. 이 급진적 여성주의 이론은 여성들이 공유할 수 있는 경험으로 여성의 몸을 통한 여성성에 대한 것이고 과거 남성 중심적 시각에서 부정적인 것으로 인식되던 것을 찬양하고 여성적인 힘의 원천으로 의식을 바꾸어 놓은 것이라고 할 수 있다. 케이트 밀레트(Kate Millet)가 「성의 정치학」(*Sexual Politics*)에서 보여 준 것처럼 현재의 성에 대한 인식은 가부장문화에 있어서 핵심이며 결정적인 역할을 담당하고 있으므로 광범위하고 근본적인 문화비판을 요구하고 있다. 하지만 이 문화비판 자체가 가부장문화의 틀을 벗어나 이루어지기가 어렵다는 주장과 함께 현재로서는 이러한 문화비판 자체가 지배계급과 백인 특수층에만 한정되어 있다는 한계점도 존재한다. 또 그 이론체계가 아직 완결되지 못했다는 점도 이 급진적 여성주의 이론의 약점으로 지적되고 있다.

4 사회주의 여성주의 이론

사회주의 여성주의 이론은 기본적으로 마르크스주의 여성주의 이론과 마찬가지로 사적·유물론적 접근을 받아들이고 있으며 여성억압의 중추적 요인으로 문화적 제도들을 이해하는 데에도 역점을 둠으로써 급진적 여성주의 이론의 핵심적 주장을 결합시키고 있다. 그러므로 사회주의 여성주의 이론을 마르크스주의 여성주의 이론과 구분 짓게 만드는 가장 큰 차이점은 성별과 계급의 두 요소가 여성억압과 여성종속의 설명에서 거의 동등한 비중으로 영향력을 끼친다는 점이다. 사회주의 여성주의 이론은 마르크스주의 여성주의 이론이 근본적으로 성별에 대해 의식하지 않고 있는 점, 다시 말해서 여성들의 억압을 노동자들의 억압만큼 중요하게 여기지 않는 마르크스주의 남성이론가들에게 반기를 든 것이다. 이 이론에서는 산업노동력으로써 여성의 노동에 관심을 두는 것만큼 가정에서의 여성노동에도 관심을 기울인다. 즉 이들은 작업장과 가정 간의 이분법을 배격하며 현 자본주의 사회의 착취제도를 지탱해 나가는 데 있어 여성의 가사노동을 사회 기능적으로 이해하는 일이 매우 중요하다고 본다. 그러므로 현재의 가족제도에 대해서 가장 심오하게 이론적으로 비평을 해 온 사람들도 사회주의 여성주의자들이다.

가부장제와 자본주의를 별개의 체계로 보는 이원체계 이론가들은 이 두 체제가 별개의 독립된 사회형태이고 각각 별도의 이해관계를 맺고 있으며 그 둘이 서로 교차하는 지점에서 극심한 여성억압이 일어난다고 주장한다. 사회주의 여성주의 이론에서는 여성억압이 충분히 이해되려면 가부장제와 자본주의 모두가 별개의 현상으로 분석되고 난 이후에 다시 변증법적으로 서로에게 연관된 현상으로 분석되어야 한다고 주장한다. 이러한 이원체계 이론을 복잡하게 만든 것은 대부분의 이원체계 이론가들이 자본주의를 물적 구조 내지는 역사적으로 뿌리 깊은 생산양식으로 묘사하는 데 비해 소수의 이론가들은 가부장제를 물적 구조 내지는 역사적으로 뿌리 깊은 성 활동 양식으로 묘사함으로써 이론을 더욱 복잡하게 만들고 있다. 현재 사회주의 여성주의 이론에서는 두 가지 개념의 사용, 또는 한 가지 개념의 사용을 통해서 단순히 자본주의와 가부장제를 함께 끼워 맞추는 일에 더 이상 만족하지 않는다. 이들은 사회주의라는 하나의 커다란 개념 밑에 마르크스주의와 급진적 여성주의의 핵심개념들을 통합·화해시키고자 노력하고 있다. 이러한 사회주의 이론이 성공한다면 많은 여성들 사이에, 또 다양한 여성주의 사상과 이론들 사이에 현존하는 차이점들을 이론적으로 설명해 줄 수도 있을 것이다. 그러나 여기에도 위험은 도사리고 있다. 이렇게 해서 통합된 이론이 탄생한다면 여성들 사이에 존재하는 모든 차이점들을 삭제시켜 버리거나 손상시킬 위험이 있다. 어떠한 여성주의자도 다양성을 희생하면서까지 통일성을 이루는 단일한 이론을 희망하고 있는 것은 아니기에 이렇게 통합된 이론을 무리하게 시도하는 것보다는 서서히 진행하는 것이 바람직하다. 이러한 과정은 한번 도전해 볼 가치가 있으며 그 결과로는 다양한 여성주의적 입장들을 아우르는 이론적 패러다임이 요구되는데 사회주의 여성주의 이론이 바로 그 한 예가 될 수 있다.

5 포스트모던 여성주의 이론

최근까지 '프랑스 페미니즘'이라고 알려져 있던 포스트모던 여성주의 이론은 그 대표적인 이론가들의 주요 활동 무대가 프랑스였다. 하지만 미국 내에서 그들의 주요 이론적 배경이 포스트모던 철학자들과 철학적 관점을 공유한다는 점에 착안하여 "포스트모던 여성주의 이론"으로 명명하면서 사용되기 시작하였다. 이들의 주장은 하나의 진리와 가설을 부인하고 하나의 여성주의 이론을 세우려는 태도에 대해 반대한다. 이러한 입장은 여성주의 이론의 정치적 영향력에 위협을 주고 여성억압에 대해 포괄적으로 설명하고 해결책을 희망하는 사람들에게는 실망을 야기할지도 모르지만 결과적으로는 이들이 주장한 복수성, 다원성, 차이라는 개념은 여성주의 이론의 지평을 확장하였다. 시몬느 드 보봐르 (Simone de Beauvoir)가 유명한 자신의 저서 「제2의 성」(*The Second Sex*)에서 여성을 "제2의 성"으로, 즉 가부장 사회에서의 타자로 정의한 점을 출발지점으로 한 이들의 주장은 타자성을 적극적으로 해석하여 극복되어야 하는 결핍의 상태로만 인식하는 것이 아니라 새로운 것을 창조해낼 수 있는 가능성의 상황으로 인식한다. 포스트모던 여성주의 이론가들에게 있어서 이 타자성은 억압 및 열등감과 관련된 것이기는 하지만 오히려 관대함, 다원성, 다양성, 그리고 차이를 허용하는 존재방식, 사고방식, 표현방식을 의미하는 전복적 기능도 담고 있다. 포스트모던 철학을 대표하는 해체주의적 철학자, 자크 라캉(Jacques Lacan)과 자크 데리다(Jacques Derrida)가 인간의 의식을 결정하는 언어가 '여성적인' 것을 배제한다는 점을 주목한 것도 이들의 이론 발전에 상당히 중요한 영향을 끼쳤다. 포스트모던 여성주의자들은 지배질서의 가부장적인 측면을 비판하고 여성적인 것과 타자의 가치를 향상시키고자 노력한다. 특히 여성주의자들이 가부장제에 도전할 때 사용해야 하는 언어가 이미 가부장 질서 속에서 생겨난 것이므로 이들의 주된 관심은 여성적 글쓰기로 모아지고 있다. 또 이는 억압적인 사고로부터의 자유가 가장 근본적인 해방이라는 점을 전제로 하고 있다. 포스트모던 여성주의 이론의 대표적인 이론가로서는 엘렌 식수스(Hélène Cixous), 루스 이리가레이(Luce Irigaray), 줄리아 크리스테바(Julia Kristeva) 등이 있는데 이들의 의견은 그 주요 강조점에 있어서 조금씩 다르다.

엘렌 식수스는 남성적 글쓰기와 여성적 글쓰기를 이분법적으로 대립시켜 설명하면서 다양한 사회, 문화, 역사적 이유로 남성적 글쓰기는 여성적 글쓰기 위에 완전히 군림해 왔다고 주장하였다. 식수스는 여자들에게 남자들이 건축해 놓은 세상에서 벗어나 생각할 수 없는 것, 생각되어지지 않은 것을 글로 옮김으로써 여성들의 경험과 상상력에 기초한 글쓰기를 하라고 촉구했다. 여성은 이렇게 현재 언어를 지배하는 법칙들에 의해 제한받지 않는 글쓰기 방법을 개발함으로써 가부장적인 사고방식과 글쓰기 방식, 그리고 그와 함께 그 세계 속에서 여성의 위치를 변화시킬 수 있다고 생각한다. 그러나 식수스는 가부장 사회에서 사용되는 언어를 분열시키고 파괴하려는 모든 시도가 모험적인 일임을 여자들에게 상기시켰다. 특히 여성의 성행동(sexual activity)과 여성적 글쓰기를 연결시키면서 여성적 글쓰기는 복잡하고 다양하면서 리듬감이 있고 기쁨으로 가득 차 있으며 또한 가능성으로 가득 차 있다고도 주장하였다.

루스 이리가레이 역시 식수스와 마찬가지로 여성의 성행동과 여성의 몸이 여성적 글쓰기의 원천이라는 생각을 갖고 있지만 그의 강조점은 다른 데 있다. 식수스와 달리 이리가레이는 데리다와 라캉의 사상을 포함하여 남성의 철학적 사고로부터 여성적인 것을 해방시키고자 노력하였다. 이리가레이는 서구철학과 정신분석학을 연구하면서 플라톤에서 라캉에 이르기까지 어떻게 자아가, 즉 여기서는 남성적 자아가 구성되었는가에 대한 많은 남성철학가들의 설명이 그토록 오랫동안 영향력을 유지해 왔는가를 주장하였다. 이에 대해 이리가레이는 여성들이 거의 조직화되지 않은 상태에서도 여성으로서의 자신을 경험할 수 있게 하려는 목표를 위해 몇 가지 전략을 제시하였다. 그 첫째는 여성들이 언어의 특질을 이해하고 적극적인 목소리로 말할 수 있는 용기를 찾기 위하여 힘을 합할 것을 촉구하였다. 두 번째는 여성의 성행동과 관련된 것이다. 이리가레이도 식수스와 마찬가지로 여성의 몸, 그 중에서도 특히 생식기관이 암시하는 다양성에 주목할 것을 주장하였다. 그녀는 여성의 다양성이 여성의 해부학 수준에서 시작된다고 생각하였다. 여성이 자신의 몸을 통해 다양한 영역을 경험하고 탐험한다면 가부장적인 사고방식을 벗어나 여성적인 사고방식으로 생각하고 말하기를 배울 것이기 때문이다.

줄리아 크리스테바는 이 두 사람과 기본적으로 다르다. 식수스와 이리가레이가 '여성적인 것'을 생물학적인 여자, 그리고 '남성적인 것'을 생물학적인 남자와 동일시하는 반면, 크리스테바는 그러한 동일화를 모두 거부한다. 만일 어린이가 가부장 질서로 진입할 때 어머니나 아버지 두 사람 중 한 사람과 동일화할 수 있는 선택권을 갖게 된다면, 또 그 아이의 남성성이나 여성성의 정도가 이러한 동일화의 정도에 의존한다면 남녀 양성의 아이들은 그들에게 똑같이 개방된 선택권을 갖는다. 크리스테바는 식수스나 이리가레이보다 더욱 강력하게 사회적 혁명과 언어적(크리스테바의 용어로는 시적) 혁명을 연결시켰으며 20세기의 역사적·정치적 경험들이 사회적 혁명과 언어적 혁명이 분리되어서는 이루어질 수 없다는 것을 증명해 주었다고 주장했다. 또 크리스테바는 가부장 문화에 의해 주변부로 정의된 것들, 비합리적인 것, 모성적인 것, 그리고 성적인 것에서 발견되는 주변화된 담론들은 그들의 혁명적 요소들을 언어로 발산해야 한다고 주장한다.

이러한 포스트모던 여성주의 이론은 크게 두 가지 측면에서 비판받고 있다. 하나는 현실세계와 동떨어진 상아탑 속에서 살아가는 학자들의 지적 유희에 불과하다는 점이다. 이러한 비판자들은 포스트모던 여성주의자들을 혁명적 투쟁행위에서 지적 유희의 게임으로 돌아가는 쾌락주의자들로 간주한다. 또 다른 비판은 포스트모던 여성주의 이론의 철학적 가설들이 무질서로 귀결될 것이라는 점이다. 단일한 이론에 대한 포스트모던 여성주의 이론의 반격은 이 이론의 다양성, 복잡성, 풍부함이 발전된 이후는 어떻게 될 것인가에 의문을 던지게 한다. 즉 이렇게 여성들 사이의 차이와 다양성을 강조하다보면 우리가 페미니스트 공동체를 포함한 온갖 종류의 공동체를 유지할 수 있을지 의심스럽다는 것이다. 하지만 이들의 이론은 다른 여성주의 이론과 마찬가지로 여성억압과 일반적인 억압 사이의 관계를 규명하고자 노력하였고 다른 어떤 여성주의 이론보다도 여성들 사이에 존재하는 차이의 문제를 토론거리로 가장 생생하게 주제화하였다. 그러므로 포스트모던 여성주의 이론에 대하여 비판이 제기되었다 하더라도 이 이론은 현대 여성주의 이론의 가장 주목할 만한 인식론적 발전 양상이라고 할 수 있다.

6 에코 여성주의 이론

에코 여성주의 이론은 생태학과 여성주의 이론이 결합한 것으로 여성해방과 자연해방을 동시에 추구하고 있다. 이 이론은 두 가지 전제에서 출발한다. 그 첫째는 여성과 남성, 그리고 자연과 문화의 관계에서 여성과 자연의 본래 속성이 동일하고 문화와 남성의 본래 속성이 동일하다는 점이다. 또 다른 전제는 가정과 사회 내 수동적·억압적 대상으로서 여성의 위치와 인간에 대한 수동적·억압적 대상으로서 자연의 위치가 같다는 점이다. "에코 페미니즘"(Eco Feminism)이란 용어를 처음 쓴 사람은 프랑수아즈 도본(Françoise D'borne)이다. 1974년에 출판된 「페미니즘이냐 죽음이냐」라는 책에서 도본은 인류가 이 지구상에서 살아남을 수 있는 길을 찾는 데 여성의 잠재력이 아주 크다는 점을 주장한 바 있다. 그러므로 에코 여성주의 이론은 1970년대 말과 1980년대 초에 들어와서야 비로소 하나의 여성주의 이론으로 인정받게 되었고 기존의 여성주의 이론과 비교할 때 그 역사도 매우 짧아 겨우 30여 년 정도밖에 되지 않는다. 그러므로 에코 여성주의 이론은 아직도 형성 중에 있으며 다른 여성주의 이론과 비교할 때 이론으로서의 치밀성과 통합성보다는 분화성, 다양성, 과정성을 그 특징으로 하고 있다. 그러나 미국 중심의 자본주의가 고도로 발달하고 신자유주의가 강력한 힘을 발휘하고 있는 이 때 에코 여성주의 이론은 보다 덜 억압적이고 더욱 자율적이고 인간적인 사회를 만들기 위한 방향으로 나날이 발전하고 있다.

에코 여성주의 이론에서는 자연과 인간이 관계 맺는 방식과 여성과 남성이 관계 맺는 방식은 비슷하다는 점을 전제로 하고 있다. 즉 자연과 여성은 인간과 남성이 목적을 위한 수단으로 사용하는 대상으로서 타자에 대한 유용성을 전제로 하여 맺어진 관계라는 것이다. 또 이 이론에서는 개혁 및 변화의 출발점으로 현재 여성노동이 주로 행해지는 가정 또는 재생산 영역에 주목하고 있다. 다만 여성을 해방시키기 위하여 이 가정 영역을 사회화할 것인지 아니면 사회 영역을 가정화(또는 비공식화)할 것인지에 대해서는 이견을 보이고 있다. 또 에코 여성주의 이론에서는 여성과 자연의 파괴를 야기하는 원인이 가부장제적 자본주의 사회구조와 밀접한 관계를 갖고 있다고 생각한다. 이때의 가부장적 구조라 함은 차별적이고 도구주의적인 가치관을 주된 내용으로 하고 있다. 이분법적 위계질서에 맞서 남성과 동등한 여성의 권리를 주장함으로써 오늘날 대다수 서구 여성들은 어느 시대보다도 더 많은 자유와 평등을 누리게 되었다. 하지만 이들이 누리는 자유와 평등이 가부장적인 자본주의식 경제성장에 토대를 둔 서구 근대 체제의 틀을 바꾸려는 노력으로 이어지지 않는다면 근대 사상으로서 페미니즘이 갖는 한계는 현실적으로 더욱 분명하게 드러날 것이다. 왜냐하면 서구 근대 체제의 발전은 자연과 비서구 지역의 원주민들에 대한 착취와 수탈 없이는 근본적으로 불가능한 발전이었기 때문이다.

　　에코 여성주의 이론은 지금까지의 여성주의에 대한 인식을 근본부터 다시 성찰해야 할 시점이 되었다는 인식에서부터 출발한다. 여성주의 운동이 오랫동안 투쟁해온 봉건적 내지 근대적 가부장제 논리가 축소되기는커녕 탈근대 시대를 맞아 가족, 지역, 민족 단위와 같은 종전의 전근대적 경계를 넘어 더욱 확산되고 있는 것이 작금의 현실이다. 즉 여성주의 운동의 부분적 성공에도 불구하고 개인의 자율성을 박탈하고 인간을 상품의 노예로 환원시키려는 반여성적 지배체제는 여전히 정치, 경제, 사회, 교육, 문화 및 인간 정신 영역으로까지 날로 확산되고 있다. 에코 여성주의 이론에서는 남성과 여성을 구별하는 이분법적 가부장제 논리가 바로 이성/감성, 정신/육체, 서구/비서구, 문명/야만, 인간/자연이라는 서구 근대 이분법 체제의 시작으로 평가하기 때문이다. 에코 여성주의 이론에 따르면 우열과 배제로 유지되는 가부장제는 지배와 피지배의 권력체제라는 점에서 자본주의의 논리이기도 하다. 따라서 이들은 여성/비서구/자연에 대한 가부장적/자본주의적 억압과 착취를 동일한 차원의 문제로 인식한다. 그러므로 에코 여성주의 이론은 이러한 착취 체제를 뒷받침해온 과학 기술과 경제개발 논리의 비윤리성을 비판하며 과학기술주의와 자본주의를 주요 극복대상으로 삼는다.

또한 에코 여성주의 이론은 대안적인 세계와도 연결되어 있다. 이러한 세계는 그동안 여성주의 문학작품들이 그려낸 여성해방의 유토피아적 대안 사회에 그 뿌리를 두고 있다. 그러므로 이 대안적 세계를 건설하는 이념적 원리는 바로 여성성(femininity)이다. 이 여성성은 대안세계에서의 분권화, 비위계성, 직접민주주의 구조, 지역의존적 경제, 가부장제로부터의 해방 등으로 확대되어질 수 있다. 사회운동 차원에서 여성운동과 환경운동은 반핵, 반군국주의 운동에서 자연스럽게 결합되어있다. 이들 운동에의 여성 참여가 환영받은 이유는 자연 및 사회에 대한 여성의 시각이 남성들과 다르며 결과적으로 자연 및 사회 문제에 대한 여성들의 해결방식이 자연친화적이고 평화적이라는 점이다.

7 복합문화 여성주의 이론

복합문화(multicultural) 여성주의 이론과 전 지구적(global) 여성주의 이론에서는 포스트모던 여성주의 이론에서처럼 자아가 파편화되었다고 생각한다. 그러나 이 두 이론에서는 파편화의 뿌리가 성적, 심리적, 문학적이라기보다 주로 문화적, 인종적, 민족적이다. 두 이론 사이에는 많은 유사성이 있다. 두 이론 모두 "여성" 개념이 실제 여성이 각각 적응해 들어가는 어떤 종류의 관념적 형태로 존재한다고 간주하는 "여성의 본질주의"에 도전한다. 그리고 두 이론 모두 예를 들면 일부 여성들에게 인종이나 계급 때문에 모든 여성을 대신해서 감히 말을 할 수 있는 특권이 부여되는 "여성의 극단적 우월주의" 경향을 거부한다. 그러나 이러한 유사점에도 불구하고 두 이론을 구분하는 주요한 차이점들이 몇 가지 있다.

복합문화 여성주의 이론은 심지어 한 국가(예를 들면 미국)내에서도 모든 여성들이 평등하게 창조되거나 구조화되지 않았다는 통찰력에 근거하고 있다. 미국 여성은 각기 자신의 종족, 계급뿐만 아니라 성적 취향, 나이, 종교, 교육적 달성도, 직업, 결혼 유무, 건강 상태 등에 따라서 미국 여성으로서의 억압을 다르게 경험할 것이다. 전 지구적 여성주의자들은 복합문화 여성주의자들이 지닌 통찰력에 추가해서 여성이 제1세계 국가 아니면 제3세계 국가의 시민인가, 선진 공업국가 아니면 개발도상국의 시민인가, 식민 지배를 하는 국가 아니면 피지배

국가의 시민인가에 따라서 억압을 다르게 경험할 것이라고 주장한다. 복합문화
여성주의 이론은 다양성을 지지하고 미국에서 현재 상당한 인기를 끌고 있는 이
데올로기적인 복합문화 사상과 여러 가지 면에서 연관되어 있다. 그러나 미국인
들이 항상 다양성을 찬양했던 것은 아니다. 미국이라는 나라의 건국시기부터 통
일성은 미국인들의 정체성을 형성하는 가장 중요한 요소였다. 그들은 미국이
"여럿 속에서 하나를" 창출한다는 개념을 실체적으로 구현해 낸 나라라고 주장
했다.

     19세기와 20세기 전반부에는 "탈주, 구원, 동화"를 추구하는 경향이 지속되
었다. 그러나 20세기 후반에 들어서서는 하나가 여럿으로 구분되는 새로운 주장
에 자리를 양보했다. 그리하여 동화(assimilation)는 민족성(ethnicity)에 자리를 양
보했고 미국을 위한 "샐러드 접시" 또는 "퀼트" 같은 비유에서 볼 수 있듯이 분
리주의를 존중하는 통합이 이전의 "용광로" 은유를 대치했다. 이제 복합문화주
의(multiculturalism)가 탄생한 것이다.

     복합문화 여성주의자들은 복합문화 사상가들이 차이를 중요시하는 것에 찬
사를 보내는 한편, 전통적 페미니즘 이론가들이 종종 풍요로운 산업화된 서구
선진국의 백인, 중산층, 이성애, 기독교도인 여성의 상황과 다양한 배경을 지닌
다른 나라 여성들의 매우 다른 상황들을 구분하지 못하는 점을 한탄한다. 엘리
자베스 스펠만은 「중요하지 않은 여성: 페미니즘 사상의 배제 문제들」에서 당황
스럽게도 무엇 때문에 이처럼 구분하지 못하는지 그 이유를 설명하고자 노력했
다. 스펠만이 평가한 바로는 전통적 페미니즘 이론가들은 단순하게 여성과 남성
의 다름뿐만 아니라 여성 상호 간의 같음을 유지함으로써 여성억압을 극복할 수
있다고 생각했기 때문에 그러한 잘못을 저지르게 되었다는 것이다. 그들은 만일
사람들이 똑같으면, 사람들 모두가 다 평등할 것으로 추론했다고 스펠만은 말했
다. 그 어느 누구도 다른 사람보다 "우월"하거나 "열등"하지 않다. 불행하게도
전통적 페미니즘 이론가들은 인간의 같음을 부인할 때뿐만 아니라 인간의 다름
을 부인할 때에도 사람들을 억압할 수 있다는 사실을 인식하지 못했다고 스펠만
은 계속해서 말했다.

     스펠만은 전통적 페미니즘 이론가들 중에 선한 의도를 지닌 사람들이 수없
이 많다는 것을 지적하면서 다음과 같이 진술했다. "나도 만일 모든 여성들 속

에 들어있는 여성이 나와 똑같은 여성이라고 믿고, 그리고 내가 만일 백인과 여성의 차이가 전혀 없다고 가정한다면, 다른 여성을 '여성으로' 보는 것은 근본적으로 그녀를 나와 같은 여성으로 본다는 전제를 내포하는 것이다. 다시 말해서 흑인 여성의 피부 속에 들어 있는 여성성은 백인 여성의 것이며, 라틴계 여성의 마음 속 깊은 곳에는 영국계 백인 여성이 문화적 덮개를 뚫고 튀쳐나올 채비를 하고 있다." 그렇게 많은 유색 여성들이 전통적인 페미니즘 사상을 거부하는 것은 전혀 놀라운 일이 아니라고 스펠만은 말했다. 타당성이 있는 페미니즘 이론이라면 여성들 사이의 차이들을 진지하게 다루어야 한다. 왜냐하면 그러한 이론은 모든 여성이 "나와 똑같다"라는 주장을 할 수 없기 때문이다.

비록 미국의 아주 다양한 여성주의자들이 "백인" 페미니즘에 대하여 불만을 표명하긴 했지만, 누구보다도 먼저 조직적이고 포괄적으로 불평을 터뜨린 것은 바로 흑인 페미니스트들이었다. 확실히 아프리카계 미국인 페미니스트들을 포함한 흑인 페미니스트들이 "백인" 페미니즘에 대하여 제기한 걱정거리들은 예를 들어 라틴 아메리카계 미국인들, 아시아계 미국인들, 토착 미국인 페미니스트들이 제기한 것들과 동일하지 않다. 그럼에도 불구하고 그들은 "백인" 페미니즘에 대한 도전에 중요한 위치를 차지하는 이 여성들이나 다른 미국의 소수파 여성들(예를 들어 레즈비언이나 장애 여성들)의 관심사들을 잘 대변해 주었다. 흑인 페미니스트들은 백인 페미니스트들에게 유색 여성이나 다른 소수파 여성들이 백인 여성들이나 다른 특권층 여성들과 다르게 세상을 바라보며, 만일 "백인" 페미니즘이 "백인"이기를 중단하지 않으면, 그것이 전하는 메시지가 유색 여성들이나 다른 소수파 여성들에게는 의미 없는 것이 될 것이라고 말했다.

🎱 전 지구적 여성주의 이론

전 지구적 여성주의 이론은 21세기 들어와 민족주의(nationalism)에 대한 개념이 전 지구화(globalisation) 및 복합문화주의 담론과 연계하여 변화해 온 과정과 밀접한 관계가 있다. 전 지구화는 기존의 국가의 역할을 재조정하도록 요구하는데 점점 더 많은 이주민이 국가와 민족의 경계를 넘어 이동하면서 민족의 경계가 끊임없이 재규정되고 있는 현상과 연결되어 있다. 이러한 과정은 민족뿐만 아니라 젠더, 인종, 섹슈얼리티의 경계가 끊임없이 변화하면서 그 개념도 변화하는 현상과 연결되어 있다. 그동안 여성주의자들은 주류 민족주의 연구에 비판적으로 개입해오면서 민족을 본질적 실체로 접근하기 보다는 근현대시기에 개인적, 집단적 정체성을 형성해온 강력한 사회적 기제로 보아왔다. 전 지구적 여성주의 이론가들은 1980년대 중반부터 주류 민족연구에 비판적으로 개입하면서 젠더와 섹슈얼리티를 중요한 분석 범주로 도입하였다. 특히 남성 이론가들이 진행해온 주류 민족연구가 민족을 무성적인(asexual) 것으로 간주한다는 점을 비판하면서 민족의 주변부에 위치한 여성들과 소수 집단이 민족주의와 맺어온 관계를 분석하였다. 전 지구적 여성주의 이론은 여성들을 억압하는 것들이 민족, 종족, 계급에 근거한 것이든, 아니면 그 억압이 제국주의나 식민주의와 같은 사회구조에서 나온 것이든 그 모든 것들을 포함할 정도로 여성주의의 정의가 확장되어야 한다고 생각하는 점에서는 복합문화 여성주의자들과 의견이 일치한다. 그러나 현실적으로는 국가 이데올로기로 요약되는 민족주의가 굳건히 작동하고 있는 현실에서 전 지구적 여성주의 이론을 구체화하는 것은 어려운 상황이다. 그럼에도 불구하고 많은 여성주의자들은 전 세계의 여성들을 억압하고 있는 다양한 억압 기제들로부터 여성들을 자유롭게 해방할 수 있는 지향점에 대한 희망을 버리지 않고 있다. 그러므로 그들은 "세상의 한쪽 편에서 발생하는 여성억압이 종종 또 다른 지역에서 발생하는 것의 영향을 받으며, 여성의 억압 조건들이 모든 곳에서 제거되지 않는 한 여성들은 결코 자유롭지 못하다"고 역설한다. 전 지구적 여성주의자들은 제3세계 여성들과 제1세계 여성들 사이의 오해들을 없애고 그들 사이에 연맹관계를 창출한다는 과업을 떠맡고 있으며 이를 위하여 그들이 지향하는 목표는 페미니즘 사상의 영역을 넓히는 일이다.

제3세계의 많은 여성들은 제1세계 여성들의 관심이 오로지 성적(sexual) 문제이고, 성 차별(gender differentiation)이 여성이 경험할 수 있는 최악의 억압 형태라는 주장을 하는 일에만 온 힘을 기울인다고 믿고 있으며, 자신들은 성적 문제들보다 정치·경제 문제들에 훨씬 더 관심이 많다고 강조하였다. 그들은 또한 자신들의 경험으로는 여성으로서의 억압이 제3세계 국민으로서의 억압만큼 그렇게 나쁜 것은 아니라고 역설한다. 그리하여 제3세계의 많은 여성들은 페미니스트라는 칭호를 거부한다. 그 대신 그들은 앨리스 워커(Alice Walker)의 "여성주

의자," 다시 말하면 "우머니스트(Womanist)"라는 용어를 선호한다. 워커는 "여성
주의자"를 "남성 여성을 불문하고 모든 사람의 생존과 완전함"을 공약한 "흑인
페미니스트 또는 유색 여성"으로 규정했다.

　　신자유주의가 적극적으로 영향력을 미치고 있는 오늘날, 전 지구화의 압력
속에서 끊임없이 재구성되고 있는 민족 공동체와 관련해서는 더욱 해결하기 어
려운 문제들이 생겨나고 있다. 예를 들면 전 지구화는 여성빈곤을 양산하고 대
규모 이주를 촉진한다. 남성에 비해 여성이 상대적으로 더 빈곤해지는 상황 속
에서 여성들은 민족 경계의 바깥쪽 주변부로 밀려나는 이주민의 경험에 더욱 더
노출되어 있다. 이러한 상황에서 이들이 제기하는 전 지구적 여성주의 이론은
가능할 것인가? 지역과 지역이 강하게 결속되어있는 전 지구화 경제 속에서 민
족이라는 경계의 주변부로 밀려나는 여성들에 대한 억압과 인권을 위해 앞장서
줄 여성운동의 주체는 누가 될 것인가?

　　전 지구적 여성주의자들은 각 여성이 자신의 생활에서 직면하는 다양한 종
류의 억압의 상호 연관성들을 역설하는 것과 동시에 전 세계 각 지역에서 여성
들이 경험하는 다양한 종류의 억압들 사이에 존재하는 연결점들을 탐색하는 것
을 강조한다. 전 지구적 여성주의자들에게 지역적인 것은 전 지구적인 것이고
전 지구적인 것은 지역적인 것이다. 비록 전 지구적 여성주의자들은 여성들이
상호 연결되어 있다고 주장하긴 해도, 여성들에게 여성들 자신을 함께 묶고 있
는 것을 이해하려면 무엇보다도 우선 그들을 분리시키고 있는 것을 이해해야 한
다고 경고한다. 여성들은 먼저 자신들의 차이들이 얼마나 심각한 것인지를 인정
하지 않으면, 자신들과 관련된 문제들을 해결하기 위하여 진정으로 동등한 사람
들로서 함께 일할 수 없다.

토론 및 연구 과제

1. 우리나라에서는 자유주의 여성주의 이론을 그동안 어떻게 수용하였는지 알아보고 그
　특색을 살펴보자.

2. 우리나라 근현대사에서 마르크스주의 여성주의 이론이 가장 호소력을 지녔던 시기는 언제이며 어떠한 사회적 요소가 이에 영향을 미쳤는지 알아보자.

3. 최근 서구사회에서의 급진적 여성주의 이론은 어떠한 방향으로 나아가고 있으며 그들이 가장 강력하게 주장하는 바는 무엇인지 알아보자.

4. 전 세계적으로 유명한 사회주의 여성주의 이론가들에 대해 알아보고 그들이 주장하고 있는 점과 서로의 주장에서 차이점은 무엇인지 알아보자.

5. 포스트모던 여성주의 이론과 에코 여성주의 이론이 고전적인 여성주의 이론들과 어떠한 점에서 비슷하고 또 어떠한 점에서 다른지 토론해 보자.

6. 복합문화 여성주의 이론과 전 지구적 여성주의 이론의 공통점과 차이점에 대해 토론하고 21세기 한국적 상황에서는 어떠한 여성주의 이론이 더욱 설득력을 갖는지 토론해 보자.

참고문헌

Alacon, Norma. Caren Kaplan, and Minoo Moallem(1999), eds. *Between Woman and Nation*. Durham: Duke University Press.

Barrett, Michèle(1980), *Women's Oppression Today: Problems in Marxist Feminism Analysis*, London: Verso.

Bunch, Charlotte(1984), "Prospects for Global Feuinism" in Alison M. Jaggar and Paula S. Rothanberg(eds.), *Feminist Frameworks*, New York: McGraw−Hill.

Burke, Carolyn(Summer 1978), "Report from Paris: Women's Writing and the Women's Movement," *Signs*, 4, 4, 843−854.

Cixous, Hélène(1981), "The Laugh of Medusa," in Elaine Marks and Isabelle de Courtivron(eds.), *New French Feminisms*, New York: Schocken Books, 245−264.

Collins, Patricia Hill(2006). *From Black Power to Hip Hop: Racism, Nationalism, and Feminism*. Philadelphia: Temple University Press.

Davis, Angela Y.(1996), "Gender, Class, and Multiculturalism: Rethinking 'Race' Politics," in Avery R. Gorden and Chustopher Newfield(ed.), *Mapping Multiculturalism*, Minneapolis: University of Minnesota Press, P. 40−48.

Firestone, Shulamith(1970), *The Dialectic of Sex*, New York: Bantam Books.

Friedan, Betty(1974), *The Feminine Mystique*, New York: Dell.

Furgerson, Ann(1984), "Sex War: The Debate Between Radical and Liberation Feminists," *Signs*, 10, 1, 106−135.

Hartmann, Heidi(1981), "The Unhappy Marriage of Marxism and Feminism: Towards a More Progressive Union," in Lydia Sargent,(ed.), *Women and Revolution: A Discussion of the Unhappy Marriage of Marxism and Feminism*, Boston: South End Press, 1−41.

Hartsock, Nancy(1985), *Money, Sex, and Power*, Boston: Northeastern University Press.

Irigaray, Luce(1985), *This Sex Which Is Not One*,(trans.), Catherine Potter, Ithaca,

N.Y.: Cornell University Press.

Jagger, Alison, M.(1983), *Feminist Politics and Human Nature*, Totowa, N.J.: Rowman & Allanheld, 27 – 50.

Kristeva, Julia(1982), *Desire in Language*,(trans.), Leon Roudiez, New York: Columbia University Press.

Lorde, Audre(1995), "Age, Race, Class, and Sex: Women Redefining Differance," in Margaret L. Andersen and Paticia Hill Collins(ed.), *Race, Class, and Gerder(2nd Edition)*, Belmont, Calif: Wadsworth.

Marks, Elaine and Isabelle de Courtivron,(eds.)(1981), *New French Feminisms*, New York: Schocken books.

Mies, Maria(1998). *Patriarchy & Accumulation on a World Scale.* New York: Zed Books.

_____(1999). *The Subsistence Perspective.* New York: Zed Books.

Mill, Harriet Taylor(1970), "Enfranchisement of Women," in John Stuart Mill and Harriet Taylor Mill, *Essays on Sex Equality*,(ed.), Alice S. Rossi, Chicago: University of Chicago Press, 89 – 122.

Mill, John Stuart(1970), "The Subjection of Women," in John Stuart Mill and Harriet Taylor Mill, *Essays on Sex Equality*,(ed.), Alice S. Rossi, Chicago: University of Chicago Press, 123 – 242.

Nicholson, Linda(1986), *Gender and History: The Limits of Social Theory in the Age of the Family*, New York: Columbia University Press.

Ortner, Sherry(1974), "Is Female to Male as Nature Is to Culture?" *Woman, Culture, and Society*,(eds.), M. Rosaldo and L. Lamphere, Stanford: Stanford University Press, 67 – 87.

Rowbotham, Sheila, Lynne Segal, and Hilary Wainwright(1979), *Beyond the Fragments: Feminism and the Making of Socialism*, London: Merlin Press.

Spelman, Elizabeth V.(1988), *Essential Woman: Problems of Exclusion in Feminist Thought*, Boston: Beacon Press.

Tong, Rosemary(2000, 1995), *Feminist Thought: A Comprehensive Introduction*, (「페미니즘 사상 – 종합적 사상」), 이소영 옮김, 서울: 한신문화사.

Warren, Karen J.(1997). ed. *Ecofeminism: Women, Culture, Nature*, Bloomington:

Indiana University Press, 1997.

_____(2000). *Ecofeminism Philosophy*. New York: Rowman & Littlefield.

Willis, Ellen(Fall 1982), "Towards a Feminist Sexual Revolution," *Social Text*, 2, 3, 3−1.

Wollstonecraft, Mary(1975), *A Vindication of the Rights of Woman*,(ed.), Carol H. Poston, New York: W.W. Norton.

Yuval−Davis, Nina(1997). *Gender and Nation*. London: Sage.

제 2 부

여성과 남성의 심리적 이해

제3장 인간발달과 성차에서는 남녀의 생물학적 차이를 살펴보고 인지발달, 인성과 사회성에서의 성별 차이에 대한 논의 중 최근까지의 연구결과를 종합해 볼 때 근거가 명확한 주장과 근거가 확실하지 않고 성 고정관념에서 파생되어 부정해야 할 주장들을 가려본다. 이런 왜곡된 주장이 배태된 문화적 배경과 연구자들의 접근의 오류를 지적해 본다.

제4장 성역할 사회화에서는 성차와 성역할 사회화를 설명하는 여러 이론을 소개하고 있다. 종래 이론인 정신분석이론, 사회학습이론, 인지발달이론에서는 각기 동성부모와의 동일시, 모델링과 모방, 성 정체감을 성역할 사회화의 주요 기제로 꼽고 있다. 한편 대안적 이론인 후기구조주의론에서는 남성주의적 문화기반에 대한 비판, 성 도식이론에서는 아동의 '자기 사회화'와 성 유형화과정에서의 성 고정관념의 작용, 성 위계이론, 생애발달론에서는 성역할 발달을 아동기 이후로 확대 설명하는 데 주력하고 있다. 그 밖에 성역할 사회화에 가족 내 부모 간의 힘의 불균형, 부모 부재, 어머니 취업의 영향과 아동 그림책, 교육과정 운영과 성 편견적 교육문화, 대중매체의 획일적 성역할 묘사 등의 영향을 논하고 있다.

제5장 여성다움과 남성다움에서는 여성과 남성에 대한 전형적인 특성들에 대한 신념으로 이루어진 성 고정관념과 성역할 고정관념을 고찰해 보고, 보편적 특성 중심의 문화적 고정관념뿐 아니라 일의 세계에서의 성역할 고정관념을 알아본다. 또한 성 고정관념적 신화에 의해 심화된 한국 남녀의 콤플렉스, 남녀 양쪽의 특성을 모두 소유한 양성적인 사람과 성별 전형화된 사람 간의 정신건강의 차이, 성역할 고정관념과 문제행동과의 관계를 살펴보고자 한다. 이밖에 고정적인 성역할의 속박에서 벗어날 수 있는 양성평등 문화 확산 방안도 논의해보기로 한다.

인간발달과 성차

1 생물학적 발달과 성차

2000년대 들어 생명과학의 발달로 배아줄기세포의 배양이 뜨거운 논제로 등장하였다. 수정란이 첫 분열하면서 생성되는 만능줄기세포는 세포 하나하나가 한 명의 태아도 될 수 있다. 이 만능 줄기세포에 의해 만들어지는 배아줄기세포는 분할을 거듭하게 되어 점차 개체로 모양을 갖추어갈 때 근육, 뼈, 뇌, 피부 등 신체의 어떤 기관으로도 전환될 수 있지만, 구체적 장기 기관을 형성하기 전에 분화를 멈춘 단계의 세포를 일컫는다. 이렇듯 주요 장기들이 배아줄기세포의 배양에 의해 이루어질 수 있다는 것이 한낱 가설이 아니라 구체적으로 실현되는 요즘의 현실에서 일련의 생명복제 연구는 막연한 사회적 불안과 공포까지도 야기시킨다. 마치 남성과 여성의 성적 만남을 통한 생명의 잉태마저 자연의 영역으로 보호받지 못할 듯 위협을 느끼게 된다. 그러나 스스로 생각하고 판단할 수 있는 자의식을 가진 인간을 복제하는 것과 분열과 분화를 반복하는 세포를 복제하는 것은 전혀 다른 차원의 문제이며 현실적으로 체세포를 통한 인간복제의 길은 실패율이 높은 요원한 일로 과학자들은 단언하고 있다. 아직도 이 세상은 난자와 정자의 결합 순간에 결정되는 남녀의 성 구분, 그로 인해 형성되는 성적 정체성에 의해 좌우되는 일들이 우리 인간사회에 많은 영향을 미치고 있다.

남녀의 신체적 차이가 성유형화에 어떤 영향을 주는가에 관심이 주어지면서, 일부에서는 심리적 차이도 생물학적 차이에서 연유된다는 환원주의적 설명이 대두되는가 하면 그런 주장은 가부장적 사회에서 발원된 성편견을 정당화시키려는 발상에 불과하다는 논박이 있어 왔다. 남녀의 심리적 특성과 이에 미치는 영향 또는 심리적 특성이 신체에 미치는 영향을 살펴보기에 앞서 남녀의 성은 어떻게 분화되어 가며, 남녀에게 중요한 생물학적 차이가 어떤 기제로 존재하게 되는지 알아보기로 한다.

1) 성의 분화

많은 사람들이 생각하듯 남자 혹은 여자로서의 성은 수정 순간 결정되지만 그 이후의 생물학적인 발달은 복잡하게 이루어진다. 머니와 에르하츠(Money & Ehrhardt, 1972)는 성의 분화와 관련된 몇 가지 결정적인 사건들을 지적하였다. 그 중 하나는 아동이 아버지로부터 X 염색체나 Y 염색체, 둘 중의 하나를 물려받는 것이다. 발달 과정의 처음 몇 주 동안은 여자(XX)와 남자(XY)의 배아는 똑같다. 약 5-6주 사이에 초기 생식샘이 형성되고 이 시점에 잠재적인 정소나 난소가 발달하게 된다. Y 염색체와 SRY 유전자에서 보내는 특정한 남성화 신호가 없다면 생식샘은 여성으로 발달된다. SRY는 Y 염색체의 특정 유전자로 성적 분화와 남성 성기 발달에 핵심 역할을 하는 성을 결정하는 유전자이다. SRY 유전자는 분자 수준의 복잡한 연쇄 과정을 거쳐 궁극적으로 배아를 남성으로 발생시키는 핵심적인 유전적 지침을 암호화한다. 이러한 지침이 없다면 인체는 초기 설정에 따라 여성으로 발생하게 된다. 남성들만이 SRY 유전자의 복제본들을 지니고 있다는 점에서, SRY 유전자의 영향은 결정적이다. 그러나 여성에서 남성으로 분화시키는 것은 남성호르몬이나 SRY 유전자만이 아니라 난소호르몬의 존재라고 알려졌다(Fitch & Bimonte, 2002; Carroll, 2007, 번역서, 재인용).

대부분의 남성들의 정소는 수정 후 7−8주 경에 초기 생식샘에서 분화를 시작하지만 대부분의 여성의 난소는 10−11주 경에 초기 생식샘이 난소로 분화를 시작한다(Carroll, 2007, 번역서). 이렇게 새로운 생식선이 형성되고 나면 두 번째 국면으로 진행된다. 남자 태아의 고환 중에 있는 다른 하나의 호르몬인 테스토스테론은 남성의 내부 생식기 시스템의 발달을 자극하고, 여성의 난소가 발달하는 것을 방해한다. 이때 만약 테스토스테론이 없다면 태아는 여성의 내부 생식 시스템으로 발달하게 된다. 세 번째 사건은 수태된 후 3−4개월이 되면 테스토스테론에 의해 고환에서 음경과 음낭이 분화되어지는 것이다.

태아기의 발육과정의 프로그램화된 성의 분화에서 한 가지 주목해야 할 것은 성 호르몬 불균형, 유전자 이상이나 부적절한 산모 호르몬의 태아에의 노출은 비정형적 성 분화로 초래될 수 있다는 점이다.

2) 생물학적 차이

생물학적인 면에서 여성과 남성은 다음 7가지 측면의 중요한 차이가 있다.

첫째, 성염색체의 차이로 여성은 XX 염색체를, 남성은 XY 염색체를 가진다.

둘째, 호르몬 균형 면에서 여성에게는 에스트로겐(estrogen) 함량이 더 높지만, 남성에게는 안드로겐(androgen) 함량이 더 높다.

셋째, 생식선의 구성 면에서 여성은 난소 조직으로, 남성은 고환의 조직으로 되어 있다.

넷째, 내부의 생식 시스템 면에서는 여성은 질, 자궁, 난소, 나팔관 등으로 구성되지만, 남성은 고환, 정액, 소낭, 전립선으로 구성된다.

다섯째, 외부 생식기면에서 여성은 음순, 음핵으로, 남성은 페니스와 음낭으로 되어 있다.

여섯째, 여성은 성장함에 따라 월경, 임신과 출산의 기능을 갖추게 된다.

일곱째, 체구나 근력, 지구력에 있어서 여성은 남성보다 뒤떨어진다.

일부 이론가들은 염색체와 호르몬의 차이가 남녀의 성과 관련된 여러 성향들의 요인이 되며, 그런 성향은 출생 시 또는 바로 그 이후부터 명백하게 나타난다고 주장한다. 그러나 티퍼(Tife)는 성적 욕구에 대해서 지나치게 생물학적 해석에 반대하며 성적 욕구에 가장 큰 영향을 미치는 것은 문화라고 주장했다. 어느 사회에서 비정상적인 성적 양태도 문화에 따라서는 자신들의 성욕 양식으로 자연스럽게 생각하기 때문이다.

(1) 염 색 체

생식자 발생을 거쳐 형성된 생식세포인 난자와 정자가 결합한 수정란이 분할되면서 인간의 발생은 시작된다. 감수분열로 염색체 수가 절반이 된 난자에는 23개의 염색체 중 성염색체 X만 있고 정자에는 23번째 성염색체에 X와 Y가 있다. 수정의 순간, 정자의 성염색체에 의해 XX 염색체 쌍인 여자 또는 XY 염색체 쌍인 남자라는 유전적 성을 갖게 되는 것이다. 성 염색체는 수정란을 여자나 남자로서 생식이 가능한 생명체로 형성해 간다. Y 염색체에는 성 결정요인이 있어서 이 염색체가 없는 경우에는 여성적인 특성을 띤다. Y 염색체가 존재하는 한은 다른 방해가 없으면 신체유형은 남성적인 특성을 가지며, Y 염색체는 안드로겐과는 상관없이 키에 영향을 미치는 것으로 알려졌다. 염색체 이상이 있는 경우는 X 염색체가 하나 더 있어 유방이상비대증 등의 증상을 가진 클라인펠터 증후군, 성 염색체를 가지지 못한 난자 X가 정자에 의해 수정되어 무월경증과 불임을 야기하는 터너증후군, 기형적 생식기와 노년기 학습문제로 고통을 받는 XYY 증후군과 XXX 증후군 등의 장애가 발생한다.

(2) 호 르 몬

호르몬이란 신체조직의 성장을 위한 규칙과 기관 시스템 기능의 발달에 중요한 역할을 하는 강력한 화학물질이다. 태아기 동안 호르몬은 생식기와 다른 기관들의 발달에 자극을 주고, 중추신경 시스템의 기능과 뇌의 활동에 주목할 만한 영향을 미친다. 여자 태아인 경우 에스트로겐과 프로게스테론을, 남자 태아인 경우 안드로겐을 생식선에서 방출하게 된다. 태아기 때 방출된 이러한 성호르몬은 뇌의 시상하부에 전달되어 흡수된 채 사춘기에 이르러 이차 성징이 나타날 때까지 작용하지 않고 있다.

유기체의 호르몬 변화가 해부학적·행동학적 발달에 영향을 준 예는 동물실험에서 찾아볼 수 있다. 리서스 원숭이 실험(Young, Goy & Phoenix)과 비치(Beach, F.)의 테스토스테론을 주입한 어린 암컷 쥐 실험이 그 예이다. 연구자들은 임신한 리서스 원숭이에게 남성호르몬인 안드로겐을 주입한 결과, 출생한 어린 암컷에게서 남자의 것처럼 보이는 외부생식기와 남자의 성격특성이라고 할 수 있는 사회적인 행동패턴을 나타냄을 발견했다. 이런 남성적 외모를 나타낸 어린 암컷은 다른 원숭이들에게 으르렁대거나, 난폭한 놀이를 하고, 마치 수컷처럼 성역할을 하려는 경향을 나타냈다. 비록 이런 증거들이 동물실험이라는 제한점이 있기는 해도 인간도 호르몬에 의해 영향을 받을 수 있음을 시사해 준다.

사춘기가 되면 성선들은 호르몬을 분비하도록 자극을 받으며, 성선 자극 호르몬이 시상하부에서 방출됨에 따라 여자의 난소는 주로 에스트로겐을 만들고, 남자의 고환은 주로 테스토스테론을 만들게 되며, 남녀 모두 반대 성의 호르몬을 어느 정도 생산해낸다. 에스트로겐의 분비는 사춘기 소녀의 유방을 발달하게 하고 피하지방을 변화시켜 외모의 부드러운 곡선을 발달시키고, 여성 생식기를 성숙시키는가 하면, 칼슘대사를 원활하게 한다. 반면에 테스토스테론은 소년의 수염과 체모를 자라도록 하며, 근육 발달, 머리선의 변화, 변성, 성기 성숙에 관여한다. 이처럼 호르몬은 사춘기에 생식 시스템의 성장에 영향을 주며, 이차 성 특징을 나타내고 성적인 발달을 이룬다. 이러한 사건들을 통해서 양성 모두 조화된 자아개념을 지니게 되며 안정된 성 정체감을 갖게 되고, 자신의 성역할을 더 선호하게 된다.

그러나 실제로 적은 수이지만 변칙적 호르몬의 영향에 의해 이차 성 특징 형성에 혼란을 가져오는 경우가 있다. 남자 태아가 남성호르몬인 안드로겐에 무감각한 특성을 물려받아 마치 여성의 것처럼 보이는 외부 생식기가 발달하게 되는 '고환을 지닌 여성증후군'(testicular feminization syndrom)을 나타내게 된다. 여자 태아가 어머니가 사용하는 약품을 통하거나 또는 스스로 부신의 유전적인 역기능으로 인해 많은 양의 남성호르몬에 노출될 위험이 가끔 있는데, 이런 안드로겐에 노출 과다는 여자 태아의 남성화에 영향을 미친다. 만약 생식기의 발달 중에 이런 일이 일어나면 내부 생식기는 여성이지만 외부 생식기가 남성의 것처럼 발달된 여자아이가 태어나게 될 것이다. 즉 이런 여아는 음경처럼 보이는 거

대한 음핵과 음낭처럼 보이는 녹은 것 같은 음순을 지니게 된다. 반대로 만약 남자 태아가 테스토스테론이 없거나 남성호르몬에 무감각하다면 여성의 외부 생식기의 모습을 갖게 될 것이다.

안드로겐화된 여성은 같은 또래와 비교할 경우 말괄량이처럼 행동하고 보석이나 화장품 등에는 관심이 거의 없으며, 그들의 태도는 남성의 행동과 유사한 성적 행동과 성취감을 지향하기 때문에 결혼과 모성애에 흥미를 보이기는 하지만, 그들 자신의 목표를 성취할 때까지는 결혼을 미루고 결혼을 하더라도 주로 만혼을 하고 자녀가 없는 경우가 많다고 한다(Money & Ehrhardt, 1972). 뿐만 아니라 남성호르몬인 테스토스테론은 공격성과 관련이 있다는 주장이 지속되고 있다. 언어 및 신체적 공격성에 반응하는 경향성은 소년들의 테스토스테론 수준과 관련이 있으며, 강력범죄자의 경우 대체로 테스토스테론의 수준이 높다. 그러나 인간의 공격성이 테스토스테론만으로 야기된다는 주장은 포괄적이지 못하다. 동물들이 지배적이고 공격적인 행동을 할 때 남성호르몬인 안드로겐이 증가한다는 연구결과가 있기 때문이다(Dabbs, 1992). 한편 테스토스테론이 남성의 여성호르몬 구성을 억압해서 남성에게는 사춘기의 월경주기 같은 경험이 생기지 않으며, 에스트로겐은 양육행동에 관여한다는 주장이 있다. 그러나 공격성이나 양육행동에 대해 이런 생물학적 원인 외에 사회문화적 원인으로 설명하는 주장들도 적지 않다.

공격행동은 좌절 상황에서 촉발되며, 공격행동 후에 주변의 어떤 보상을 예측하는가에 의해 영향을 받는다는 것이다. 소녀들은 공격행동을 했을 때 부모로부터 인정을 받지 못할 것으로 예상하는 반면에 소년들은 공격행동이 보상을 줄 것으로 기대한다는 주장이다(Perry et al., 1986).

머니와 에하르츠는 생물학적 요소와 사회문화적 요소가 모두 사회행동의 성차에 관계된다고 가정하였다. 그들에 의하면 생식기 형성 후에 중요한 발달이 생후 3년 동안에 일어나며, 부모와 다른 주변인과의 접촉 수준과 아동의 생식기 모양에 기초하여 성유형화가 시작된다. 더욱이 아동은 자신의 신체적 유형을 깨닫기 시작하고 그러면서 남성 또는 여성으로서 보여지는 것을 배우게 된다는 견해이다(그림 3-1).

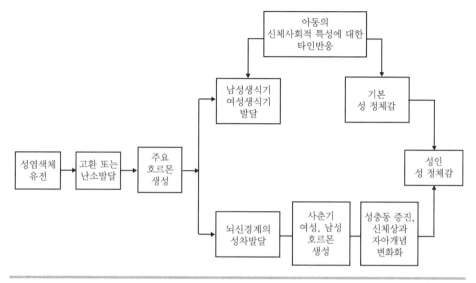

그림 3-1 머니와 에하르츠의 사회생물학적 성유형화 이론

자료: Shaffer. D. R(1988), "Sex Differences and Sex−role Development," Social and Personality Development. 2nd Ed., Pacific Grove, CA: Brooks/Cole Publishing Co.

2 인지능력의 발달과 성차

여성과 남성 간에 어느 편이 더욱 지적으로 우세할까? 현대의 많은 심리학자들이 남녀에 대한 일반적인 관념들이 어느 정도 근거 있고 타당한 것인가를 밝히기 위한 연구를 진행해 왔다. 이런 의문은 흔히 아동들의 학업성취도를 연구하는 학자들이 다루어 온 주제이다. 일반지능에 있어서 여성과 남성 간에 성차는 뚜렷하지 않은 것으로 알려져 왔다. 그러나 지능의 하위요인들간에는 성차가 발견되고 있다. 여아와 남아간의 인지능력의 차이는 언어능력, 수리능력 및 공간능력 등에서 나타난다.

먼저 언어와 언어능력의 차이를 살펴보면 어린 여아가 남아보다 언어기술에서 더 우세함을 보인다. 여아는 남아보다 빨리 말을 시작하고 사용 어휘수도 많다. 문법발달도 여아가 남아보다 더 빠른 편이다. 문장의 길이나 명사의 사용, 접속사 사용 등에 관한 검사를 보면 2세경부터 여아가 더 우세하게 나타난다. 만 11세 이후에 여아들은 언어의 유창성뿐 아니라 언어유추, 난해한 문장이해,

창작 등의 고위수준의 언어과제에서 남아보다 우세하게 나타나지만 그 정도가 크지 않은 것은 연구도구인 언어검사가 추상과제를 많이 사용하기 때문인 것으로 보인다. 실제 여성이 남성보다 우세한 것은 소통능력의 측면이다. 특히 여성은 비언어적 의사소통 기술에 있어서 남성보다 우세하다는 연구들이 있다. 이러한 차이가 양육과정에서 어머니가 아들보다는 딸에게 더 풍부한 언어 환경을 제공하기 때문이라는 견해도 있지만 사회에서의 여성의 역할과 관련된다고 주장되고 있다(Hall, J. A., 1984). 여성은 양육이나 가정 내 역할을 수행하면서 타인의 비언어적 단서에 민감해지고 그에 적절히 반응하게 되며, 사회 내 역할수행에 있어서도 상위자의 미묘한 비언어적 단서를 정확히 파악하는 것이 요구되어진다.

둘째로 수리능력, 즉 수를 다루는 능력과 계산능력에서는 흥미로운 성 차이가 나타남을 볼 수 있다. 여아가 남아보다 빨리 수를 세거나 사용하기 시작하며, 계산문제에서 우세하지만 수 추리력에서는 남아가 우수하다. 그러나 청소년기부터는 남아가 일관되게 수리능력이 높게 나타난다. 이러한 차이는 부모나 교사들이 수리영역에서 남아를 더 격려하고 이로 인해 여아 스스로 수학은 남아의 활동으로 생각하여 별 관심을 갖지 않기 때문으로 볼 수 있다. 최근의 연구에 의하면 수리능력의 성차는 모든 문제 유형에서 나타나지 않고 특수한 문제에서 나타나고 있다. 킴벌(Kimball, M., 1989)에 의하면 여학생들은 연산문제나 대수문제와 같이 직선적이고 잘 정의된 문제를 더 잘하고, 반면에 남학생들은 문장제 문제나 기하문제와 같은 정형화된 답이 덜 요구되고 잘 정의되지 않은 문제를 더 잘한다.

공간능력에서도 남아가 일관성 있게 여아보다 우세하게 나타나고 있다. 예컨대, 분석적인 접근을 요하는 그림 속의 숨은 도형 찾기나 분석적이 아닌 공간능력으로서 미로 탈출구 맞추기, 토막짜기, 도형 알아 맞추기 등의 과제들이다. 이러한 경향은 아동기보다 청소년기와 성인기에서 더욱 뚜렷하게 보인다.

다양한 과제와 기술을 사용하는 공간능력에서도 남아의 우수함이 여러 연구물에서 일관되게 나타났다.

헛트(Hutt, C.)는 소년들의 읽기 무능, 언어 결점, 여러 가지 감정적 혼란과 어떤 유형의 정신적 지연 같은 민감한 문제까지도 양성 간의 유전적 차이에서 찾을 수 있다고 주장한 바 있다. 그에 의하면, 유전적으로 XY 염색체인 남자들은 단지 하나의 X 염색체를 가지고 있기 때문에, 필연적으로 어머니에게 물려받은 어떤 X에 관련된 열성적인 무질서에 민감하다. 유전적으로 XX인 여자들은 같은 무질서에 대해 각각의 부모로부터 열성적인 유전자를 이어 받고, 남자들은 Y염색체 위에 나타난 어떤 유전자의 장점에 의해 보다 많은 유전적인 정보를 가지고 있기 때문에 광범위하고 다양한 특성을 보인다고 한다. 한때는 언어기술과 시각 및 공간지각 능력에 있어서의 성차가 유전적(염색체)인 차이 탓이라고 생각되었지만 근래에는 이런 관점들이 도전받고 있다. 그 한 예로 전통적인 지능검사에서 하위요인으로 측정되는 공간과제는 남성이 여성보다 우세했던 영역이지만 그 우세도가 지난 40년간 60% 정도 감소되었다는 점이다. 이것은 공간능력에 사회문화적인 요인이 작용되고 있음을 의미한다(조숙자, 1996).

인지영역에서의 남자청소년과 여자청소년의 자기지각도 남자와 여자가 잘하는 것에 대한 고정관념과 일치하는 경향이 있다. 실제 능력수준이 같을 때에도 남자청소년들은 수학과 스포츠에 여학생들보다 자아존중감이 더 높았으며, 여자청소년들은 문학과 읽기에 있어서 자아존중감이 더 높게 나타났다(Herbert & Stipek, 2005). 이러한 성별 차이에 대해 알려진 사실은 남녀를 다르게 대할 필요가 있음을 시사해준다. 뉴컥(Newkirk, 2002)은 남학생들에게 읽기와 쓰기를 하면서 운동이나 모험과 같은 전형적으로 남성다운 영역으로 간주되는 영역에 흥미를 갖도록 허용해주면 남학생들의 문식력도 향상될 것으로 보았다. 여학생들에게 시공간적 사고를 요하는 활동에 자주 참여할 기회를 주면 그들의 시공간능력이 신장될 것이며(Casey, B. M. et al., 2008), 과학 수업에서 실제 활동에 여학생들을 정규적으로 참여시킴으로써 여학생들의 이 분야에 대한 흥미를 증가시키게 될 것이다(Burkam, Lee, & Smerdon, 1997; Ormrod, 2011, 번역서, 재인용). 2009년 OECD 자료(주재선, 2014)를 보면, 과학의 경우 34개국 중에 핀란드, 슬로베니아, 터키, 일본, 그리스, 뉴질랜드, 폴란드 등 18개국의 여학생들이 남학생들보다 우세하게 나타났다. 물론 한국에서도 여학생들이 근소하게 높은 학업성취도를 보였다. 스웨덴의 경우는 수학과 과학에서도 여자가 남자보다 우세한 학업성취도를 보였는데, 이들 교과영역에 대한 교사의 교수행동과 학생들의 학습과정, 성취도 평가도구까지 면밀히 검토해볼 필요가 있다.

3 행동특성과 동기에서의 성차

여러 사람에 대한 보살핌 등의 양육성과 순종행동, 도덕성, 놀이, 대인관계성, 공격성, 성취동기 등에서 남녀의 차이는 어떻게 나타나고 있는지 살펴보고자 한다.

1) 양육성과 순종행동

양육성이란 어리거나 미숙한 다른 사람을 돌보거나 도와주는 성향을 말한다. 여아들은 아주 어린 시기인 2, 3세부터 타인에 대한 관심과 돌보는 행동을 보인다. 연구에 의하면 6–10세의 여아들이 남아들보다 더 양육본능이 강하게 나타나고 있다(Shaffer, 1988). 그러나 여성이 남성보다 더 양육적이라는 것은 과잉단순화라는 이견도 적지 않다(조혜자, 1996). 양육성의 성차를 다각도로 검토한 버만(Berman, 1985)의 연구에서는 양육적 반응을 생리적 측정치로 잴 때나 실제 행동으로 잴 때는 성차가 나타나지 않고 자기 보고를 측정치로 삼을 때만 성차가 나타났다. 한편 그의 연구에서 흥미로운 것은 양육성 반응이 상황에 따라 달라진다는 점이다. 여성은 혼자 있을 때보다 타인의 이목이 있는 공적 상황에서 더 양육행동을 보이는 한편, 남성은 오히려 사적 상황에서 더 양육적이었다. 또한 아라페쉬족은 남녀 모두 모성적이며 아이 양육에 참여하지 않는 아버지는 상상할 수 없다. 한편 현대 한국여성의 모성(motherhood)에 대한 개념정의도 단일하거나 고정된 것이 아니라는 데 주목할 필요가 있다. 모성은 임신·출산·수유 같은 생물학적 요소뿐 아니라 양육 및 이데올로기 같은 사회적 요소를 포함한 복합개념이다(이연정, 1999). 모성을 임신이나 출산과 같은 생물학적인 경험을 통해 발현되는 여성 고유의 속성으로 보고 그 연장선에서 양육성을 논한다면 당연히 여성은 남성보다 더 양육적일 것이다. 그러나 그동안 여성에게 기대되어온 사회적 가치에 의해 여성들이 의식적인 노력을 통해 완수해야 할 의무와 책임으로 모성을 정의한다면 변화하는 사회적 가치와 삶의 조건에 따라 양육성이 가치 절하되어 출산 기피, 어머니의 가출과 자녀에 대한 방임 등이 빈번한 현실에서 더 이상 여성이 남성보다 양육성이 높다고 근거 있게 주장할 수 없을 것이다. 현대의 여성이나 남성들은 양육에 전통적인 규범이나 지배적인 사회관념을 무조건 수용하지 않으며, 자신들의 일상적 경험에 비추어 개념을 수정해가고 있다.

　아동으로 하여금 부모의 요구에 일치하는 행동을 하게끔 하는 자아조절능력, 또는 자아통제력의 초기 형태를 순종행동(compliance)이라 한다(박성연 외. 2007). 순종행동은 아동이 사회생활을 하는 데 중요한 사회적 기술 중 하나이며, 외부적인 통제에 의해 자신의 행동을 조절하던 아동들이 점차 내적인 통제력을 갖게 되는 데는 성숙과 경험의 역할이 중요하다. 걸음마기부터 유아기 아동을 대상으로 한 대부분 연구에서 여아는 부모-자녀와의 상호작용에서 대체로 남아보다 협조적이고 순종적인 것으로 밝혀졌다(곽혜경, 조복희, 1999; 하지영, 박성연, 2005). 장난감 정리 등의 요구에 순종하는 과제(clean-up 과제)의 순종행동이나 충동 억제 행동은 문화적인 보편성을 나타내고 있다. 중국과 캐나다에 대한 연구에서 걸음마기 여아가 남아보다 자발적이고 협조적인 순종행동을 보이는 것으로 알려졌다(Chen et al, 2003; Kdchanska, 1995, 박성연 외. 2007, p. 2 재인용). 그러나 아동의 사회적 특성에는 아동의 성(gender)뿐 아니라 연령, 기질, 어머니의 양육행동 등이 영향을 미치고 있음이 밝혀져 아동의 사회적 특성을 성에 따라 단순히 구분할 수 없음에 주목하게 된다. 박성연 외(2007)의 걸음마기 아동에 대한 연구결과를 보면, 장난감 정리를 요구하는 과제에서는 여아가 남아보다 훨씬 순종적이었다. 그러나 아동용 책상 위에 종이와 크레용을 놓은 후 실험자가 잠깐 나갔다 올 때까지 만지지 말라고 요구하는 만족지연과제(상황 금지된 행동에 대한 순종)에서는 여아가 더 순종적이었지만, 어머니가 처벌적인 양육행동을 보일 때 순종적인 경향을 보였다. 또한 하고 싶은 행동을 참는 금지 상황인 만족지연과제에 대해, 기질이 까다로운 남아는 처벌적이지 않을 때 더 잘 순종하는 반면, 기질이 까다롭지 않은 남아는 처벌적일 때 더 순종적이었다.

2) 도덕성

　유아의 도덕적 행동이나 도덕적 자아, 도덕적 인지 등을 종합한 양심 점수가 남아보다 높다는 여아가 높다는 연구결과는 부모들이 자녀를 사회화하는 과정에서 여아에게 더 자아조절능력이나 순종, 인내를 강조하는 데서 연유하는 것으로 보여진다(Kochanska et al, 2004).

　콜버그(1958, 1981)는 유아기에서 성인기에 이르기까지의 도덕성 발달의 세

가지 수준에 속하는 여섯 단계를 상정한 바 있다. 첫째 전인습 수준은 ① 처벌과 복종의 성향 단계와 ② 도구적·상대주의적 성향 단계로 이루어지며, 둘째 인습 수준은 ③ 행위자 상호 간의 일치('착한 소년-착한 소녀'적 성향) 단계와 ④ 법과 질서 지향적 성향 단계로 이루어진다. 셋째 후인습 수준은 ⑤ 사회계약 또는 법치주의적 성향 단계와 ⑥ 보편적 도덕원리적 성향 단계로 이루어진다. 콜버그의 척도에 의했을 때 가정에 있는 많은 성인 여성들은 3단계의 도덕성 발달 수준에 속하며, 도덕을 대인관계적인 것으로 파악하고, 선함을 다른 사람들을 도와 주거나 즐겁게 해 주는 것과 동일시하는 것으로 나타났다(Kohlberg & Kramer, 1969). 이런 결과는 마치 여성들이 남성들보다 도덕적 발달이 미약한 것으로 보여진다. 그러나 콜버그의 도덕적 성숙관은 84명의 남아에 대한 관찰연구를 토대로 한 것이고 남성들의 발달에서 강조로 한 개인화(individuation)의 중요성을 전제하고 있다는 데 문제가 있다.

길리건(1994)은 여성들은 근본적으로 콜버그 체계와는 다르게 도덕문제를 구성한다고 주장하고 있다. 즉 콜버그는 공정성의 도덕관으로 권리와 규칙에 대한 이해를 도덕발달의 중심에 두지만 여성들의 삶에서 도출된 보살핌 활동의 도덕관은 책임과 인간관계의 이해를 도덕발달의 중심에 둔다는 것이다. 콜버그의 연구대상들은 다른 사람들의 권리를 침해할까봐 우려하는 반면, 길리건의 연구에 참여한 여성은 부작위(omission)의 가능성, 즉 다른 사람을 도울 수 있는데도 도와 주지 않게 될까봐 염려하는 도덕성을 보여 주었다. 이 문제는 뢰빙거(Loevinger, J. & Wessler, R., 1970)의 자아발달의 5단계인 자율적 단계에서 다루어질 수 있는 주제로 이 단계에서 행위자는 추상적인 도덕적 이원화를 벗어나 현실에 존재하는 사람들의 복잡하고 다면적인 상황을 이해하기에 이르게 된다.

콜버그의 원칙주의적 5, 6단계들에 함축된 권리주의적·도덕적 관점에서 목표로 하는 것은 도덕적 딜레마를 모든 합리주의적 행위자들이 합의할 수 있는 객관적으로 공정하고 정의로운 방식으로 해결하는 것인 반면에 책임주의적 관점에서 강조되는 것은 도덕적 딜레마에 대한 여러 해결책들이 갖고 있는 한계를 부각시키고 그런 한계 때문에 남게 되는 갈등을 보여 주는 것이라고 길리건은 결론짓고 있다.

3) 놀이와 대인관계성

아동들의 놀이에는 두 가지 양상의 성차가 눈길을 끈다. 첫째 생후 두 돌까지는 성별로 놀이형태의 차이가 없지만, 그 이후로는 남녀 차이가 장난감 선택에서 나타나게 된다. 아이들은 자기 성에 맞는 장난감을 선택하게 되는데, 유아원 연령에 이르러 성별 선호도가 뚜렷해진다. 취학 전 연령에 이르면 남아와 여아는 따로 따로 집단을 이루고 놀게 되는데, 같은 성의 구성원으로 안정된 사회집단을 이루게 된다.

다른 하나의 양상은 유아기부터 취학연령까지 지속적으로 나타나는 동성 또래에 대한 선호경향이다. 연구자들은 열흘 동안 유아들이 놀이를 할 때, 다른 성의 아이들과 같이 놀 경우에는 강화를 주었다. 그 결과 실험기간 동안에는 혼합 집단놀이가 계속 증가되었으나, 강화가 중단되자 다시 동성의 또래와 노는 양상이 증가되었다. 이러한 양상에 있어서 남녀의 차이란 여아는 단지 한두 명의 동성친구와 친하게 지내는데, 남아의 경우 여러 명의 동성친구들과 친하게 지내고 있다는 점이다.

한편 레버(Lever, J., 1976)는 181명의 초등학교 5학년 아동들의 놀이를 관찰하고 다음과 같은 양성 간의 차이를 발견하였다. ① 남아들이 여아들보다 더 많은 시간을 실외에서 논다. ② 남아들은 많은 경우 나이가 비슷한 아동들로 이루어진 큰 집단을 형성하여 논다. ③ 남아들은 경쟁적인 놀이를 더 많이 하며, 이 놀이들은 여아들의 놀이들보다 더 오랜 시간 지속된다. 여기에서 주목을 끄는 것은 남아들의 놀이가 오래 지속되는 이유에 대한 설명이다. 레버에 의하면 남아들의 놀이는 더 높은 기술을 요구하는 경우가 많아 지루할 가능성이 적기도 하지만 놀이 중 발생하는 의견 불일치를 남아들이 효과적으로 다루기 때문이라는 것이다. 남아들은 아동기를 거치면서 규칙을 정교화하고 분쟁을 해소하는 공정한 절차를 발달시키는 데 점점 열성을 보이지만 여아들은 논쟁이 발생하면 놀이를 끝내는 경향이 있다는 레버의 연구결과는 피아제의 관찰을 입증하고 확장시키고 있다.

길리건(1994)은 여성들과 남성들은 인간관계의 문제, 특히 타인에 대한 의존문제를 다르게 경험한다고 지적한 바 있다. 남성의 발달에서는 어머니로부터의 독립이 핵심적이므로 남아들과 남성들의 성적 정체감은 독립과 개인화와 깊은 관련이 있는 반면, 여아들이나 여성들의 성적 정체감은 어머니로부터 독립이나 개인화과정이 완성되는 것에 의존하지 않는다. 일반적으로 심리학자들이 아동기와 청년기의 발달기준을 독립성의 증대에 두는 것은 여성들이 독립하는 데 실패한 것을 여성들이 발달하는 데 실패한 것으로 확대 해석하는 오류를 범하게 한다.

피아제는 아동에 대한 관찰을 통해 남아들은 놀이에서의 규칙을 중요시하지만 여아는 인간관계를 중요시하므로 그 관계가 깨지면 놀이를 그만두는 사례를 자주 발견하였다. 쵸도루우(1978)도 남성들의 사회적 성향은 직업중심적이며 여성들은 관계중심적인 경향을 갖는다고 주장한 바 있다. 남학생들은 경쟁적인 경향이 있는 반면에, 여학생들은 친애적이고 협력적인 경향이 있어 교사들과 좋은 관계를 유지하고 경쟁적이 아니고 협동적인 상황에서 성취도도 높다.

부모-자녀관계를 보면, 애착관계 형성은 여아가 남아보다 약간 빠른 편이다. 여아는 더 많이 미소 짓고 일찍 말하고 어머니의 언어적 자극에 더 민감하고 사람 얼굴을 바라보는 것을 즐긴다. 양육시기에 한국의 어머니는 딸보다 아들을 키울 때 더 위해 주며 어려워하는 경우가 많다. 딸을 키우는 어머니의 양육스트레스는 딸에 대한 강압적 양육행동으로 직접 관련되지만, 아들을 키우는 어머니의 양육스트레스는 부모효능감을 매개로 하여 간접적으로 아들에 대한 강압적 행동으로 나타나는 것으로 밝혀졌다(신숙재, 1998). 어머니가 아들을 키우는 동안 양육으로 인한 스트레스가 누적되고 양육에 대한 사회적 지원이 부족하여 결과적으로 부모로서의 효능감이 없다는 인식에 이르렀을 때 어머니는 아들과 마찰이 생기면 강압적으로 대하게 된다. 한편 유아기 때부터 남아들은 더 까다롭고 더 성가시게 굴며, 이로 인해 부모는 아들에게 신체적 체벌을 더 가하고 딸에게는 언어적 추론 등의 양육방법을 더 많이 사용한다는 보고도 있다.

한편, 부모의 이혼을 경험한 청소년의 경우 자아존중감이 낮아지고 인식능력의 결함 등 인지적 어려움도 높게 지각되었지만, 여자 청소년의 경우는 연령이 적을수록, 부모의 경제적 수준이 높을수록 부모와 긍정적인 관계를 형성하는 것으로 드러났다(조성희, 2016).

4) 공 격 성

공격성의 경우를 보면 남아가 일반적으로 여아보다 신체적 공격이나 언어적 공격 양자에서 모두 우세하다는 점이다. 이러한 남녀 차이는 이미 2세경부터 나타나며, 취학 전 아동과 취학아동 모두 남아는 같은 연령의 여아보다 발로 차기, 치기, 때리기 등의 신체적 해를 입히는 외현적 공격성을 더 나타낸다. 연령이 증가하면서 남녀 모두 공격행동이 감소되는 경향이 있지만 남자들의 신체적 공격성은 성인이 될 때까지 계속 유지되고 다른 형태의 공격행동도 나타나게 된다. 공격적인 경향에 대한 성 차이는 여러 문화권에서 일찍 나타나며, 이에 대한 생물학적인 설명은 남성이 여성보다 공격적인 것은 안드로겐과 테스토스테론의 수치가 더 높기 때문이며, 활동적인 남성호르몬이 공격적인 행동을 장려한다고 보고 있다. 실제로 올웨우스(Olweus, D.)의 연구를 보면, 16세 정도의 소년들 중 스스로 신체적·언어적으로 공격성이라고 보는 소년들은 스스로 공격적이지 않다고 보는 소년보다 테스토스테론의 수치가 더 높게 나타났다. 이는 남성호르몬의 높은 함량이 공격적인 행동의 원인이 될 수 있다는 것은 남성 또는 여성의 어떤 사회적 행동과 경험의 차이를 호르몬의 영향으로 설명될 수 있음을 시사하는 것이었다. 그러나 공격성에 있어서 남자의 우세성은 성호르몬의 특성뿐 아니라 어머니의 양육행동과 일상적 스트레스 수준 등의 환경 요인과의 관련성을 규명하려는 연구도 이어져왔다. 남아에게 특징적으로 나타나는 외현적 공격성은 신체적 체벌이나 강압적 양육행동을 보이는 부모의 자녀에게서 많이 나타난다. 공격적인 아동들은 중립적인 단서를 적대적인 단서로 잘못 정보처리하여 공격적인 행동을 한다.

한편 관계성 공격성이란 또래들 사이의 관계를 조절하고 방해하여 집단에서부터 배척하거나 따돌리고 소문내는 등 사회적 지위에 손상을 주는 공격적 행위인데, 초등학생 상급학년의 경우 외현적인 공격성이 남자가 높고 관계적 공격성은 여자가 높은 연구가 있는가 하면 남자아이들이 두 공격성에서 다 우세하게 나타나기도 한다(이은주, 2001; 김지현과 박경자, 2006). 관계적 공격성은 또래집단의 맥락을 잘 파악하고 적응하는 데 요구되는 사회적 능력도 필요하며, 친밀한 가정의 아동일 수 있다. 친밀한 관계가 가치 있고 중요하다는 것을 알기 때문에 관계적인 공격성을 이용하여 이런 관계를 유지해나가려 하는 것이다. 관계적인 성향을 보이는 여아들은 또래에 비해 성숙하고 사회적 지능수준도 높은 것으로 알려져 왔다.

5) 성취동기

맥클리랜드의 남성연구를 통해 밝혀진 성취동기에 대한 개념은 '성공을 추구하는 동기'와 '실패를 피하려는 동기'로 구분되는데, 여성에 대한 성취동기 연구에서 호너(Horner, M., 1972)는 '성공을 기피하는 동기'를 새롭게 지적하였다. 그녀의 연구는 '앤은 첫 기말시험 결과 발표에서 자신이 의과대학에서 1등을 했다는 것을 알았다'로 시작되는 이야기를 여성들이 어떻게 완성하는가에 대한 분석과 경쟁적 성취상황에서 여성들이 보여 주는 수행능력을 관찰하는 것이었다. 결과는 젊은 여성들은 그 성공이 이루어질 경우 일어날 부정적인 결과를 두려워하고 불안해하며, 경쟁적인 성취를 거북하게 느끼는 것으로 나타났다. 그 이유는 청년기의 여성들은 여성이 아름다움을 유지하는 것과 성공을 이루는 것이 서로 대립된다고 생각하기 때문이다. 이에 대해 호너는 여성들에게 남성에 대항하는 경쟁적인 성취활동의 성공의 가능성이 사회적 지탄이나 여성다움의 상실 등 부정적 결과에 대한 예감을 동반하기 때문이라고 결론지었다. 많은 국가에서 여성들의 고등교육 학위 취득률은 높지만 학업 성취에 대한 여학생들의 열의는 그들이 성공할 수 있는 과제를 선호하고 실패를 재앙으로 받아들인다. 그러나 남학생들은 더 도전적인 과제를 선호하고 실패를 발전을 위한 하나의 과정으로 간주하는 경향이 있다(Dweck, 2000). 2014년 한국의 성 인지 통계에서 고등교육기관 진학의 이유로 ① 좋은 직장 구하기, ② 소질계발, ③ 주위 기대, ④ 결혼, 승진의 차별 때문의 순으로 남녀 공히 응답했지만, 좋은 직장 구하기에 남성의 응답이 더 높았고, 결혼, 승진의 차별 때문이라는 데 여성의 응답이 더 높았다.

4 왜곡된 신화의 극복

문학작품에 묘사되거나 일반사회인들에게 잘 알려진 속담이나 민담, 금기담 중에는 사실을 왜곡하거나 연구에 의해 입증되지 않은 부정확한 견해들이 많다. 단군신화의 환인이 여신일 가능성이 크다는 논의는 흥미롭다. 농경사회였던 동양사회에서 태양신은 대부분 여신이었으며, 풍요와 다산의 능력을 가진 존재로 상징되었다. 고구려, 신라, 가락국의 시조신화도 난생(卵生)신화인데, 이는 생명의 근원으로 여성의 자궁을 상징한다(전규태, 1980). 그런데 민족의 근원을 남성으로 돌리고, 여성은 부차적인 존재로 끌어내린 우리의 건국신화에는 여성을 지배하려는 남성의 의도가 다분히 게재되었다고 논의되고 있다(여성을 위한 모임, 1995). 우리 속담 중에 "암탉이 울면 집안이 망한다"가 전하는 메시지는 여성 주도적인 활동을 경계하는 것이고, "북어는 매일 두드리고 마누라는 삼일에 한 번씩 두드려 줘야 한다"는 여성의 피학성이나 복종을 강조하는 것이라 볼 수 있다. 그러나 실제 프로이드 추종자들이 제기했던 여성의 무의식적이며 선천적인 피학성은 생물학적 이론에 기초한 전설에 불과한데도 잘못 확산된 신화에 의해 남성폭력이 미화되고 여성에게 해를 주고 있다. 여성의 정절, 복종성이나 인내심 등을 덕성으로 미화한 신화나 금기담에 의해 많은 여성들이 자신이 지닌 개별적 특성을 발휘하지 못하고 희생된 예가 많다(이규태, 1993). 신화는 대표적 사회적 이드(id)로, 다원적이면서도 다양하다(표정옥, 2013).

다음은 서양 신화인 페르세포네 이야기의 줄거리이다.

땅의 여신인 데메테르의 딸 페르세포네는 들에서 여자 친구들과 놀고 있던 중 아름다운 수선화를 발견하고 그것을 따려고 달려간다. 그러다가 땅이 열리고 그녀는 제우스의 동생인 하데스에 의해 지하왕국으로 납치된다. 딸을 잃은 슬픔에 젖은 데메테르는 땅에서 어떤 생물도 자라날 수 없게 저주한다. 이로 인해 짐승과 인간마저 죽게 되자 제우스는 인간의 고통을 불쌍히 여겨 자신의 동생인 하데스에게 페르세포네를 그녀의 어머니에게 돌려 보내도록 설득한다. 하데스는 제우스의 권유를 받아들여 페르세포네를 보내는 데 동의하지만 페르세포네가 떠나기 전에 석류씨를 먹여 그녀가 1년 중 얼마간을 지하왕국에서 하데스와 함께 살도록 계획한다.

이 신화는 보통 남신인 제우스의 자비로움과 하데스의 지략을 보여 주는 반면, 여신 데메테르의 편협함, 페르세포네의 맹목성을 드러내는 이야기로 해석되고 있다. 여성이 성장하는 과정에 여러 문화권의 신화들이 여성이 여성을 비하하고 남성중심의 가치관에 따라 평가하게 한다. 오랜 가부장적 전통 속에서 여성들은 타인과 화합하는 능력, 협동적 수행능력이나 생명과 평화를 존중하는 인성과 양육성 등 그들의 장점이 되는 특성도 제대로 인식하지 못하고 남성적 가치에 눌려 스스로를 평가절하해왔다. 사람들은 한 집단에 대해 일반화된 것이 믿어지면 그 집단 구성원 중 일원이 기대하는 바에 따라 행동할 때마다 그것을 주시하고 그의 믿음을 확신하고 강화해 가는 경향이 있기 때문이다. 반면, 그 일원이 기대하는 바에 따라 행동하지 않을 때에는 그것을 무시하고 간과하며, 일반화된 믿음을 불확신으로부터 보호하려고 한다. 성 고정관념이란 이처럼 어떤 행동이 남·여 중 한 성과 관련된 행동이라고 받아들이고자 하는 욕구, 또는 그 행동을 남성적이거나 여성적 행동에 적합한 것으로 간주하려는 사람들의 신념을 말한다. 이것은 우리가 남자나 여자의 행동을 해석 또는 잘못 해석할 때 사용하는 뿌리 깊게 인지된 도식과 같다. 그러나 한국의 설화 중에서는 남자다움과 여자다움을 모두 발휘하며, 고통에 굴하지 않고 운명을 개척해나가는 여성들의 상이 담겨져 있는 것들이 더러 있다. 전통서사무가 <바리데기>의 바리는 아들이 아니라 버려졌지만, 원치 않은 막내딸의 부채의식을 지닌 채, 남성주의에 대한 저항의식을 보여준다. <세경 본풀이>의 자청비는 스스로 사랑하는 남자를 위해 남장을 하는 사랑의 주도권을 쥐는 강단 있는 여성으로 묘사되며, 아버지에 맞서고 시아버지의 시련에 도전하는 모습을 보여준다. <송당본풀이>에 나타나는 부부관계는 권력 투쟁의 관계로, 척박한 환경에서 당당한 자기 목소리를 내는 제주의 여신이 담겨 있다. 주몽의 본처 등장 이후 고구려를 떠나 자기 소생들을 데리고 독립적으로 백제를 건국한다는 주몽의 후처 소서노에 대한 이야기 등은 남성의 질서에 절대 복종하지 않고 주체적인 관용성과 의지를 발휘하는 현대적 인간형을 엿볼 수 있어 의미 있는 시사점을 준다.

다음으로, 여성과 남성의 심리적 특성과 관련하여 회자되어온 성 고정관념들을 다음 두 가지 유형으로 구분하여 본다.

1) 입증된 사실들

1500명과의 면접연구 끝에 맥코비(Maccoby)가 사실에 가깝다고 인정한 네 가지 성 고정관념은 첫째, 언어능력에서 여성이 남성보다 우수하다는 점, 둘째, 시각 및 공간적 능력에서 남성이 여성을 능가한다는 점, 셋째, 남성은 여성보다 신체적·언어적으로 공격적이며, 여성보다 더 활동적이며, 기꺼이 위험을 감수하며, 신체적으로 격렬한 놀이를 더 즐긴다는 점, 넷째, 여아들은 요구가 적고 부모의 사회적 제의에 즐겁게 반응하고 그들의 요구에 쉽게 응한다는 점이다.

그러나 최근 OECD 학업성취도 평가에서는 공간적 능력이 발휘되는 과학 분야의 여학생 성취도가 남성보다 더 높게 나타나는 경향이나 관계적 공격성에서 여아의 높게 나타나는 연구결과 등이 있어 그 추이를 살펴봐야 할 것이다.

2) 근거가 명확하지 않은 논의들

보통 남녀차이가 있다고 주장되어 왔지만 아직도 사실상 증거가 빈약한 특성들에 대해 다음과 같이 기술할 수 있다.

첫째, 여성이 남성보다 더 '사회적'이며, 더욱 대인관계 지향적이라는 주장은 사실이 아니다. 남성이나 여성이나 모두 다른 사람의 반응이나 행동에 대해 같은 수준의 관심을 보이며, 모델 인물의 행동을 모방할 때도 별다른 차이를 보이지 않는다. 앞서 예를 들었듯이 사회성의 남녀 차이가 그 정도에 있다기보다는 그 양상에 있다고 보아야 할 것이다. 남성들은 어려서부터 동료집단이나 규모가 큰 집단과 잘 어울리는 반면, 여성들은 소수의 인원과 잘 어울리는 경향이 있다.

둘째, 여아들이 남아보다 '피암시성'이 높다는 주장은 사실이 아니다. 설득적인 상황 아래 직접적 대면을 한 실험을 해 보면 피암시성에 대한 남녀차이는 나타나지 않는다. 그러나 여자는 남자보다 피암시적이고 동조적인 것으로 우리 사회에서 자주 묘사되고 있다. 이것은 남녀의 본래적 성격특성이라기보다는 사물에 접할 기회유무와 그 사물에 대한 명확한 지식의 소유문제로 귀착된다고 보여진다. 예를 들어 요즘 유행하는 의상, 요리, 가정생활 등과 관련된 과제에서는 남자가 여자보다 더 동조적이었다는 실험결과는 그 사물에 대한 지식의 부족이 타인의 암시에 따르게 한다는 것을 시사한다. 남성이나 여성이나 자신에게 익숙한 과제나 상황에서는 피암시성이 낮은 것으로 알려졌다.

셋째, 여성이 남성보다 전반적으로 자존심이 낮다는 주장도 근거가 희박하다. 아동기와 청소년기를 통해 전반적인 자아만족감과 자신감에 있어서 남녀차이는 나타나지 않지만 자신감을 느끼는 영역에서는 차이를 나타나고 있다. 여아들은 사회적 능력에서 스스로 우수하다고 여기며, 남아들은 신체적 우세와 지배성, 유능성에 자신을 갖고 있다.

넷째, 여성이 남성보다 성취동기가 부족하다는 주장도 부정되고 있다. 성취동기에 대한 연구를 보면 중립적인 조건 아래에서는 남아보다도 여아가 더 성취심상의 점수가 높게 나타났다. 주목해야 할 것은 여아들은 경쟁적이지 않은 상황에서 더 동기화된다는 점이다.

이밖에 양육성, 촉각의 감수성, 공포심, 불안감, 활동수준, 경쟁심, 지배성이나 순종행동 등은 성별 요인보다 개인적 기질, 다른 상황적 맥락이 작용하므로 아직 연구결과가 일관성을 보이고 있지 않다.

3) 왜곡의 본질

오래 지속된 가부장제 사회에서 생물학적 차이에 대한 지나친 강조와 환원적 해석에 의해 여성을 평가 절하하는 고정관념들이 만연되어 왔었다. 근래에 와서는 생물학적인 요소가 여성과 남성에게 다른 행동의 유형에 영향을 주더라도 이런 유전적인 영향력은 사회경험에 의해 수정될 수 있다고 많은 발달이론가들은 믿는다. 성에 관련된 타고난 요인들이 행동의 성 유형 패턴을 만드는 환경적인 사건과 상호작용한다는 견해가 더욱 타당하다고 볼 수 있다. 아이들의 생물학적인 경향은 가까운 상대나 관심을 주는 사람의 행동에 의해 많은 영향을 받고, 아이들로부터 관심을 이끌어내게 되며, 아이들의 외현적 행동에 영향을 미칠 것이다. 이런 상호작용 모델의 암시는 생물학적 요인과 사회적 영향이 서로 혼합되어 있고, 아동의 성역할 발달에 주요한 공헌자임을 말하는 것이다. 이런 주장을 지지하는 증거로 머니의 남성화된 여성연구, 미드(Mead, M.)의 여러 가지 문화비교연구, 뉴컴(Newcombe, N.)의 사춘기 시기의 영향에 대한 연구 등이 있다.

① 머니의 남성화된 여성연구에 의하면 약 18개월−3년 사이가 성 정체성을 형성하는 결정적인 시기이고, 사회적 지위와 성역할 사회성은 아동의 성역할 선호와 행동에 결정적인 역할을 하기 때문에 아이들의 잘못된 상태를 발견하고 수정할 경우 생후 18개월 이내에 하는 것이 좋으며, 3년이 넘게 되면 바로잡기가 대단히 어렵다는 주장이다.

② 미드의 세 원시부족 연구의 결과도 세 부족의 구성원들은 비록 그들의 역할이 성에 관련된 생물학적인 경향에 일치하지 않더라도 그들의 문화에 의해 규정되어진 성역할에 따라 발달한 것이라고 볼 수 있다.

③ 뉴컴(Newcombe, N.)과 반듀라(Bandura, M)는 11세－12세의 소녀의 사춘기 시기의 영향에 대한 연구에서 사춘기 시기 그 자체는 소녀가 남성역할과 남성적인 행동을 좋아하는 것과는 관계가 없다는 결론을 내렸다.

이러한 증거들은 생물학적인 것이 운명적인 것은 아님을 명백히 알려 준다. 성과 관련된 생물학적인 경향은 사회적이고 문화적인 영향에 의해 수정될 수 있으며 아마 취소되거나 번복될 수도 있을 것이다. 한편 '자유주의적' 페미니스트들은 여성과 남성의 심리적 능력의 차이를 극단적 학습설로 설명함으로써 여성과 남성에게는 생물학적 외견 차이, 그 이상의 차이가 없음을 강조하여 왔다. 그러나 일부 연구자들은 사춘기 시기와 시각·공간 능력 테스트에서의 수행능력과 관계가 있음을 발견했다. 남자나 여자나 성숙이 늦은 사람이 조숙한 사람보다 공간 테스트를 더 잘 수행하였는데, 이는 공간추론 테스트에서 남성이 여성보다 왜 우수한지를 설명하는 데 도움을 준다. 즉 소년들은 소녀들보다 2년 정도 성숙이 늦다는 사춘기 시기의 영향으로 볼 수 있는 것이다. 뇌의 중심인 대뇌는 각각 다른 기능들을 다루고 사춘기가 될 때까지 점점 더 세분화된다. 오른쪽 뇌반구에서 담당하는 공간기능의 측면은 사춘기가 시작될 때까지 계속 세분화되기 때문에 늦게 성숙한 사람이 조숙한 사람보다 공간능력이 더 세분화된다는 설명은 물론 한계가 있지만, 환경에 의한 학습기회만을 지나치게 강조하는 극단적 페미니스트에게 도전적이고 흥미 있는 논의거리이다.

다른 한 가지 짚고 넘어가야 할 편견의 하나는 피아제나 레버 등의 발달이론가들에게서 공통되게 발견되는 '남성적 발달＝아동발달'의 가정이다. 남아들은 규칙 위주의 놀이를 하면서 도덕발달에 필수적인 규칙에 대한 존중을 배우는 데 더 열심이라는 피아제의 관점이나 남아들이 놀이에서 독립심 및 다양하고 거대한 집단들의 활동을 조정하는 조직적 기술을 배운다는 레버의 주장은 여아들이 놀이를 통해서 발달시키는 다른 사람에 대한 민감성과 배려의 사회적 가치를 간과하고 있는 것으로 보인다. 길리건은 이에 대해 미드(Mead, M.)의 표현을 빌리어 소규모의 친밀한 집단 속에서의 협동적인 놀이는 '특정한 타아'(particular other)의 역할을 담당하는 데 필요한 공감과 감수성의 발달을 촉진시키고, 타아와 자아가 다르다는 것을 인식하도록 부추기는 데 기여한다고 반박한 바 있다.

호너가 '성공기피 동기'라 칭한 여성들의 성공에 대한 갈등에 대해서도 새로운 해석이 가능하다. 사센(Sassen, G., 1980)은 이런 경우 여성이 경험하는 갈등을 경쟁적 성공의 이면, 즉 경쟁을 통해서 획득한 성공에 수반되는 정서적 상실에 대한 고차원적 지각으로 볼 수도 있다고 암시한 바 있다. 여성들에게서 발견된 성공에 대한 불안은 일반적인 현상이라기보다는 오직 성공이 경쟁적인 경우, 즉 한 사람의 성공이 다른 사람의 실패를 수반하는 경우로 국한되었다는 점을 상기해 볼 때 여성이 소극적이고 우유부단하다기보다는 상호배려적이라는 것이 온당한 표현이라고 볼 수 있다.

피아제의 도덕성 연구(1932)에서 '아동'은 '남아'와 동일시되는 반면, '여아'는 부수적으로 4번 정도 언급되었다는 사실이나 콜버그의 도덕성이론 구성 초기에 84명의 남아 표본 집단만으로 시작되었다는 점은 발달이론가들이 양성적인 시각을 갖추지 못했음을 입증한다. 그러나 맥클리랜드(1975)는 힘에 대한 여성적 태도를 예시하기 위해 이글 서두에 예시한 그리스의 페르세포네 신화를 인용하면서 이 신화에 여성적 심리가 독특한 방식으로 표현되었음을 간파하였다. 길리건(1994)은 이에 덧붙여 다음과 같이 해석하고 있다.

"페르세포네의 신화는 자기도취가 죽음을 불러 오고, 땅의 비옥이 신비로운 방식으로 어머니-딸의 관계가 지속되는 것과 관련이 있으며, 삶의 순환 그 자체가 여성의 세계와 남성의 세계가 교차함으로써 이루어진다는 것을 환기시킴으로써, 사람들 간에 애착을 거부하는 관점이 왜곡되었다는 것을 지적하고 있다"(p. 47).

앞으로 발달연구자들이 남성들에 대한 연구에서 도출된 가정뿐만 아니라 여성에게 눈길을 돌려 여성의 삶의 방식을 이해하려 할 때 양성의 경험을 모두 포괄하는 인간발달과 삶의 방식을 올바르게 기술하게 될 것으로 보인다.

토론 및 연구 과제

1. 본인의 능력 중 우수한 점과 열등한 점을 꼽아보고 남녀 성차에 대한 연구결과와 비교해 보자.

2. 인지능력과 행동특성의 남녀차이는 자연적인 것인지 논의해 보자.

3. 사회에서 많이 경험하는 성차에 대한 신화를 열거하고 그 의미를 분석해 보자.

4. 한국의 남녀 간에 발견한 인성의 차이를 열거하고 다른 성의 의견을 경청해 보자.

5. 자신의 성장기 중 신체적 특징으로 우월감 또는 열등감을 느낀 경우가 있었는지 회상해 보고 이것이 성차에 대한 인식에 어떤 영향을 주었는가 정리해 보자.

참고문헌

길리건, C.(1994), 「심리 이론과 여성의 발달」, 서울: 철학과 현실사.

김지현·박경자(2006), "아동의 성과 공격성 유형에 영향을 미치는 개인 내적외적 요인에
     대한 구조방정식 모형 검증", 아동학회지, 27(3), 149−168.

신숙재(1998), "어머니의 양육 스트레스, 사회적 지원과 부모효능감이 양육행동에 미치는
     영향," 아동학회지. 19(1), 27−42.

여성을 위한 모임(1995), 「일곱가지 여성 콤플렉스」, 서울: 현암사.

이연정(1999), "여성의 시각에서 본 '모성론'," 모성의 담론과 현실 어머니의 성, 삶, 정체
     성, 서울: 나남출판.

이은주(2001). "공격적 행동의 유형 및 성별에 따른 집단 괴롭힘 가해아동과 피해아동의
     또래관계 비교. 아동학회지. 22(2), 167−180.

전규태(1980), 「한국신화와 원초의식」, 서울: 이우출판사.

조숙자(1996), "인지 능력의 발달과 성차," "사회행동의 발달과 성차," 김태련 외, 「여성심
     리」, 서울: 이화여대 출판부.

조혜자(1996), "생물학적 성차," 김태련 외, 「여성심리」, 서울: 이화여대 출판부.

주은희(2002), 「성, 툭 터놓고 얘기하자」, 서울: 다섯수레.

주재선(2014),「2014 한국의 성 인지 통계」, 서울: 한국여성정책개발원.

표정옥(2013), 「양성성의 문화와 신화」, 서울: 도서출판 지식과 교양.

Broverman, I., Vogel, S., Broverman, D., Clarkson, F., and Rosenkrantz, P.(1972),
     "Sex−role Stereotypes: A Current Appraisal," *Journal of Social Issues*, 28,
     59−78.

Cadden, J.(1993). *Meanings of Sex Difference in the Middle Ages.* Cambridge: the
     Press Syndicate of the University of Cambridge.

Carroll,. J L..(2003). 「성심리학」(오영희·노영희·강성희·권제마·이은경 공역). 서울: Σ
     시그마프레스, Cengage Learning(2009년 원저 발간)

Casey, B. M. Andrew, N., Schindler, H., Kersh, J. E., Samper, A., & Copley, J.(2008).
     "The development of spatial skills through interventions involving block
     building activities." *Cognition and Instruction*, 26, 269−309.

Chodorow, N.(1978), *The Reproduction of Mothering: Psychoanalysis and the Sociology of Gender*, Berkeley: University of California Press.

Crick, N. R., Grotpeter, J.K., & Bigbee, M. A.(2002). "Relationally physically aggressive children's intent attributions and feelings of distress for relational and in— strumental peer provocations." *Child Development*, 73, 1134—1142.

Dabbs, J. Jr.(1992), "Testosterone Measures in Social and Clinical Psychology," *Journal of Social and Clinical Psychology*, 11, 302—321.

Dweck, C. S.(2000), *Self—Theories; Their Role in Motivation, Personality, and Development*. Philadelphia:Psychology Press.

Hall, J. A.(1984), *Non Verbal Sex Differences: Communication Accuracy and Expressive Style*, Baltimore: John Hopkins Univ. Press.

Herbert, J., & Stipek, D. (2005). "The Emergence of Gender Differences in Children's Perceptions of their Academic Compedence," *Journal of Applied Developmental Psychology*, 2006, 276—295.

Hetherington, E. M.(1972), "Effects of Father Absence on Personality Development in Adolescent Daughters," *Developmental Psychology*, 7, 313—326.

Horner, M. S.(1972), "Toward an Understanding of Achievement—related Conflicts in Women," *Journal of Social Issues*, 25, 157—175.

Hyde, J. S. and Rosenberg, B. G.(1980), *Half the Human Experience: The Psychology of Women,(2nd ed.)*, Lexington, MA.: Heath.

Kimball, M. M.(1989), "A New Perspective on Women's Math Achievement," *Psychological Bulletin*, Vol. 105, no. 2, 198—214.

Kohlberg, L.(1958), "The Development of Modes of Thinking and Choices in Years 10 to 16", Ph.D. Diss., University of Chicago.

_____(1981), *The Philosophy of Moral Development*, San Francisco: Harper and Row.

Kohlberg, L. and Kramer, R.(1969), "Continuities and Discontinuities in Child and Adult Moral Development," *Human Development*, 12, 93—120.

Lever, J.(1976), "Sex Differences in the Games Children Play and Games," *American Sociological Review*, 43, 471—483.

Loevinger, J., and Wessler, R.(1970), *Measuring Ego Development*, San Francisco: Jossey—Bass.

Money, J. and Ehrhardt, A.(1972), *Man and Woman, Boy and Girl.* Baltimore: John Hopkins Univ. Press.

Ormrod, J. E.(2011), 제7판 교육심리학.(이명숙, 강영하, 박상법, 송재홍, 임진영, 최병연 공역). 파주: Pearson/아카데미프레스.(2011년 원저 발간)

Perry, D., Perry, L. and Rasmussen, P.(1986), "Cognitive Social Learning Mediators of Aggression," *Child Development,* 57, 700-711.

Piaget, J.(1932), *The Moral Judgement of the Child,* N.Y.: The Free Press.

Shaffer. D. R.(1988), *Social and Personality Development,(2nd ed.),* Percific Grove, CA.: Brooks/Cole Publishing Co.

제 4 장

성역할 사회화

1 성역할의 개념

모든 인간은 출생하면서부터 자신의 역할을 부여받게 되는데, 역할이란 개념은 특정한 위치를 지니고 있는 사람에게 기대되는 행동을 말한다. 사람의 성은 태어날 때부터 결정되어 있지만 자신이 여자 또는 남자라는 성별 정체감은 그 후 성장하면서 갖게 되며, 그 문화에서 자신의 성별에 적합하다고 생각되는 가치나 생각을 내면화하고 일련의 행동특성을 학습하게 되는데 이를 성 유형화(sex typing) 과정이라고 한다. 성역할(sex-role)이란 남녀를 구분하는 특징에 대한 사람들 사이의 신념으로, 남녀의 생물학적인 차이에 근거하여 여성과 남성에게 적합한 작업과제, 활동, 성격특성 등을 규정한 것을 말한다.

여러 이론들이 성차와 성역할 사회화에 관해 설명하여 왔다. 어떤 이론가들은 두 성 사이의 생물학적인 과정, 즉 유전적, 해부학적, 호르몬의 변화 같은 요인들이 두 성에 관련된 행동의 차이에 큰 책임이 있다고 보는 반면, 많은 발달이론가들은 사회적 요인들이 행동 면에서 두 성의 차이와 성 유형화 과정의 결과를 결정시킨다고 주장하여 왔다. 역사적으로 '사회화' 이론가들에게 가장 많은 영향을 끼친 것은 프로이드(Freud, S)의 정신분석학이론, 사회학습이론, 콜버그(Kohlberg)의 인지발달이론 등이다. 이러한 종래의 이론 외에도 후기 구조주의론, 마틴(Martin)과 헬버슨(Halverson)의 성 도식이론(gender schema), 성 위계이론, 생애발달론 등 대안적 이론들도 살펴보고자 한다.

1) 종래의 이론

(1) 정신분석이론

초기 사회화 경험을 강조한 프로이드는 특히 아동양육에 있어서 부모와의 동일시(identification)를 주요한 사회화 기제로 보고 있다. 성역할 사회화과정에서 동일시란 동성 부모의 특정 행위양식이나 특징들을 자신의 성격의 일부로 형성해 간다는 개념이다. 프로이드의 정신분석이론은 성역할 형성과정을 외디푸스 콤플렉스(Oedipus Complex)의 극복에 따른 동일시의 과정으로 설명하는데, 유아들은 이성부모에 대한 애착과 동성부모에 대한 동일시의 과정을 통해 성역할을 습득한다고 주장한다. 정신분석학자들은 정신생활을 지배하는 기본원리는 성본능이라고 주장하는데, 프로이드는 남근기인 4-6세가 되면 성적 쾌락이 성기로 이동하고 성별에 따른 호기심과 구별의식도 갖는다고 하였다. 그는 방어적 동일시와 의존적 동일시로서 남아와 여아의 동일시현상을 구분하여 설명하고 있다.

4세 이전까지는 남녀 모두 어머니에 대해 강한 의존적 동일시를 보이며, 어머니라는 대상에 몰입하게 되지만, 4세 이후부터는 남아와 여아는 그들의 생식기의 외형적인 차이인 남근 여부에 따라 다른 동일시과정을 경험한다는 것이 프로이드적 견해이다. 어머니라는 대상에 몰입해 있던 남아는 자기보다 더 강한 아버지를 사랑의 경쟁자로서 생각해 미워하고 두려워하게 되는 외디푸스 콤플렉스를 갖게 되지만, 거세불안 등 아버지로부터 보복당하게 되지 않나 하는 두려움이 생기면서 자신의 욕망을 포기하고 경쟁하지 않는다고 믿으며, 아버지의 행동을 모방하고 닮으면서 점차 남성화된다. 이러한 외디푸스 콤플렉스를 해소하는 과정에 대한 설명이 방어적 동일시이다. 이로써 남아는 사회의 규범과 문화적 가치를 내면화하고 아버지의 행위, 특성, 감정 등을 자신의 특성으로 받아들이게 된다.

여아도 마찬가지로 어머니와의 의존적 관계를 유지하고자 하며 어머니 상실에 대한 두려움, 좌절, 애정, 박탈에 대한 공포로부터 어머니를 동일시하면서 여성화된다. 그러나 여아의 경우는 어머니를 동일시하는 과정에서 격리되는 경험을 겪지 않기 때문에 의존적인 동일시만 경험하게 된다. 여아에게는 해부학적 특징과 남근 선망 때문에 열등감이 생기며, 자기승화의 과정인 외디푸스 콤플렉스의 해결경험이 없으므로 미성숙하다고 보는 것이 프로이드의 견해이다. 여자아이가 어머니를 경쟁자로 삼고 아버지의 관심을 끌기 위해 자기치장을 하며, 어머니와의 갈등을 억압하면서 겪는 복합심리를 일렉트라 콤플렉스(electra complex)라 칭하고 있다. 이와 같이 아동은 어린 시절에 부모를 동일시함으로써 남녀의 성역할을 구분하게 되고, 이것이 고착화됨으로써 여아는 수동적인 여성의 특성, 남아는 능동적인 남성의 특성을 갖게 되는 전통적인 성역할 정체감이 발달된다고 본다.

```
: 자료 4-1 )  용어의 정리
```

- 성역할(sex-role)이란 남녀를 구분하는 특징에 대한 사람들 사이의 신념으로, 남녀의 생물학적인 차이에 근거하여 남성과 여성에게 적합한 작업과제, 활동, 성격특성 등을 규정한 것을 말한다.
- 성 유형화(sex typing)는 남자 또는 여자라고 불리는 자신의 성을 2–3세에 배우기 시작하여 성별 정체감(gender identity)을 가진 뒤, 그 개인이 속해 있는 문화 속에서 자신의 성에 적합하다고 규정된 가치관과 특성을 습득하게 된 것을 말한다.
- 성역할 사회화(sex-role socialization)란 그 사회의 문화가 성별에 따라 적절한 것으로 규정하는 행동이나 태도에 대한 기대를 습득해 가는 것을 말한다. 즉 부모, 형제, 교사 등 사회화를 촉진시켜 주는 주위사람들을 통해 성별에 적합한 역할을 인식하는 과정을 이른다.
- 성역할 정체감(sex-role identity)이란 각 개인에 의해 성역할 행동이 어느 정도씩 습득되면서 행동에 나타나게 되는데, 친교성과 같은 여성적 특성과 행위 주체성 같은 남성적 특성의 정도와 형태를 말한다.
- 성역할 고정관념(sex-role stereotype)은 어떤 행동이 남·여 중 한 성과 관련된 행동이라고 받아들이고자 하는 욕구, 또는 그 행동을 남성적이거나 여성적 행동에 적합한 것으로 간주하려는 사람들의 신념을 말한다.

동성의 부모에 대한 동일시과정을 무의식적 동기로서 설명하는 것은 흥미롭지만 근거 있게 입증할 수 없다는 한계점이 있다.

(2) 사회학습이론

성역할 행동이 다른 사람으로부터 획득된다는 관점은 프로이드와 상통하지만, 미셸(Mischel, W., 1970)은 그 과정을 획득, 실행, 강화와 모델을 통한 관찰학습이란 개념으로 설명하였다. 성별 유형화된 행동은 아동이 상징적인 모델이나 실제 모델들을 관찰학습하면서 획득되지만 관찰한 행동을 실행하는가는 성에 따른 동기화에 달려 있다는 견해이다.

특히 유아들은 어릴 때 가장 많이 접하게 되는 부모를 성역할의 모델로 하여 성 유형화한 행동을 발달시키며 이때 중요한 학습원리가 강화, 벌, 모델링, 동일시 등이다. 프로이드가 동일시를 외디푸스의 해소를 위한 것으로 설명하였다면, 학습이론가들은 동일시를 모델에 대한 관찰과 모방의 결과로 보는 점이 다르다. 부모는 아동을 훈련시키는 과정에서 처벌을 하거나 보상을 하게 되는데, 아동은 자신이 보상받은 행동은 계속하게 되고 그렇지 못한 행동은 자연히 줄어들게 된다. 즉, 강화의 종류에 따라서 아동의 성 유형화가 영향을 받게 되는 것이다. 예컨대, 여아의 신체적 공격행위는 벌을 받게 되고 복종과 의존성이 보상된다든가, 남아의 활동적이고 주장적인 행위는 보상되고 인형놀이나 소꿉놀이는 벌을 받거나 무시되는 것이다. 아동으로 하여금 성에 적절한 행위와 반응에 대해 사회적·물리적 보상을 받게 함으로써 강화된 행동을 증가시키게 된다.

학습이론가들은 관찰에 의한 모방학습의 역할, 특히 동성부모를 모방하는 것을 강조하며, 여아는 어머니의 행동과 태도를 모방하여 여성다워지며, 남아는 아버지의 능력 등을 모방함으로써 남성다워진다고 보고 있다. 여아와 남아가 어떻게 성 고정화된 행동을 획득하여 여성성·남성성 정체감을 발달시키는가를 잘 설명하고 있다.

또한 유아는 점점 성장하면서 부모 이외의 많은 사람들을 접하게 되므로 사회적인 환경이 바뀌게 되면 관찰에 따른 모방의 내용도 달라지게 된다. 미셸은 아동이 성별 유형화된 행동을 실행한 결과로 어떤 보상이나 처벌을 기대할 수 있는가에 따라 동기화된다고 보고 있다. 반듀라(Bandura, A., 1977)의 공격성 실험에서도 공격행동을 행한 집단이 그 결과로 매력적인 보상을 받는가, 또는 처벌을 받는가에 따라 이를 관찰한 아동집단의 공격성 실행에 차이가 나타났다. 즉, 일반적으로 여자아이들과 공격적 행동 후 벌 받는 것을 본 남자아이들은 공격적 행동을 실행하는 것을 주저하였다. 이러한 연구결과로 아동들이 획득한 행동이라 해도 모두 실행하는 것은 아니라는 것을 알 수 있다. 아동들이 모델의 행동을 모방할 때 그 모방학습에 몇 가지 요인들이 매개되는 것이 실험실 연구에서 밝혀지고 있다(Kaplan, A. G. & Sedney, M. A., 1980). 모방이 이루어지는 것은 모델이 아동 자신과 동성이거나 힘이 있거나 학습된 행동으로 보상을 받는 경우였다.

사회학습이론을 종합해 보면 관찰을 통한 학습단계에서는 유사성의 지각이 관련되고 성별 유형화된 행동의 수행에는 주변사람들이 긍정적 보상인 칭찬, 수용, 인정, 애정이나 물질적인 상을 주느냐, 꾸중이나 벌로 행동제재를 가하느냐가 실행동기로서 작용하는 것으로 보인다. 따라서 남성, 여성의 성역할 모델로서 아버지, 어머니의 성역할 태도가 1차적 학습모방의 단계에서 중요한 영향을 주며, 새로운 상황에의 일반화가 이루어진다. 그러나 미셀과 다른 사회학습이론가들은 관찰학습을 강조하면서도 성역할 학습이 단순히 적합한 성역할 수행에 대한 상벌 보상체제에 기인하는 것 이상의 복잡한 것임을 부인하지 않는다. 아동들은 다른 사람들을 관찰하며, 남녀에 대한 규칙을 배우면서, 자신에게 적절한 것은 무엇인지 이해하기도 하기 때문이다. 아동의 성역할 사회화는 부모모델의 모방에 국한된다기보다는 다양한 모델의 행동을 여러 수준에서 모방하며, 한 모델의 행동을 그대로 모방하기보다는 아동 자신의 관찰과 추리를 통해 여과시키고 있다고 보고 있다. 부모가 모두 아동에게 중요한 모델이라는 사회학습이론의 가정은 유아기에는 남성적 행동이나 여성적 행동이나 모두 획득할 수 있다는 시사점을 주고 있다(카플란 외, 1990). 아동기를 통해 획득된 양성적 행동은 결과 예상 때문에 실행되지 않았지만 사회의 성역할 규범이 바뀌면 현재로서 어느 한 성으로 유형화된 행동들에 대해 다른 결과를 기대하게 될 것이고 보다 자유로운 행동들을 남녀 모두 실행하게 될 것으로 추론해 볼 수 있다.

(3) 인지발달이론

피아제의 인지발달이론을 아동의 성역할 발달과정에 적용한 콜버그는 아동이 이 과정에서 추구하는 것은 보상이 아니라 인지적 일관성이라고 보았다. 콜

버그가 제안한 인지발달이론에서는 성역할의 발달을 각 개인의 성을 이해하고
남녀의 신체구조나 능력을 종합적으로 식별하여 지각하는 아동의 인지발달과정
에서 생겨난 변화의 한 면으로 본다. 콜버그에 따르면 성역할 발달은 생리적 본
능이나 인위적인 문화규범에 따라 형성된다기보다는 성역할까지 포함된 사회세
계를 유아가 인지적으로 조직해 나가는 태도에 따라 형성된다. 유아들은 대개 2
세경에 성별 인식을 갖게 되고, 3세경에는 자기의 성을 확신하게 되어 남아를
여아라고 놀리거나 하면 화를 내기도 한다. 5−7세에는 성 보존개념이 형성되어
자신의 성역할에 일치하는 것에 가치를 부여하는데, 이것은 성역할에 대한 인지
적 인식 때문이라는 것이다. 즉, 성역할 행동은 어떤 수준의 인지적 발달에 도달
한 때에만 가능한 일종의 이해와 평가가 포함된 것으로 보는 관점이다.

콜버그가 가정한 아동의 성역할 행동 획득의 3단계는 다음과 같다.

1단계는 기초적인 성 정체감(basic gender identity) 단계로 약 3세경이며, 자
신을 여아 또는 남아라고 구분할 수 있다.

2단계는 성 안정성(gender stability) 단계로 4−5세경이며 남아는 계속 남자
로, 여아는 계속 여자로 남는다는 것을 받아들일 수 있다.

3단계는 성 항상성(gender constancy) 단계로 6−7세경이며, 외모나 활동과
같은 외부적 특성의 변화에 의해 성은 변하지 않는다는 것을 깨닫는다.

데이몬(Damon, W., 1977)은 콜버그의 가설을 4−9세 아동의 장난감 선택에
대한 평가를 통해 검증해 보았다. 4세 아동은 성역할에 적절한 행동평가를 자기
중심적 사고에 기초하는 데 비해서, 일단 성 항상성이 형성된 6세 아동은 매우
보수적이며 절대적 법칙과 도덕명령으로 성별 획일성을 드러냄을 알 수 있었다.
그러나 인지적 발달이 높아지는 사춘기 전 단계에는 성역할 개념화에서 유연성
을 좀더 갖게 된다는 콜버그의 가정이 확인됨을 볼 수 있었다.

콜버그(1966)의 이론에 따르면 어린 남자아이는 "나는 남자야, 그러니까 나
는 남자가 하는 일을 원해, 그리고 남자가 하는 일을 하면 상을 받아"라고 생각
하며 남자의 역할을 실행한다. 남자로서 또는 여자로서 자아정체감을 유지하기
위해 성에 적합한 행동에 더 가치를 두고 배우게 되는 것이다. 이성보다는 동성
의 행동·태도에 더 가치를 부여하고 따르게 되면서 동성부모에 대한 정서적 애
착, 즉 여아는 어머니, 남아는 아버지를 더 동일시하고 모방함으로써 성역할 정

체감이 발달하게 된다(김영희, 1989). 콜버그의 관점은 성역할 사회화를 인지발달의 부산물로 보는 것이다.

그러나 콜버그의 인지적 접근의 가장 큰 맹점은 성 유형화가 아동이 성숙된 성 정체감을 형성하기 이전부터 이미 이루어지고 있다는 사실을 간과한 점이다. 다른 연구자들의 관찰에 의하면 장난감의 성별 적합성을 깨닫기 이전인 2세 남아가 더 남성적인 장난감을 선호하며, 3세의 여아와 남아도 이미 성역할 고정관념을 많이 배웠으며, 동성 간의 또래 활동을 더 선호함이 드러났다(Kuhn et al, 1978; Maccoby, 1980). 인지적 접근에서는 성역할 사회화과정에서 성에 대한 아동의 성숙한 이해를 지나치게 강조함을 볼 수 있다.

여태까지 살펴본 종래의 이론들이 성역할 사회화에 대해 설명하는 주요 개념을 비교해 보면 다음 [표 4-1]과 같다.

표 4-1 성역할 사회화 이론의 주요개념

정신분석학	사회학습이론	인지발달이론
1. 외디푸스 콤플렉스	1-1. 모델로서의 부모인식 1-2. 동성모델화와 성에 대한 적절한 행동, 흥미에 대한 다양한 강화	1-1. 성 정체감 1-1. 자신의 성 모델링에 대한 가치규정
2. 동성부모에의 동일시	2. 다양한 모델링과 모방	2. 성 정체감
3. 성역할 정체감	3. 행동의 일반화	3. 동성부모, 친구, 타인들의 모델링
4. 동성부모 모방	4. 성역할 정체감	4. 동성부모에의 애착

자료: Frieze, I. H. et al.(ed.)(1978), *Woman and Sex Roles: A Social Psychological Perspectives.*, N.Y.: W. W. Norton & Co., p. 120.

그러나 종래의 이론이 공통되게 갖고 있는 취약점은 실제로 부모-자녀 상호작용을 분석한 연구자료가 없이 아동기까지 성역할 고정관념의 형성과정만을 설명하는 데 주력했다는 점이다.

2) 대안적 이론

비교적 최근의 이론으로 후기 구조주의론, 성 도식이론(gender schema), 생애발달론을 들 수 있다.

(1) 후기 구조주의론

라캉(Lacan) 등의 후기 구조주의자와 유럽의 여권주의자들은 현대 문명의 남성주의적 기반을 해체주의적 접근을 통해 비판하였다. 이들은 언어를 의미 있는 상징 질서로 보고 사회는 이러한 상징 질서에 의해 규정되는 것으로 보았다. 그러므로 종래 정신분석적 입장에 의한 남근 상징 질서에 대한 설명은 신체의 한 부분을 신체 전부로 확장함으로써 불균형을 초래한다고 비판하고 있다. 또한 프로이드이론 중 남근선망 등은 흥미로운 가정일 뿐 여아들에 의해 검증된 현상이 아니라고 반박한다. 여아들이 자신의 성기가 열등하다거나 거세당했다고 의식하지 않으며, 성 정체감은 남녀 개별적으로 분리되어 다루면서 개발될 수 있다고 보는 입장이다.

(2) 성 도식이론

가장 최근에는 정보처리이론에 모형을 두고 성역할 사회화를 설명하는 새로운 인지발달이론이 대두되었는데, 그것이 바로 마틴과 핼버슨(Martin & Halverson, 1981)의 성 도식이론이다. 도식(schema)이란 몇 개의 조직된 관념으로 이루어진 인지적 체계 또는 범주인데, 고정관념이란 바로 도식이며, 주위환경에서 개개인으로 하여금 어떤 종류의 정보를 찾아보고 그것을 어떻게 해석할 것인가를 알려 줌으로써 경험세계를 조직하는 기능을 한다. 성 고정관념이란 2-3세 때 시작하여 6-8세에 형성되는 하나의 도식이다. 초기에는 부모나 주변환경으로부터 정보를 얻어 규칙을 적용하다가 성 항상성을 깨닫고 나서부터는 성별에 맞는 정보를 보다 명확히 선별하면서 성별 고정관념으로 구성된 도식을 더욱 발달시키게 된다.

마틴과 핼버슨에 의하면 아동들은 본질적으로 가치와 흥미, 태도 형성에 동기가 주어지며, 자기에 관한 인식판단과 일치한다고 믿는다. 그들은 이러한 아동의 '자기 사회화'가 아동에게 기본적인 성 정체감을 획득하게 하고, 이런 이유로 6-7세에는 성 항상성이 성취되며, 이런 기본적 성 정체감의 확립이 성 유형화의 초석이 된다고 주장하고 있다.

즉 아동들이 성별개념을 얻기 시작하면 그들이 여성 또는 남성에 관한 신념과 기대를 조직하고, 주의를 기울이고 공들이며 기억하는 어떤 종류의 정보에 영향을 줄 것이다. 처음에 아동은 비교적 피상적인 '우리 모임/외부 모임'의 개념을 통해 여성 또는 남성의 사물, 행동, 특유한 역할을 배운다. 예를 들어 자동차는 남자아이들을 위한 것이라든가, 여자는 울 수 있지만 사내아이는 울어서는 안 된다는 것 등이다. 그 외에 아동은 자세히 설명된 행동으로 이루어지는 자신의 성 도식을 얻으면 여러 가지 성과 일치되는 행동이 수행되어지고 개인의 성역할을 맡게 된다. 이처럼 기본적인 성 정체감을 형성한 여아와 남아는 두 성 사이의 특징, 예를 들어, 여아는 '손톱칠하기', 남아는 '플라모델 만들기' 같은 행동을 배우게 된다. 여아라면 자신의 자아개념을 위해 변함없이 행동하길 원하기 때문에 탱크모형 만들기 같은 자기의 성에 부적합한 행동에는 조심하고, 자기의 성 도식을 조직할 수 있는 손톱칠하기 같은 행동을 포함한 그런 행동에 정성을 들일 것이다.

일단 형성된 성 도식들의 체계는 사회적 정보처리를 위한 기관에 제공된다. 이것을 통해서 사람들은 그들의 도식과 일치한 정보를 기억하거나 암호화하기를 좋아하고, 도식과 일치하지 않는 정보는 잊어버리거나 변형시켜서 그것을 고정관념과 일치시키기 시작한다. 아동들 또한 자신의 도식에 맞는 사물 또는 활동에 관한 정보를 얻거나 기억하는 데 흥미가 있어 보인다. 벰(Bem)도 성 도식 이론가로서 유아들이 성별 규칙에 대해 차츰 사회관습적인 면을 깨닫고 그 규칙을 융통성 있게 적용시키는 능동적인 조직자로서 기능한다고 주장하고 있다.

요약하면, 성 도식이론은 성 유형화과정을 설명하는 흥미 있는 새 모형으로 성 고정관념이 어떻게 시작되고 지속되는지를 서술하는 것뿐 아니라 이러한 성 도식이 행동의 성 유형화와 성역할 선택의 발달에 어떤 영향을 주는지를 시사한다.

종래 전통적인 이론들에서는 아동이 관찰한 부모의 성역할 행동이 성역할에 대한 아동의 사고와 불일치한 경우에 대해 제대로 설명하지 못하였다. 콜버그도 아동들이 꽤 엄격한 전형적인 성역할 개념에 일치하지 않는 그들 부모의 행동에 당황해한다는 예를 제공하였지만 어떻게 아동기에 이런 전형적인 성역할 개념이 형성되는가를 관심 있게 설명하지 않았다.

(3) 성 위계이론

성 위계(gender hierarchy) 이론은 남성과 여성이 가지는 성차는 남자와 여자 간의 사회에서의 권력의 차이에서 기인한 것으로 보는 견해이다. 사회가 그들이

여성적인 것으로 여기는 특성들에 비해 남성적인 것으로 간주하는 특성들을 더
가치 있게 여기고 이에 따라 여자는 권력의 차이를 형성하는 데 도움을 주는 공
식적 권력을 가지는 역할에 제한을 받게 된다는 입장이다. 초도로우의 발달이론
(Nancy Chodorow, 1978), 오트너(Ortner)의 문화/자연이론, 맥키넌의 지배이론 등
을 들 수 있다(Carroll, J. L.,2007/2009, 번역서).

초도로우에 의하면 남자아이들은 어머니로부터 자신들을 분리시키는 것을
배우고 남자로서 자신을 다시 증명해야만 하는데, 그 과정에서 여자의 역할을
평가절하하는 것을 배우게 된다. 이 이론에서는 남자아이들도 어머니에 대한 애
착이 강하기 때문에 그것을 극복하고 남자의 역할에 적응하는 유일한 방법이 여
성이 되는 것이 남성이 되는 것보다 훨씬 더 열등하다고 결정하게 된다는 것이
며, 여자아이들은 성인이 되면서 자신의 어머니에 대한 사랑을 잃어가며, 아버
지의 자질들을 이상화하면서 견뎌내는 심리적 과정들을 제안하였다.

오트너의 문화/자연이론에서는 사회는 전체로, 생물들은 남성과 여성으로
양분되는데, 부족들과 어울리며 전쟁을 치러내는 남자들은 '문화'와 관련된 것으
로 간주되고, 출산이나 양육하는 여성은 '자연'과 더 관련 있는 것으로 여겨진다.
캐롤(2009)은 오트너의 이론을 더욱 발전시킨 스타턴의 뉴기니아 하겐산 사람들
에 대한 연구(1981), 르웰린-데이비스의 아프리카 마사이족 연구(1981)를 인용
하여 이 두 문화권에서 여자들은 가족과 아이에 대한 국부적이고 편협하며, 사
적인 문제에 더 많이 관여하는 것으로 남자들은 전체로서 사회의 복지에 더 관
심이 많은 것으로 간주되었다고 보았다. 결국 여성의 영역인 가정이란 남성의
지배하에 있는 공공의 영역에 포함되어 있다.

맥키넌의 지배이론에서는 성 차이란 사회적 삶을 지배하려는 남자들의 시
도의 결과로 본다. 생물학적이나 사회적인 차이가 아니라 지배의 이러한 체계가
성 차이를 유발한다는 입장이다. 즉, 남자들은 남자는 무엇이고, 여자는 무엇인
지 그러한 사실이 어떠한 차이를 나타내는지 명확히 인지하지만, 이러한 성차에
대한 생각이 남성지배의 결과가 아니라 과학적이거나 객관적인 진실로 제시하
려 하는 것이다.

(4) 생애 발달론

블록(Block, 1973)은 레빙거(Loevinger, J)의 자아발달이론을 성역할 발달모델

로 확장시켰다. 사람은 점점 복잡해지는 인생을 다룰 수 있는 자아정체감을 형성하려고 노력하면서 성역할을 발달하게 된다는 견해이다. 성역할 발달의 목표는 엄격한 성 유형화된 정체감을 획득하는 것이 아니라 여성특성과 남성특성 간에 균형을 이룬다는 것이다.

인지발달이론에 따르면 아동은 자신의 생물학적인 성을 깨닫고 난 후 고정관념적인 성역할을 획득하게 되어 사회일반이 규정해 놓은 역할을 수행하게 된다. 그러나 블록에 의하면 아동기 이후 사람들은 더욱 내성적이 되어 '내가 되고자 하는 사람'에 대한 생각과 가치관을 발달시키게 된다고 한다. 이때부터 엄격하던 성역할은 자신의 가치관과 일치되게 완화되며, 자기내부의 남성적 요소와 여성적 요소의 잠재적인 갈등을 깨닫게 된다. 성역할 사회화에 대한 이러한 대안적 설명은 양성성 획득에 대한 이론적 근거를 제공해 준다. 예컨대, 남성적인 특성으로 분류한 행위주체성과 여성적 특성으로 지각되고 있는 친교성을 융화시켜 주체적인 행동을 하면서도 사람들과 친교를 잘 맺는 사람의 경우를 생각해 보자. 이처럼 성역할적 요소에 대한 내부적 갈등을 극복하고 개인적으로 정의하고 있는 성역할을 성취할 때 자아의 남성적 측면과 여성적 측면이 통합되며, 성역할 발달이 완성된다고 보고 있다.

2 성역할 사회화에 영향을 주는 요인

성역할은 생물학적인 요인보다는 오히려 사회·문화적인 요인에 따라 규정된 역할에 의해서 결정적인 영향을 받는다. 현대사회는 보다 평등주의적 성역할을 지향하고 있음에도 불구하고, 아동은 아직도 문화적으로 규정된 성역할에 따르도록 상당한 압력을 받고 있다. 더욱이 부모뿐 아니라 아동그림책, 교육기관의 교육과정 운영과 교육문화, 대중매체까지도 아동에게 고정된 성역할을 강화하고 있다.

1) 가 족

가족은 그 사회의 가치와 규범을 사회화과정을 통해서 자녀들에게 전달하게 된다. 이러한 과정에서 부모들은 자녀의 성별에 따라 다른 기대를 하며 다른 태도와 행동을 보이고, 성역할 행동에 다르게 보상함으로써 자녀의 성역할 형성에 큰 영향을 주고 있는 것으로 보인다. 자녀의 정규교육에 대한 우리나라 부모들의 기대수준은 아들이나 딸이나 모두 높지만 자녀의 성별에 따라 다른 목적을 지향하는 것으로 나타나고 있다(주은희, 1993). 한국부모가 응답한 자녀교육의 목적은 아들의 경우 ① 인격, 교양(47.6%) ② 좋은 직장(29.2%) ③ 부모가 못 받은 교육보상(8.1%) ④ 결혼·친구관계 유리(7.1%) ⑤ 취미·소질 육성(7.1%)이었으나 딸의 경우는 ① 인격, 교양(43.1%) ② 결혼·친구관계 유리(26.7%) ③ 취미·소질 육성(15.0%) ④ 좋은 직장(9.3%) ⑤ 부모가 못 받은 교육보상(5.7%)으로 나타났다(통계청, 1993). 이로써 한국부모들이 최근 10여 년 간 딸의 고등교육에 대한 기대를 계속 증대시켜 왔지만 교육목적에 있어서 결혼이나 친구관계에의 유리점 등에 아들에게 보다 더 기대하고 있음이 드러났으며, 이런 상이한 기대요인이 그들 자녀의 성역할 사회화에도 영향을 미칠 것으로 짐작된다. 자녀 가치에 대한 최근 연구인 한국아동패널의 1, 2차년도 조사 자료에서는 부모됨의 태도가 정서적 가치 항목, 도구적 가치 항목으로 이루어졌다. 이 연구에서는 아버지들이 어머니보다 자녀가치를 더 인정하였고, 부부 모두 정서적 가치를 도구적 가치보다 더 인식하는 것으로 나타났다. 둘째 자녀 이상의 어머니일 때 도구적 가치에서만 통계적으로 의미 있게 더 높이 인지함을 드러냈다(이정림 외, 2010). 송영주 외(2014)의 연구에서는 자녀에 대한 긍정적인 정서적 가치부여가 양육스트레스를 줄여주며, 다음 출산을 계획하거나 실행하는 데 중요한 요인이 된다고 밝혔다. 또한 주은희·이정수(2015)의 연구에서는 부모의 자녀가치에서 정서적, 도구적 가치 모두 여아가 높게 나타났는데, 이는 우리나라의 남아선호사상의 쇠퇴, 결혼 이후에도 친정과의 밀착된 딸의 생활 양상이 반영된 것으로 볼 수 있다.

아버지는 어머니보다 더 적극적으로 전통적인 성역할을 자녀에게 전달하는 경향이 있다. 아들이 여성적인 행동을 하면 어머니보다 더 야단칠 뿐만 아니라, 딸에게는 여성성 및 남성과 상호작용하는 여성적인 방식을 가르치려고 애쓴다. 이처럼 자녀의 성별 전형화에 대한 부모 간의 태도 및 행동이 동일하지 않은 이유로, 어릴 때 성역할 고정관념을 따르라는 압력을 더 많이 받은 아버지들이 자녀에게 성별에 따라 획일적으로 대하게 됨을 꼽을 수 있다. 이로 인해 남아는 여아보다 더 성역할 적합성을 기준으로 여러 상황이나 사람들을 감찰하며, 그 기준에 따라 행동하려 한다.

성역할 사회화와 관련된 가족형태 연구는 전통적인 가족 중 어머니가 가정에서 우세한 경우나 아버지 부재 또는 어머니의 취업이 아동의 성역할 발달에 미치는 영향에 관한 것이 대부분이다. 전통적인 가족형태란 아버지가 주요 생계를 책임지는 가정을 말한다. 그러나 오늘날에는 사회가 급속히 변화하여 전통적인 가족은 줄어들고 있는 추세이다. 경제불황 이후 우리 사회에도 가정에 머무는 남편이 더욱 늘어나고 있는데, 어린이들의 성역할 사회화에 영향을 주는 뒤바뀐 부모역할의 영향에 관심이 쏠리고 있다.

(1) 부모 간 힘의 불균형

어머니와 아버지 간에 힘의 균형은 가족에 따라 다양하다. 어머니가 우세한 가정이라면 그 자녀들의 성역할 사회화는 어떤 영향을 받을까? 헤더링턴(Hetherington, 1965)은 4세에서 11세까지의 아동들과 그들의 부모에 대한 연구를 통해 성역할에 대한 수용도와 만족도를 밝혀내고자 하였다. 성별 전형화를 측정하는 데 사용한 방법은 투사검사인 '그것 척도'(It Scale)였다.

이 연구는 어머니가 주도하는 가정의 남아가 아버지가 주도하는 가정의 남아보다 '그것 척도'에서 덜 남성적인 선택을 하며, 아버지가 주도하는 가정의 남아가 어머니보다 아버지를 모방하는 것을 발견했다. 한편 어머니가 주도하는 가정의 남아들은 어머니와 연약한 아버지를 동일시하기를 꺼리기 때문에 어머니를 모방했는데, 이는 우세한 어머니는 아들의 성 유형화에 많은 영향을 끼침을 보여 준다(Biller & Borstlmann, 1967; Lynn, 1974).

어머니가 주도하는 가정의 여아들이 아버지가 주도하는 가정의 여아들보다 '그것 척도'에서 더 여성스럽게 나타나지 않은 것으로, 어머니의 우세가 딸들의 성 유형화에는 별로 영향이 없음을 알 수 있다. 이에 대해 헤더링턴은 "어머니 우세의 기준은 배우자에 비해 우세한 한 사람이지 그녀와 같은 성의 다른 여성들에 대한 것은 아니다. 그렇기에 어머니는 연약한 남편보다는 우세하지만 다른 여성들에 비해 더 지배적이거나 남성적이지 않다"고 설명한다.

한편 린다래빈(1982)에 의하면 우세한 어머니들이 그들 딸의 성 유형화에 적어도 하나의 영향을 미친다. 7세에서 11세까지의 아동을 대상으로 한 연구에

서 어머니 주도의 가정 혹은 평등한 가정의 여아들이 아버지가 주도하는 가정의
여아들보다 더 전통적으로 남성적인 직업, 예컨대 법이나 의학 같은 일을 갖기
를 희망한다는 것을 발견했다. 아버지에게 영향력 있고 가정의 중요한 일을 결
정하는 어머니의 우세가 딸들에게 '남성 점유적인' 직업에의 도전을 쉽게 함을
시사한다.

> **: 자료 4-2** 그것 척도(It Scale)

> 브라운(Brown, 1956)이 개발한 이 검사는 아동에게 '그것'이라고 지칭하는 막대그림 하
> 나를 제시한다. 이 막대는 외관상 남자도 아니고 여자도 아니다. 그리고 나서 아동에게
> '그것'이 인형놀이, 트럭놀이, 권총놀이 중에서 어떤 놀이를 좋아할지, 그리고 인디언
> 공주의 옷과 인디언 추장의 옷 중에서 어떤 것을 좋아할지 선택하게 한다. 이 척도는
> 아동이 자신의 기호대로 선택함으로써 자신의 성역할 동일시를 '그것'에 투사할 것이라
> 는 기본가정을 둔다. '그것 척도'를 통하여 측정한 내용이 정확히 무엇인가에 대한 약
> 간의 논란이 있기는 하다(Edelbrock & Sugawara, 1978).

아버지가 아동의 성역할 사회화에 미치는 영향은 매우 독특하고 중요한 것
으로 알려지고 있다. 미국의 아버지들은 아들과 딸을 구별하여 서로 다른 상호
작용 양식을 발달시키고 이것이 자녀의 성역할 사회화에 큰 영향을 미친다. 즉,
아버지는 아들에게 요구적이고 비판적으로 대함으로써 도구적 성역할을 습득시
키고 딸에게는 관대하고 애정적으로 대함으로써 표현적 성역할 발달을 도와준
다(Johnson, 1977). 그러나 사회학습이론가들은 아버지는 딸이 남성적인 행동을
할 때 제재를 가함으로써 딸의 여성성을 촉구한다고 주장한다.

빌러(Biller, 1976)는 어머니와 아들의 상호작용 유형은 남아의 성역할 선호
에 거의 영향을 주지 않으나 아버지의 인성특성과 행동은 아들의 남성다움과 딸
의 여성다움 발달에 중요한 요소라고 보았다. 부모는 동성의 자녀의 성역할 발
달에 일차적인 책임자이며, 이성의 자녀에게는 촉진자로서의 역할을 수행하기
때문에 아들과 아버지와의 상호작용은 딸과 아버지보다 더 중요하다.

(2) 부모의 부재

아동의 발달에 아버지역할의 중요성이 강조되면서 이혼이나 사망으로 인한
아버지의 부재가 아동발달에 미치는 영향에 관한 많은 연구들이 수행되어 왔다.

아버지 부재 가정은 어머니가 주도하는 가정 즉, 어머니가 아이들에게 영향력을 행사하는 가정과 비슷하다. 아버지 부재가 자녀의 사회화에 미치는 영향은 남아와 여아가 다르게 나타난다. 대체로 어린 나이에 아버지를 잃게 된 남아는 아버지가 있는 남아에 비해 정서적으로 보다 더 의존적이며 덜 공격적이고, 낮은 성취지향을 보이며, 성역할에서도 남성적 특성의 선호도가 낮았다. 이들은 학업성적과 일반 지능도 부진하며, 보통 남아들과는 다르게 언어능력이 우월한 것으로 나타났다. 또한 교사들이 평가한 사회·정서적 적응도 낮은 점수를 보였다.

6세 이후에 아버지와 별거한 남아는 무뚝뚝하고 반항적이며, 자신감을 과시하고 성적인 면에서 대담하였다. 이는 아버지 부재로 인한 남성성의 손실을 과장되게 보상하려는 심리로 해석될 수 있는데, 이러한 경향성은 사회경제적 계층이 낮은 가정의 남아에게서 더욱 현저하였다(Shaffer, 1988). 형들을 가진 아버지 부재의 남아들은 나이 많은 남성적 모델이 없는 아버지 부재의 남아들보다 성역할 행동에서 더 남성적인 경향이 있었다.

아버지 부재가 사춘기 이전의 딸들의 성역할 발달에 별로 영향이 없는 것으로 보이지만(Hetherington, 1972), 아버지 부재 가정의 여아들이 보통 가정의 여아들보다 더 여성스럽게 나타나기도 하고, 비록 아버지의 부재가 어린 여아의 성 유형화에 영향을 주지 않더라도 잠재되었다가 성인이 되었을 때 남자와의 관계에 영향을 주는 것으로 나타났다.

헤더링턴(1972)의 관찰연구에서 아버지 부재의 영향은 부재원인이 이혼인가 또는 사망인가에 따라 사춘기 딸의 행동에 극적으로 다르게 나타났다. 부모의 이혼으로 아버지가 없는 소녀는 남성의 관심을 몹시 원했으며, 남성과 함께 있을 때 지나치게 자기주장적으로 행동하였다. 예를 들어 이들은 레크레이션센터에서 소년에게 춤을 청했는가 하면, 남자연구자와 면접을 할 때도 정숙하지 못한 거의 선정적인 태도를 취하기도 했다. 한편 사별가정의 딸은 수줍음을 타고, 이성을 두려워했으며, 남자 옆에 있을 때 불편해하였다. 그들은 무도장에서 '벽의 꽃'이 되는 경향이 있었고, 남자면접자와 대화할 때는 빈틈없고 조심스러웠으며, 멀찌감치 거리를 둔 자세를 취하였다. 아버지가 있는 여성의 행동은 대체로 이들 양극단의 중간쯤에 속했다.

이혼한 어머니는 딸에게 남성에 대한 공격적이고 격분하는 태도를 심어 주

는 반면에 사별한 어머니는 고인이 된 남편을 이상화하여 딸에게 그 어떤 남자
도 아버지만큼 훌륭하지 못하다고 생각하게 한다고 헤더링턴은 해석하였다. 아
버지 부재의 영향은 사춘기 때 극단적인 것 같다. 헤더링턴의 연구대상이었던
소녀들에 대해 추후조사한 결과, 이혼가정의 소녀들이 사별가정의 딸들보다 어
릴 때 결혼하고 결혼하자마자 임신하는 경향이 있다는 것을 발견했다. 또한 이
혼가정의 소녀들은 잘 교육받지 못하고 불안정한 직업경력을 가진 남자와 결혼
하는 반면, 사별가정의 딸들은 교육받고 야망 있는 남자와 결혼하는 경향이 있
었다(Hetherington & Parke, 1986).

헤인라인과 파이그(Hainline & Feig, 1978)에 의하면 아동기에 아버지를 잃은
성인여성의 경우는, 이성애적인 태도에서 보수적이다. 이들은 이혼한 여성의 딸
보다 혼전성교에 대해 더 심한 반대를 하였다.

(3) 어머니의 취업

자녀의 성역할 사회화에 어머니의 취업이 많은 영향을 미치는 것으로 알려
졌다. 취업모는 직장에서 많은 시간과 노력을 소비함으로써 가정에서 딸들에게
여성적 모델을 거의 제공할 수 없다. 만약 부모 모두가 직장을 갖고 있다면 그
자녀들은 아버지의 역할과 어머니의 역할을 구분하기 힘들 것이다.

취업모의 2, 3세 자녀들은 전업주부의 자녀들보다 '소년' 장난감과 '소녀' 장
난감을 좀처럼 구분하지 못하며(Weinraub et al., 1984), 7세에서 11세까지의 취업
모 딸들은 전업주부의 딸들보다 심리적인 특성의 성차를 인지하지 못하였다
(Marantz & Mansfield, 1977). 일하는 아버지로부터 연상되어지는 능력, 자립, 경쟁
과 같은 특징들이 취업모에게서도 나타나기 때문일 것이다. 어머니의 취업은 특
히 여아의 성역할 사회화에 영향을 주며, 여아는 남녀의 역할에 대해 보다 융통
성 있게 생각하게 된다. 이들은 남녀 모두 직장에 나가 돈을 벌고, 중요한 결정
을 하고, 자녀를 돌보며, 설거지 및 집안 일을 할 수 있다고 믿고, 여성을 더 경
쟁적이고, 유능하며, 정서적인 면에서 강하다고 지각하였다. 또한 이들은 행동특
성에도 차이를 보이는데, 싸움하기를 좋아했으며, 차분하다기보다는 활발하다는
평가를 교사에게 받고 있었다. 이들에게 '가장 되고 싶은 사람이 누구냐?'고 물
으면 '어머니'라고 답하는 경향이 있다는 것도 중요한 사실이다. 이러한 결과를
보면, 어머니가 취업할 경우 딸은 보다 평등한 성역할 개념을 발달시킬 뿐 아니

라 어머니의 독립성을 모방하려 한다고 할 수 있다(Marantz & Mansfield, 1977; Miller, 1975).

2) 유아그림책

취학 전 유아의 성역할 정체감을 발달시키는 데 영향을 주는 하나의 요인으로 그들이 보는 그림책을 들 수 있다. 그림책은 유치원 교사나 또래와의 접촉 이전에 이미 접하게 되므로 중요하다. 유아들에게 우수한 그림책으로 알려진 칼콧테 수상작을 분석한 1972년의 연구와 그 이후 연구의 추이를 살펴보면, 접하는 1985년도 그림책까지도 삽화에 있어서 인물이나 비인물 표현에서 여자의 출현이 아직도 남자보다 적지만 그래도 의미 있는 증가가 지속되고 있음을 볼 수 있다(Willams, J. A. et al., 1987). 이 연구는 중심 또는 중요한 등장인물의 행동 프로파일을 성별로 비교했는데, 반 수의 여자 등장인물은 능동적이었으나 삼분의 일은 양육적이고 수동적이며 다른 사람을 섬기는 것으로 나타났다. 여자는 의존적이고 복종적이며 수동적이고 다른 사람을 섬기는 반면에, 남자는 독립적이고 경쟁적이며 끈기 있고 창의적이고 능동적으로 묘사되었다. 이런 모든 성별 차이는 미국 문화의 남녀에 대한 고정관념과 일치하는 것으로 보여진다. 그래도 1980년대 중반에 들어서는 남녀 등장인물의 수가 엇비슷해지며, 주요 등장인물의 삼분의 일이 여자로 나타났다. 그러나 그때까지도 여성 주인공에, 야망 있는 성인여성 모델은 없었다. 직업을 가진 여자로는 식당 종업원이 한 명 있을 뿐이었다. 이 연구의 표본이 되었던 1980년대의 24권의 그림책에 단 두 명의 남자만이 감성을 표현했는데, 이중 하나는 의인화된 남자 쥐였다.

국내 창작그림책을 중심으로 1980년대와 1990년대의 그림책에 나타난 등장인물의 성별에 대한 연구를 보면, 1990년대에 와서 중성과 여성의 사용은 증가하였으나, 주인공의 성별에 따른 직업구분이 뚜렷하게 드러났다(성정아, 1995). 남자는 여전히 원기왕성하고 활동적으로 표현되면서 다양한 직업분야에서 적극적으로 역할을 수행하고 있는 것으로 묘사되는 반면, 가사일과 자녀양육은 여자만의 일로 묘사되고 있었다. 이러한 차별적인 성역할 묘사 경향은 1980년대 우리나라의 아동도서나 유치원·초·중등학교의 교과서를 분석한 연구(이윤경, 1981: 심은경, 1987)에서 일관되게 나타난 바 있다. 특히 초, 중, 고등학교의 교과서내용

중에 성별분업적인 직업관이나 역할, 태도, 행동특성 등이 많이 수록되어 있던 것으로 밝혀졌었다.

: 표 4-2 삽화에서의 성별 출현도 비교

	1967-71	1972-79	1980-85	유의도
인물 단일 성 삽화				
여자 비율	11.7	31.6	37.1	.001
남녀 비율	7.5	2.2	1.7	
전체 수	188	339	178	
인물 삽화				
여자 비율	19.1	32.9	42.2	.001
남녀 비율	4.2	2.0	1.4	
전체 수	685	1,315	1,041	
비인물 단일 성 삽화				
여자 비율	1.0	30.8	15.3	.001
남녀 비율	95.0	2.3	5.6	
전체 수	96	39	59	
비인물 삽화				
여자 비율	7.1	23.7	28.6	.001
남녀 비율	13.0	3.2	2.5	
전체 수	196	156	168	

자료: Willams, J. A., Vernon, J. A., Williams, M. C., & K. Malecha(1987). "Sex Role Socialization in Picture Books:An Update", *Social Science Quarterly vol. 68 No. 1*, 148-156.

3) 교육과정과 교육문화

1996년도부터 중학교에서 기술·산업, 가정 교과가 남녀 모두 이수하는 필수교과로 되었으며, 고등학교 실업·가정과의 경우는 기술, 가정, 농업, 공업, 상업, 수산업, 가사, 정보산업, 진로·직업 등 9개 과목으로 분화되어 이 모든 과목을 남녀 구분 없이 필요에 따라 선택하여 이수할 수 있고 선택할 과목수도 제한을 두지 않게 되었다. 그러나 2009년 개정 초, 중, 고등학교 교육과정에서 양성

평등교육 관련 교육내용을 살펴본 연구의 결과를 보면, 제7차 교육과정보다 진전이 있었으나 양성평등교육 관련 교육내용이 여전히 단편적이고 지엽적으로 다루어지고 있었다. 그 내용을 보면 다음과 같다.

- 사회과의 경우 초등학교에서 성역할 변화와 관련하여 다루고 있으나 중학교 단계에서는 이와 관련된 내용을 전혀 찾아볼 수가 없다.
- 도덕과의 경우는 중학교 단계에서는 양성평등의 도덕적 의미를 다루고 있지만, 고등학교 교육과정에는 전혀 관련 내용이 없다.
- 중학교 체육과와 선택 교과인 보건에서 성희롱, 성추행, 성폭력 등과 관련한 내용을 다루고 있으나 섹슈얼리티와 관련된 성차별적 사회구조 등에 대한 진단은 없고 대처방법에만 국한하고 있다.
- 대부분의 학생들은 학교에서 양성평등에 대해 배운 바가 없다는 반응을 보였으며, 일부 학생들은 양성평등 관련 글짓기 대회나 캠페인 등 1회성 행사에 대한 기억만을 가지고 있다.

이에 초·중등학교 사회과 및 도덕과 교육과정에서의 양성평등교육 내용의 보강이 필요하다. 한편, 일반 고등학교의 경우 2, 3학년의 교육과정 및 교과 선택에서의 성별 분리 형상이 여전히 확인되고 있다. 여학생의 경우 인문사회과정을 이수하는 학생이 훨씬 많으며, 남성적 영역으로 인식되어 온 자연공학과정 이수자는 남학생이 여학생의 거의 2배로 나타났다. 교과별로 과학과에서 성차가 두드러져 남학생 이수율이 더 높을 뿐만 아니라 물리2, 화학2, 지구과학2 등 고급단계 과학과목을 더 많이 선택하였다(한국여성개발원, 2014).

그러나 성 차별적 사회화는 표면적 교육과정이나 교과서보다 잠재적 교육과정에 의해 더욱 영향을 받는다. 교육과정 운영상의 차별적인 면은 다소 해결되었지만 교사의 성차별적인 태도와 행동이 성역할 사회화에 미치는 영향은 여전하다.

최근의 연구에서도 학급 및 학생회 활동을 비롯하여 동아리 활동, 생활지도에 있어서 전통적인 성역할 규범이 학생들의 역할 배분과 선택에 주요하게 영향을 미치고 있다. "여자가 –", "남자가 –"라는 표현 등 교사의 성별 고정관념이 무의도적이거나 비의도적, 또는 의도적으로 학생들을 규제하고 있음이 드러났다(한국여성개발원, 2014). 이러한 연구결과는 격려와 배제라는 차별적 보상을 통해

자신의 성 정형화된 정체성을 교사와 또래집단에 입증해야 한다는 점에서 장벽
이 복합적으로 작용되는 것으로 보여진다. 남녀공학의 경우 교육적 의도와는 다
르게, 성 정형성을 강화하는 데 오히려 기여하는 환경적 요인으로 작용하고 있
다는 역설적인 결과도 드러나고 있다. 특히 여성 복장에 대한 고정관념으로 여
학생들이 바지교복을 기피하는 등의 학교문화가 그 사례로 인용될 수 있다.

2011년 우리나라 정부가 제49차 유엔여성차별철폐위원회에 의해 "여학생들
의 교육에 차별적인 장벽을 형성하는 가부장적인 태도와 성역할 고정관념을 극
복하기 위한 노력으로 교사에 대한 성인지훈련을 도입하기 위한 조치를 제도화
하라"(정해숙 외, 2013, 119쪽)는 권고를 받은 바 있다는 사실은 그때까지 교육기
관이 가부장적인 의식으로 운영되고 이러한 의식이 학생들에게 강요되고 있음
을 반증한다. 표면적으로는 양성 평등적인 여성관을 보이더라도 아직도 교사들
의 성역할에 대한 고정관념의 이중적 사고체계가 학생들을 비형식적으로, 간접
적으로 성차별하고 있는 것이다.

1990년대부터 국·공립연수원에서의 남녀평등 의식교육의 확대실시로 교사
들도 의식변화의 계기가 차츰 마련되고 있으나, 2013년 현재 한국양성평등교육
진흥원에서의 양성평등과목 원격연수 수강자는 16개 교육연수원의 전체 연수
참여자의 3.7%에 불과하다. 2012년과 2013년의 한국양성평등교육진흥원의 원격
연수 수강자의 남성교육 비율은 각각 22.1%, 24.4%로 전체 4분의 1에도 미치지
못하였다. 특히 학교급이 높을수록 남성교원의 부재가 더욱 낮은 실정이다.

4) 대중매체

대중매체는 내용과 이미지의 반복적인 노출로서 수용자의 가치관과 태도형
성에 큰 영향을 미치는 위력을 갖는다. 특히 아동들은 대중매체에 나타난 인간
상에 의해 성역할 사회화에 많은 영향을 받게 된다. 유아의 만화시청에 대한 연
구(주은희, 1996)에 의하면 만화영화에 반영된 성역할 고정관념은 다음과 같다.
첫째, 여성은 소극적이고 의존적이며, 쉽게 흥분하고 수다스럽고 결단력과 문제
해결력이 약한 것으로 그려지고 남성은 지혜롭고 용감하고 지도적이며 문제해
결능력을 지니지만 고집이 센 것으로 묘사되는 경향은 상당히 획일적이고 성 전
형적인 것이다. 때로 지성적·야심적·독립적인 여성이 묘사되고 있지만 그러한

특성이 대부분 부정적인 인물을 통해 묘사되어('보츠마스터', '날아라 번개호'에서의 악당 두목, '요술천사 피치'의 악마) 결국 '남성성을 가진 여성＝부정적인 인물'의 메시지를 전달하고 있다. 둘째, 주요 주변 등장인물의 대사나 복장을 통해 여성은 소유, 흥정의 대상물이며, 눈요기의 대상이고 빼어난 외모로 남성을 유인할 수 있는 존재로 묘사하여 왜곡된 성 역할관을 심어 주고 있다. 셋째, 여성의 초능력은 요술봉을 통해 '비현실적으로' 얻어지나 남성의 초능력은 '과학의 힘'으로 로봇을 조종함으로써 구사된다는 점이다. 여성은 환상세계에서 초능력자가 되는 신기루에 접하고 남성은 근접해 갈 수 있는 과학의 세계 안에서 초능력을 실현하는 존재로 묘사되는 것이다. 결국 이러한 성별 묘사는 여성·남성에 대한 고정관념을 유지시키는 데 지나지 않는다.

2016년 교육방송을 통해 국내에 방영된 미국드림웍스사가 제작한 만화영화인 '드래곤 길들이기'에서도 숱한 남자 캐릭터 중 드물지만 대범한 여자친구 캐릭터로 등장하는 '아스트리드'도 때로는 '어이없는 공격에 희생될 뻔하다가 주인공 남자에 의해 구해지는 대상'으로 묘사된다. 바른 성역할 사회화를 위해서는 사회단체가 주축이 되어 편파적인 성역할 묘사에 대한 모니터링 훈련을 실시하고, 꾸준하게 모니터링 결과를 방송국에 전하면서 방송국 자체 심의기준 강화에 대한 여론을 환기시키는 한편, 만화영화 시청 시 또는 시청 후 부모가, 유아가 시청한 만화영화의 내용에 대해 비판적으로 재구성하도록 하는 시청지도에 관심을 가질 필요가 있다. 만화영화를 때로는 같이 보면서 부모나 성인이 유아들이 받아들여야 할 것과 받아들이지 말 것을 일차적으로 여과시키는 수문장(Gatekeeper)의 역할을 수행하는 것이 요구된다.

한국인의 성인지통계조사(주재선, 2014)에서 2012년 우리 국민의 정보입수 경로를 보면 남녀 공히, ① 인터넷 및 PC 통신(70.1%) ② 가족, 동료, 친구, 이웃을 통함(68.7%) ③ TV(52.1%) ④ 신문이나 생활정보지(37%)의 순으로 의존하는 것으로 나타났다. 성차가 두드러지는 것은 신문이나 생활정보지에 여자보다 남자가 많이 의존하는 반면, 여자가 남자보다는 근소하지만 여전히 TV 시청시간이 더 긴 것으로 나타나고 있다. 2009년 자료에 의하면 한국여성들은 평일에는 3시간 정도, 주말에는 4시간에 달하는 시간을 TV 시청을 하는데, 남성들은 이에 못미쳤다. 그러나 남녀 간에는 TV 시청 시간보다는 양식에 더 의미 있는 차이가 있는 것으로 알려져 왔다. 남성들은 뉴스, 다큐멘터리, 스포츠 등을 좋아하며, 픽션의 경우 주로 현실적인 것을 선호하지만 여성들은 분산된 이야기 구조의 여성적 장르를 좋아하고, 가정과 여성 소재의 연속극을 좋아한다(Morley, 1986). 따라서 방송 드라마는 시청자들에게 역할모델을 제시한다는 측면에서 볼 때 성역할 사회화의 영향력이 크다.

그러나 근래에는 인터넷이나 PC 통신에의 의존도가 가장 높기 때문에 최근 청소년이나 성인들이 즐기는 웹소설이나 웹툰에서의 성역할 묘사에 대해서도 분석적으로 살펴볼 필요가 있다. 광고에 등장하는 여성의 이미지도 가부장제 하에 조장된 '사랑의 화신'으로서의 이미지를 더욱 심화하고 자존감과 자기애를 중시하며, 남성의 시선에 의해 대상화해 온 자기모습에 도취한 나르시즘적 성향을 보이는가 하면 자기 억압적 슈퍼우먼, 변신에 능한 여성으로 형상화되는 경향이 있다. 그러나 이런 이미지는 모두 주체성 없는 소비자이자 모방문화와 대리실험의 소비취향에 길들여지는 수동적 여성상으로 부정적인 측면을 부각시킨다는 점에서 광고 분야에서의 새로운 대안문화가 시도되어야 하겠다.

토론 및 연구 과제

1. 성역할 사회화이론 중 가장 공감이 가는 입장을 지적하고 그 이유를 설명해 보자.
2. 자신의 성장과정 중에 부모나 다른 가족들로부터 받은 성역할 사회화의 영향에 대해 고찰해 보고, 자신이 자녀 양육기의 부모가 된다면 갖추어야 할 양성 평등적 양육태도에 대해서도 생각해 보자.
3. 자신의 진로설정에 영향을 준 성역할 고정관념은 없었는지 진단해 보자.
4. 최근 인기 있는 웹소설이나 웹툰 중 성 차별적 메시지를 담은 내용들을 수집해 보자.

참고문헌

구봉수(1982), "공격행동과 교사의 지도방법," 한양대학교 대학원 석사학위 청구논문.

송영주·이미란·천희영(2014), "첫 자녀 출산 후 취업모와 전업모의 양육스트레스 변화: 자녀가치, 양육지식, 자녀미래기대가 미치는 영향을 중심으로", 「아동학회지」, 35(5), pp.15-35.

심은경(1987), "아동용 도서에 나타난 성차에 관한 연구," 중앙대학교 대학원 석사학위논문.

이영숙(1995), "유치원 아동의 성역할 정체감유형과 자아개념과의 관계연구," 경기대학교 교육대학원 석사논문.

이정림·이정원·김진경·송신영·왕영희·이예진·신나리·김영원(2010). 「한국아동패널 2009 기초분석보고서」, 육아정책연구소, 연구보고 2010-08.

주은희(1996), "만화를 통한 아동의 삶읽기," 「연세여성연구」, 제 2 호, 연세대학교 여성연구소, 176-200.유아기 자녀 어머니의 부부관계와 양육특성 관련

주은희·이정수(2015), "유아기 자녀 어머니의 부부관계와 양육특성 관련 인구사회학적 변인과 개인 내적 변인 분석", 「젠더연구」, 제20호. 한국여성연구소.

주재선(2014), 「한국의 성 인지 통계」, 서울: 한국여성개발원.

페리, G and 버시, K.(1989), 「인간의 사회적 발달」, 서울: 성원사.

한국교육개발원(1988), 「진학과 직업선택을 위한 고등학교 진로지도안」, 한국교육개발원.

Bandura, A. (1977), Social Learning Theory, Englewood Cliff, N. J.: Prentice-Hall.

Biller, H. B., and Borstlmann, L. J.(1967), Masculine Development: An Integrative Review. Merrill-Palmer Quarterly, 13, 253-294.

Block, J. H.(1973), "Conceptions of Sex Role: Some Cross-Cultural and Longitudinal Perspectives," American Psychologist, 28, 512-526.

Brown, R.(1965), Social Psychology, New York: Free Press.

Carroll, J. L.(2009). 「성심리학」(오영희·노영희·강성희·권제마·이은경 공역). 서울: Σ 시그마프레스, Cengage Learning(2009년 원저 발간)

Chodorow, N.(1978), The Reproduction of Mothering: Psychoanalysis and the Sociology of Gender. Berkeley: University of California Press.

Damon, W.(1977), The Social World of the Child, San Francisco: Jossey-Bass.

Edelbrock, C. & Sugawara, A. I.(1978), "Acquisition of Sex-typed Preferences in

Preschool─aged Child," *Developmental Psychology, 14,* 614─623.

Hainlein, L. and Feig, E.(1978), "The Correlates of Childhood Father Absence in College─aged Women," *Child Development, 49,* 37─42.

Hetherington, R. O.(1965), "A Developmental Study of the Effects of Sex of the Dominant Parent on Sex─Role Preference, Identification, and Imitation in Children," *Journal of Personality and Social Psychology, 2,* 188─194.

(1972), "Effects of Father Absence on Personality Development in Adolescent Daughters," *Developmental Psychology, 7,* 313─326.

(1979), "Divorce: A Child's Perspective," *American Psychology, 34,* 851─858.

Hetherington, E. M. and Parke, R. D.(1986), *Child Psychology: A Contemporary Viewpoint(3rd ed.),* New York: McGraw─Hill.

Kaplan, A. G. and Sedney, A.(1980), *The Psychology and Sex Role: An Androgynous Perspective,* Boston: Little, Brown & Co.

Kuhn, D., Nash, S. C. and Brucken, L.(1978), "Sex─role Concept of Two─ and Three─year─olds," *Child Development, 49,* 445─451.

Lynn, D. B.(1974), *The Father: His Role in Child Development,* Monterey, CA.: Brooks/Cole.

Marantz, S. A. and Mansfield, A. F.(1977), "Maternal Employment and the Development of Sex─role Stereotyping in Five ─to Eleven─year─old Girls," *Child Development, 52,* 1119─1134.

Santrock, J. W.(1970), "Parental Absence, Sex─Typing, and Identification," *Developmental Psychology, 2,* 264─272.

Weinraub, M., Clemens, L. P., Sockloff, A., Ethridge, T., Gracely, E., and Meyers, B.(1984), "The Development of Sex─role Stereotypes in the Third Year: Relationships to Gender Labeling, Gender Identity, Sex─typed Toy Preferences, and Family Characteristics," Child *Development, 55,* 1493─1503.

Willams, J. A., Vernon, J. A., Williams, M. C., & K. Malecha(1987). "Sex Role Socialization in Picture Books:An Update", *Social Science Quarterly Vol. 68 No.1,* 148─156.

Wohlford, P., Santrock, J. W., Berger, S. E., and Leiberman, D.(1971), "Older Brother's Influence on Sex─typed Aggressive and Dependent Behavior in Father Absent Children," *Developmental Psychology, 4,* 124─134.

제 5 장

여성다움과 남성다움

1 성 고정관념과 일의 세계

1) 성 고정관념

우리 사회의 일상생활이나 학교생활 중에 여성다움과 남성다움에 대한 고정관념들이 상당히 내재되어 있다. 다음은 청소년들이 겪은 경험담이다.

그리고 저희가 (중학교 때) 동아리 활동이 있었는데요. 거기 동아리에, CA에 축구부, 농구부 이런 것도 있고… 뜨개질부, 테디베어부, 이런 것도 있었는데 여학생이 축구부 하겠다고 하니까 아예 안 된다고 바로 막아버리시고 남학생도 테디베어 하겠다고 했던 애가 있었는데 (웃음) 남자가 무슨 바느질이냐구~ 안 된다고 강제로… 농구부 같은 데 집어넣으셔가지고… 애들끼리도… 그랬던 것 같아요.(일반계고, 여; 정해숙 외, 2013, p.44).

제가 울면 '왜 우냐', 울만한 일이 아니라고, 여자라면 이런 일로 울 수 있는데 남자라면 이런 일로 울면 안된다는 말 같은 것.(일반계고, 남; 정해숙 외, 2013, p.46).

고정관념(stereotype)이란 'stereo'(굳은)라는 어원에서 볼 수 있듯이 변화에 저항적이며, 사람 또는 사건 범주에 대해 많은 사람들이 갖고 있는 과도하게 단순화한 심상이다. 고정관념은 그 진실성 여부가 확인될 수 없는 신념들로서 해당 집단에 속한 개인에 대한 적대감이나 차별행동을 정당화하는 데 사용되며, 범주화 기능으로 인해 정확한 정보 추구를 지연하거나 방해하는 특징을 가진다. 성 고정관념은 일반적으로 여성과 남성에 대한 전형적인 특성들에 대한 신념으로 이루어진다. 이것은 여성성과 남성성의 본질에 대해 대중매체, 예술 및 문학에서 전달하는 성별에 따른 사회적 수준의 이미지들로 구성된 '문화적 성 고정관념'과 여성 또는 남성의 특성에 대해 한 개인이 갖고 있는 성을 구분하는 태도와 관련된 독특한 신념인 '개인적 성 고정관념'이 있다(방희정, 1996). 물론 개인적 성 고정관념이 문화적 성 고정관념에 의해 영향을 받을 수 있지만 반드시 일치하는 것은 아니며, 개인 간에도 상당한 차이가 있다.

성 고정관념에 관한 접근은 두 가지 측면에서 이루어지고 있다. 하나는 특성접근법으로 여성과 남성을 특징짓는 심리적·행동적 특성, 즉 여성다움과 남성다움을 중심으로 성 고정관념을 설명하는 방법이며, 다른 하나는 역할접근법으로 여성 혹은 남성에게만 적합하다고 믿는 활동이나 직업역할을 중심으로 성 고정관념을 조사하는 방법이다. 성 고정관념을 특성 중심으로 보면 남녀의 성격적 특성들에 대한 구조화된 신념들의 집합이며, 역할 중심으로 보면 동일상황에

서 성별에 따라 기대되는 태도나 행동적 경향에 주목하며 이를 성역할 고정관념
이라 칭한다(Williams, 1985).

흔히들 동정심이 많고 온화하며 어린아이를 좋아하는 등의 특성은 여성다
운 특성이라고 보는 반면, 자기주장이 뚜렷하고 야심적이며 개인주의적인 것은
모두 남성적인 특성이라고 본다. 보편적으로 알려진 특성중심의 성 고정관념은
[표 5-1]과 같은 것이다.

한 연구에서 대학생들에게 남아(데비드)와 여아(다나)가 놀고 있는 장면을
녹화한 테이프를 보면서 장난감에 대한 아동들의 반응을 해석하라고 하였다. 그
결과 아동들의 행동에 대한 해석은 아동의 성별에 전적으로 좌우됨을 알 수 있
었다. 즉 남아라고 했을 때는 상자에서 인형머리가 나오는 장난감인 '잭 인 더
박스'(Jack in the Box)에 그 아이가 '성낸다'고 해석하고, 여아인 경우에는 '무서워
한다'고 해석하였다(Shaffer, 1988). 이처럼 인간의 행동에 대한 예견이나 해석은
그 사회 일반이 갖고 있는 성 고정관념과 연관되고 있다.

여성다움과 남성다움과 관련된 성 특성(sex-trait) 고정관념을 25개국을 비
교 연구한 결과 여러 문화 간에 상당한 유사성이 발견되었다(Best & Williams,
1993). 여성적인 특성으로서는 수동성과 약함을, 남성적인 특성으로는 활동성과
강함을 들고 있으며, 교류분석에 근거한 자아상태로는 양육적 부모와 적응적 아
동은 여성적인 것으로, 비판적 부모나 성인 자아상태는 남성적인 것으로 인식하

표 5-1 보편적 성 고정관념

여 성	남 성
• 부드럽다	• 딱딱하다
• 민감하다	• 둔감하다
• 따뜻하다	• 차다
• 드러내다	• 완고하다
• 수동적이다	• 적극적이다
• 의존적이다	• 독립적이다
• 복종적이다	• 공격적이다
• 얌전하다	• 야심적이다
• 약하다	• 강하다

자료: 프리드만, J. L. et al.(1983), 「사회심리학」, 홍대식 역, 서울: 박영사, p. 467.

: 표 5-2   성역할 학습지표(Sex Role Learning Index: SERLI)

	남성고정관념		여성고정관념	
	활동	사물	활동	사물
아동 그림	망치질하기	망치와 못	물 따르기	주전자
	땅파기	삽	청소하기	빗자루
	야구하기	방망이와 못	요리하기	가스레인지
	자동차놀이	자동차	머리빗기	빗과 거울
	권투하기	권투장갑	설거지하기	접시
성인 그림	톱질하기	톱	수유하기	우유병
	경찰관	경찰관모자	간호사	간호사모자
	군인	총	다림질하기	다리미
	소방관	소방관모자	바느질하기	실과 바늘
	의사	청진기	사과깎기	사과와 칼

자료: Edelbrock, C. & Sugawara, A. I. (1978), "Acquisition of Sex-Typed Preferences in
　　　Preschool-Aged Child," Developmental Psychology, 14, pp. 614-623.

였다. 여성의 심리적 욕구는 복종, 낮춤, 원조, 양육, 유친, 이성애 등 전반적으로 표현적이고 공동체적인 것으로 인지하는가 하면 남성적 심리적 욕구는 지배성, 자율성, 공격성, 과시, 성취, 인내심 등의 도구적이고 행위주체적인 것으로 표현하였다.

유아들의 경우는 사람들의 활동과 사물에까지 성별 고정관념이 확산되고 있는데, 유아들의 성역할 고정관념을 측정하기 위한 성역할 학습지표(Sex Role Learning Index: SERLI)에는 활동과 사물이 성별로 [표 5-2]와 같이 분류되어진다.

2) 일의 세계와 성역할 고정관념

성역할 고정관념은 개인을 성별이라는 특정 범주에 예속하고 성에 따라서 개인의 역할을 제한함으로써 그 집단에 속한 개인이 그 역할을 따르지 않는 경우에는 범주에서 이탈된 개인으로 간주하여 낙인되게 한다. 청소년들의 성역할 고정관념 측정을 위해 활용하는 성역할 고정관념은 다음과 같다. 총 6개 문항을, '전혀 그렇지 않다=1점'부터 '매우 그렇다=5점'의 Likert 5점 척도로 측정하

| | 표 5-3 | 청소년들의 성역할 고정관념 체크리스트 |

성별	고정관념	전혀 그렇지 않다	그렇지 않다	보통이다	그렇다	매우 그렇다
여성	여자는 사회적 성공보다 좋은 남자를 만나는 것이 더 중요하다.					
	여자는 자신의 주장을 내세우기보다 남의 의견을 따르는 것이 더 보기 좋다.					
	여자는 얌전하고 순종하는 것이 여자답고 좋다.					
남성	남자에게는 사회적 성공이 무엇보다도 중요하다.					
	남자는 다른 사람의 의견을 따르기보다 자기 주장을 펼칠 수 있어야 한다.					
	남자는 어느 정도 남을 지배할 줄 알아야 남자답다.					

자료: 양은별 외(2014)에서 요약함.

여 점수가 높을수록 성역할 고정관념이 높은 것으로 간주하게 된다.

한국청소년패널의 고등학교 2학년 4차년도 자료를 분석해보면 성역할 고정관념은 평균 2.89이었는데, 남자청소년이 3.07, 여자 청소년이 2.71로, 남자청소년의 성역할 고정관념이 의미 있을 만큼 높은 것으로 밝혀졌다(양은별 외, 2014).

한국형 남녀평등의식검사 개발을 위한 연구조사(김양희, 정경아, 1999)에서 성인 남녀의 성 평등의식은 남성보다 여성이 더 높았으며, 남녀간에 가장 큰 차이를 보여준 영역은 직업생활척도였다. 이 척도는 능력 및 역할 요인, 평등정책 요인, 비전형적 직업 요인, 남성 중심주의 요인으로 구성되었다. 하위요인을 구성하는 문항내용을 보면 다음과 같다.

이 직업생활척도에 대한 평등의식이 여성은 59.8, 남성은 51.7로 나타났다. 또한 2002년 성인지통계자료에 의하면 응답자의 67.2%가 직장생활에서의 성차별을 인식하였다. 2013년 통계에서의 성희롱방지만족도도 35.2%에 그치고 있으

표 5-4 직업생활척도의 하위요인 구성 문항내용

하위요인	문항내용
능력 및 역할	남자는 업무기획과 추진력이 여자보다 우수하다. 차 심부름이나 복사는 남자보다 여자직원이 하는 것이 좋다. 남녀가 함께 근무하는 부서의 책임자는 남자가 되어야 한다. 여자는 남자만큼 부하직원들을 잘 통솔하지 못한다. 접수나 안내 업무는 남자보다 여자에게 더 적합하다. 여자 장관이나 고위 공무원이 적은 것은 여성의 능력이 부족하기 때문이다. 여자는 남자보다 직업의식이 낮다. 정치인이라는 직업은 여성에게 어울리지 않는다. 여자는 자녀와 가사에 지장을 주지 않는 한도 내에서 직업활동을 해야 한다. 직장에서 남자들이 여자들에게 가볍게 던지는 성적인 농담을 성희롱으로 여기는 것은 과민반응이다.
평등 정책	남자직원보다 여자직원에게 예절을 더 강조하는 것은 부당하다. 채용면접에서 남자보다 여자의 외모를 더 중시하는 것은 부당하다. 동일한 업무를 담당하는 남녀 직원은 같은 월급을 받아야 한다. 기업이 직원을 줄일 때 남자보다 여자를 먼저 해고하는 것은 부당하다. 직장에서 성희롱이 일어나지 않도록 강력한 조치가 필요하다. 여자의 수가 매우 적은 직업에 여자를 일정한 비율 뽑도록 하는 할당제에 찬성한다.
비전형적 직업	여자들이 중장비 기사와 같은 남자들이 주로 해온 직업을 갖는 데 찬성한다. 남자들이 유치원 교사, 영양사와 같이 여성들이 주로 해온 직업을 갖는 데 찬성한다.
남성 중심 주의	자격이 같은 남녀 직원 중 한 명만 승진할 수 있다면 남자를 시켜야 한다. 내가 사장이라면 남자를 시켜야 한다. 내가 사장이라면 능력이 같을 경우 여자보다 남자를 뽑겠다.

자료: 김양희, 정경아(1999), 「한국형남녀평등의식검사」, 서울: 한국여성개발원.

며, 응답자의 28.8%가 근로여건이 불평등하다는 데 동의하였다. 여성공무원의 공직사회에서의 직무태도에 대한 조사는 특히 남성공무원의 여성 직무태도에 대한 긍정적인 인식이 증가했음을 보여 주었으나 아직도 여성공무원들이 편한 보직을 원한다고 인식하였고 여성공무원들 간의 유대가 약하다고 보는 관점이 적지 않았다(현대리서치연구소, 2002). 야거(Yager)와 베이커(Baker)는 여성다움과 관계없이 남성다움의 존재만이 개인의 적응력에 영향력을 미친다고 하면서 '남성다움 우월효과'(masculinity supremacy effect)라는 용어를 사용한 바 있다. 현대

사회에서 경쟁심과 같은 남성적 특성을 요구함으로 남성적 특성을 가진 사람은 성에 구별 없이 일상생활의 적응 면에 있어서 유리한 입장에 있다는 그들의 주장과 현상적으로는 일치한다고 볼 수 있다.

직장인을 대상으로 한 성평등 실천 실태조사들을 살펴보면, 조직문화와 관행이 남성 위주로 되어 있기 때문에 성평등이 잘 이루어지지 않는다. 연령이 높을수록 성평등 실천에 부정적 견해를 가지는 것으로 나타났다. 이처럼 불평등한 구성원의 연령이 높을수록 가부장제의 사고의 틀이 견고하게 지속적으로 유지되어 오고 있어 여성들이 직장 내에서 남성들과 동등한 경쟁을 할 수 있는 여건이 충분히 마련되지 않은 실정으로 추정된다(이수연 외, 2014). 한편 대졸여성의 취업 장애요인에 대해 기업인들에게 설문조사를 한 결과, 직업의식 미약이 가장 높게 지적된 바 있다. 직업의식이라 함은 직업에 관한 욕구, 흥미, 기호, 태도, 가치관 등을 총칭하는 것이다. 현재 우리 사회에서 요구되는 직업의식과 미래지향적인 측면에서 요구되는 직업의식에 대해 분석하고, 여학생들이 갖고 있는 직업의식과의 간격을 좁힐 수 있는 교육방안을 모색하여야 한다.

2 성역할 고정관념과 정신건강

1) 성역할 고정관념과 문제행동

우리나라 청소년의 성역할 고정관념이 비행에 미치는 영향에 대해 알아보기 위해 고등학교 2학년 3,073명에 대한 자료를 분석한 연구(양은별, 2014)에 의하면 남자청소년의 성역할 고정관념이 여자청소년보다 상대적으로 높은 것으로 나타났다. 이 연구에서는 성역할 고정관념과 비행의 관계에서 자기낙인과 타인낙인이 어떤 작용을 하는가도 살펴보았다. 연구 결과를 보면, 첫째, 성역할 고정관념이 높은 청소년일수록 비행 행동을 많이 하고 또한 낙인도 비행행동을 증가시켰다. 이 연구에서는 총 13가지의 비행 행동으로 담배피우기, 술 마시기, 무단결석, 가출, 성관계, 다른 사람을 심하게 때리기, 남의 돈이나 물건 뺏기, 남의 돈이나 물건 훔치기, 원조교제, 남을 심하게 놀리거나 조롱하기, 남을 협박하기, 다른 친구를 집단 시키기, 성폭행이나 성희롱하기를 기술하고, 남녀청소년에게 그 중 지난 한 해 동안 경험한 것이 있는지를 물어 비행지수를 산출하였다. 둘째, 성역할 고정관념이 청소년 비행에 직접적인 영향을 미치기도 하지만 낙인이 간접적으로 영향을 미쳐 낙인이 높을수록 비행이 증가할 수 있음을 의미하였다. 셋째, 성역할 고정관념이 비행에 미치는 영향에서 유독이 여자청소년에게는 낙인의 간접적인 효과가 있음이 나타났다. 이 점은 우리 사회가 성별에 따라 차별적으로 적용하는 기준으로 여자청소년이 여성성의 기준에서 벗어나면 남자청소년보다 더 공식적으로나 비공식적으로 비난을 하고 이로 인해 성역할 고정관념은 남성보다 여성에게 부정적인 자아개념을 형성시킬 수 있는 것이다. 그러기에 특히 여자청소년에 대한 낙인이 그들의 비행으로 연결되지 않도록 비행 전 개입을 하는 것이 중요하다. 가정에서 방임되거나 청소년 성매매 등의 경험을 통해 부정적 성역할 고정관념을 가지고 있는 여자청소년의 비행을 위한 사회안전망의 구축이 제안된 바 있다(양은별 외, 2014).

대학생의 성역할 고정관념과 관련해서는 여대생의 성역할 고정관념과 데이트 폭력허용도의 관계가 연구되었다(손강숙, 정소미, 2016). 이 연구는 서울 및 경기지역의 4년제 대학 5곳에 재학 중인 여자 대학생 548명을 연구대상으로 하여, 성역할 고정관념, 데이트 폭력허용도, 성적 자기주장 척도를 사용하여 조사하고 분석하였다. 또한 성적 자기주장과 관련된 질적 정보는 설문조사에 참여한 여대생 중 60명을 대상으로 인터뷰를 통해 수집하였다. 이 연구의 결과 중 주목할 것은 여대생의 성역할 고정관념과 데이트 폭력허용도가 의미 있게 관련된다는 점이다. 성역할 고정관념이 높으면 성적 자기주장이 낮으며, 성적 자기주장이 낮을 때 데이트 폭력 허용도는 높은 것으로 나타났다. 또한 여대생의 성적 자기주장은 성역할 고정관념과 데이트 폭력허용도의 관계에서 의미 있는 간접적 효과를 가지는 것으로 나타났다. 앞으로 여대생을 대상으로 하는 상담 및 교육을 통하여, 자신의 성 인식과 성적 자기주장을 변화시킬 수 있는 개입이 필요하다고 볼 수 있다.

2) 양성성과 정신건강

우리 사회는 전통적으로 남자는 남성적인 것이, 여자는 여성적인 것이 심리적으로 건강하다고 생각해 왔다. 그러나 최근에 와서 많은 학자들이 이러한 전통적인 성역할 구분은 현대사회에 더 이상 적합하지 않을 뿐만 아니라 나아가서 인간의 잠재력을 충분히 발휘하는 데 장애요인이 된다고 주장한다.

　콤플렉스란 전체 성격 속에 있는 어떤 것에 강하게 집착하는 작은 성격을 일컫는데, 우리 사회에 만연해 있는 '여성다움'과 '남성다움'의 신화로 인해 한국의 남녀들은 여러 콤플렉스를 경험하게 된다. 이러한 콤플렉스는 사람의 행동 대부분을 지시하며 성격형성에 가장 큰 영향을 미치지만 대부분 무의식 중에 잠재해 있기 때문에 이로 인해 자신이 받는 행동의 제약에 대해 깨닫기가 힘들지만 남녀의 정신건강과 여러 행동에 영향을 미치게 된다. 여성들의 경우로는 인내와 희생의 전통적 부덕을 지키는 '착한 여자' 콤플렉스, 편안한 안전지대로서 꿈 같은 결혼의 주인공인 신데렐라이기를 희구하는 마음, "의무로서의 성, 쾌감은 금물"이라는 억압적 성관념, "뭐니뭐니해도 여자는 예뻐야 한다"는 외모 콤플렉스, "똑똑하면 시집 못 간다"는 생각, "여성은 현모양처가 제일"이라는 고정관념, 만점 직장인과 만점 현모양처로서의 과잉 역할부담에 허덕이는 취업주부들의 '슈퍼우먼' 허상 등을 들 수 있다(여성을 위한 모임, 1995). 여성에게 사회적으로 일반화된 이러한 성역할 고정관념들이 개인이 받은 현대적 교육에서 강조하는 성 평등주의적 내용과 일치하지 않은 경우가 있어, 이런 경우 고학력자일수록 성역할 갈등으로 인해 성 정체감 형성에 부정적 영향을 미칠 뿐 아니라 자신의 성별에 적합한 행위양식을 상실하는 양성적 혼돈에 빠질 위험마저 있다. 한편 사회경제적으로 낮은 계층에서는 남편의 외도와 경제적 방임으로 인해 자녀양육까지 포기한 여성의 경우 여성 본능론의 모성신화에 의해 자책감에 시달리는가 하면, 문제 상황에 대한 적극적인 대책 없이 '복없는 내 팔자' 타령의 소극적이고 자포자기적인 삶을 살기도 한다.

　한편 현대의 남성들이 추구하는 남성다움은 서구의 이상적인 가치와 많이 유사한 경쟁 중심의 성향, 야심, 적극성 등이다. 이런 남성다운 기질에 대한 강박관념에 사로잡히는 과정에서 남성 콤플렉스가 생긴다. 우리나라 남성들이 가지고 있는 남성 콤플렉스로 성공과 자부심을 추구하며, 많은 갈등과 허세를 감추고 있어야 하는 '사내 대장부'라는 간판, 처덕을 보기 원하는 의존심리를 "남편의 성공이 곧 아내의 행복"이란 가부장적인 공식에 감추는 '온달 콤플렉스', '나는 무엇이든 잘 할 수 있다'는 올 마이티 맨(all mighty man)의 신화에 사로잡혀 휴식하지 못하게 하는 '만능인 콤플렉스', 이상형의 체격과 인상 좋은 얼굴이 주는 이점에 대한 '외모 콤플렉스', 남성의 성욕은 반드시 풀어야 한다는 '성 콤플렉스', 남성에게 학력과 학벌은 성공의 필수요건이라는 '지적 콤플렉스', 부계 가족의 계승자로서 권리와 희생을 감당해야 하는 '장남 콤플렉스'를 들고 있다 (여성을 위한 모임, 1994).

대부분의 남성 콤플렉스는 남성 우월주의에서 비롯된 것으로 신체적, 성적, 심리적, 또는 지적으로 남성이 우월하다고 여기며 생각하는 권위주의적 남성이나 남존여비 신봉자에 대한 이미지가 지배적이다. 가족 위기상담의 많은 사례가 가장으로서 기대되는 역할을 감당 못하는 남성이 외도나 폭력으로 가계를 꾸려 가는 부인을 괴롭히는 것도 남성들에게 주입된 지배논리와 이에 대한 좌절감의 왜곡된 표출이라고 볼 수 있다. 여성에 대한 편견뿐 아니라 남성 스스로 왜곡된 자기이해에서 비롯된 이러한 우월성과 지배성의 추구는 많은 남성들로 하여금 심리적 갈등에 휩싸이게 하고 개성적이고 자유로운 삶을 살 수 없게 만들 뿐 아니라 때론 가정을 파국으로 모는 위험이 있다.

여성다움과 남성다움의 특성들이 과연 상반된 특성이며, 한 인간이 모두 함께 지닐 수는 없는가 하는 질문이 제기될 수 있다. 융이 집단무의식의 개념에서 남녀 모두 여성의 원리인 '아니마'와 남성의 원리인 '아니무스'를 소유하고 있다고 주장하였듯이 모든 인간은 남녀의 두 가지 특성을 모두 지니고 있다. 벰의 연구에 의하면 남녀 모두 상당수가 자기와 반대되는 성의 특징을 가졌을 뿐 아니라 변화하는 주변 환경에의 심리적 적응이란 측면에서 볼 때도 남녀 양쪽의 특성을 모두 소유하는 편이 적응력이 우세하다고 하였다. 사회적 환경 속에서 보다 잘 적응하고 생활해 나가기 위해서는 부드러운 여성도 경우에 따라서 강력한 자기주장과 냉철한 분석력을 발휘해야 하고 때론 엄격할 수 있으며, 지배적인 남성도 아이들을 살뜰히 돌보며 사교적이며 따뜻하고 부드럽게 행동할 줄 알아야 된다고 주장한다.

벰(Bem, 1978)은 성역할을 연구하는 주요 목적으로 "진부한 성역할의 제한적 감금으로부터 인간성격이 자유로워지도록 돕기 위함이고, 문화적으로 여성다움과 남성다움으로의 강요로부터 자유로운 정신건강의 개념을 개발하기 위함"이라고 말하고 있다. 그리고 남성성, 여성성의 전통적인 개념에 대한 대안으로 성역할의 이상적인 모델인 양성성의 개념을 제시하였다. 양성성이란 그리스어로 남성을 일컫는 앤드로(andro)와 여성을 일컫는 진(gyn)으로 구성된 용어이며, 하나의 유기체내에 여성적 특성 및 남성적 특성이 함께 존재하는 것을 의미한다. 양성성은 한 개인이 여성성과 남성성을 동시에 가질 수 있기 때문에 상황에 따라서 여성적 특성 및 남성적 특성의 역할을 융통성 있게 잘 수행할 수 있는 보다 효율적인 성역할 개념으로 보고 있다.

벰, 스펜스(Spence) 등은 여성성과 남성성을 독립적인 두 가지의 차원으로 보았다. 즉, 어떤 사람이 한 차원에서 점하는 위치는 다른 차원에서 점하는 위치와 독립적이라는 것이다. 이들은 성역할이 양극개념으로 이해되어져서는 안 된다는 견해를 가지고 새로운 성역할 측정도구를 개발하였다. 벰은 벰 성역할 검사(Bem Sex Role Inventory: BSRI)를, 스펜스는 성격속성설문지(Personal Attributes Questionnaire: PAQ)를 제작하였다(카플란 외, 1990). 벰의 성역할 검사에서 응답자들은 성별 전형화와 관련된 40개의 형용사 목록(예를 들어, 독립적인, 강건한, 부드러운, 의기양양한)에 자신을 평가한다. 그 후 남성적 형용사와 여성적 형용사의 평균을 계산하여 성별 유형화의 여부를 정한다.

BSRI와 PAQ, 두 척도는 종래의 여성성-남성성 척도의 문제점을 해결한 것으로서 여성성과 남성성을 각기 독립된 변수로 보고 따로 측정할 수 있도록 여성성 척도와 남성성 척도 두 가지를 포함하고 있다. 따라서 이 측정도구에 의하면 남성적인 사람이 동시에 여성적일 수도 있는데, 이것이 바로 양성성이다. 이들 측정도구는 인간의 성역할 정체감을 다음의 네 가지로 유형화한다. 여성성과 남성성이 모두 측정집단의 중앙치보다 높은 양성적인 사람, 남성성만 중앙치보다 높은 남성적인 사람, 여성성이 중앙치보다 높은 여성적인 사람, 여성성과 남성성 모두 중앙치보다 낮은 미분화된 사람이다. 여기에서 말하는 양성성은 신체적 양성을 의미하는 것이 아니라 심리적 양성을 의미한다. 다음은 전통적 성역할 단일차원과 벰의 양성성의 직교차원을 예시한 것이다(그림 5-1).

유아의 성별에 따라 유아의 기질, 식습관, 또래상호작용, 어머니의 심리, 양육방식, 유아의 문제행동은 차이가 나타나는지 알아보고 유아의 기질, 식습관, 놀이상호작용, 어머니의 심리, 양육방식이 유아의 문제행동에 미치는 영향력을 분석한 임현주(2015)의 연구는 육아정책연구소의 한국아동패널(2012) 5차년도

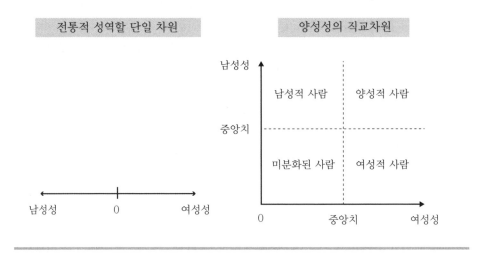

그림 5-1 전통적 성역할과 양성성 성역할 척도 비교

자료를 사용하였다. 49~55개월 유아 1,754명과 그들의 어머니를 연구대상으로 하였다. 활동성의 기질, 놀이방해, 놀이단절, 외현화 문제행동은 남아의 점수가 높았으며, 놀이상호작용은 여아의 점수가 높았다. 이들 변인이 유아의 내재화·외현화 문제행동에 미치는 영향력을 보면, 남아의 기질, 식습관, 놀이상호작용과 관련된 정서성과 사회성의 기질, 놀이방해, 놀이단절, 식습관 외에도 어머니의 심리와 양육방식인 어머니의 우울, 한계설정 양육방식이 남아의 내재화 문제행동에 33.8%의 영향을 미쳤으며, 정서성, 사회적 양육방식, 또래방해, 우울, 활동성의 기질, 식습관은 남아의 외현화 문제행동에 28.0%의 영향을 주었다. 그러나 여아의 경우는 내재화·외현화 문제행동에 어머니의 우울이나 양육방식에 의한 영향이 드러나지 않았다. 이로써 여아보다 남아의 문제행동에 어머니의 정신건강과 양육방식이 더 영향을 준다고 해석할 수 있겠다.

    한편 남성이 겪는 스트레스에 대한 연구(윤진 외, 1989)를 보면 남성들은 남성으로서의 성역할을 철저히 수행하는 과정에서 직업적·사회적 스트레스를 경험하는 것으로 알 수 있다. 만 20~40세에 해당하는 우리나라 남성 415명에 대해 성역할 고정관념과 스트레스와의 관계를 살펴본 결과는 다음과 같다. ① 벰의 성역할 검사결과에 따라 남성성 집단, 여성성 집단, 양성성 집단, 미분화 집단으로 구분해 보면 네 가지 집단에 고루 분포되었는데, 이 자료를 보면 한국의 젊은 남성들이 전통에 얽매이지 않고 비교적 다양한 성역할을 추구하고 있는 것으로 보인다. 그러나 서구인과는 다르게 우리나라 남성에게는 미분화 집단이 많이 나타난 것은 남성적 특질을 외부로 드러내지 않는 것을 오히려 중용의 덕으로 보는 경향을 시사해 준다. ② 남성성 집단이나 여성성 집단은 미분화 집단보다 스트레스를 더 많이 받는 것으로 나타났는데, 이는 오히려 남성성을 드러내지 않을 때 남성에 대한 사회적 압박이 적게 작용함을 시사한다. ③ 성역할 고정관념에 의한 심리적 압박이나 고통, 사회적 제약, 편견이 여성뿐 아니라 남성에게도 가해짐을 알 수 있다. 우리나라 남성의 성역할 갈등과 도움추구와의 관계에 대한 연구결과를 보면, 성역할 갈등이 높고 우울감이 높은 남자 대학생일수록 도움추구 태도의 점수가 낮게 나타났다(최명식, 1995). 이런 결과도 남성들이 도움을 받으려고 할 때 자신의 문제를 개방함으로써 남자답지 못하다고 다른 사람으로부터 낙인찍히리라는 심리적인 손해를 스스로 예감함을 의미한다.

3 변화를 위한 시도

1) 양성성의 추구

벰(1978)은 양성성을 가진 사람은 완고한 성역할 개념에 구속받지 않아서 다른 성유형의 사람보다 훨씬 적응하기에 좋다고 주장하였다. 남성적인 성유형과 양성적 주체의 사람들이 자립심 테스트에서 여성적 성유형의 사람들보다 더 자립적이었다. 여성적 성유형과 양성적 주체들은 아기와의 상호작용 때 남성적 성유형의 사람들보다 더 양육성을 띠었다. 이처럼 양성적 주체는 자립적이면서도 양육적이며, 유연성을 가진다. 그들은 남성적인 주체처럼 '남성적인' 일을 수행하고, 여성적 주체처럼 '여성적인' 일을 행할 수 있는 것이다.

양성적인 여성들은 성취를 노력 혹은 운이라기보다는 오히려 능력 덕분이라고 생각하고, 실패를 능력의 부족보다는 다른 요인이 있다고 생각하는 점이 전형적인 여성들과 다른 점이다. 양성성과 함께 고려해야 할 개념으로 역경지수(AQ: Adversity Quotient)를 들 수 있는데, 고난에 대한 대응력은 자칫 보면 전통적인 여성다움의 영역으로 간주되지 않는다. 그러나 한국 여성들에게는 오랜 인고를 겪으면서도 위기상황에 '억척스럽게' 대응하여 극복하는 '또순이 기질'이 있음이 인정되어 왔다. 이러한 기질은 전통적인 범주의 여성다움으로 설명되기 어렵다.

한편 아동의 양성성 획득에 미치는 부모의 영향을 살펴보면 아이들에게 양육적이고 많은 관여를 하는 부모들이 남성적이고 여성적인 특성 모두 발달하도록 조장하고(Hetherington, Cox & Cox, 1978; Orlofsky, 1979), 취업모가 그녀의 딸들이 전업주부의 딸들보다 더 양성적으로 성장하는 데 기여하였다(Hansson, Chernovetz & Jones, 1977).

양성적 부모들이 양성적 아이들을 기른다면 높은 자부심을 즐기고 동료들에 의해 호감을 받고, 아주 적합하다고 인지된다. 최근의 연구를 보면 양성적 부모에 의해 양육된 9세의 여아는 성 전형적 부모의 여아보다 성 유형화된 인지 경향이 적은 것으로 나타났다(Baumrind, 1982).

양성성에 대한 개념은 짧은 시간에 많은 연구들을 양산시켜 왔다. 양성적인 사람은 넓고 다양한 환경에도 적응이 가능한 것처럼 보이며, 동성이나 혹은 이성으로부터 거절당할 두려움이 없는데, 이는 여성성과 남성성을 혼합해서 그들의 성격이 형성되기 때문이다. 여성운동이 주장해 왔던 것이 여자도 남자들처럼 자유로워야 한다는 것으로 많은 사람들이 간주하지만 이들 주장 중 간과해서는 안 될 것은 남자가 조금만 더 여성스러워진다면 능력을 훨씬 더 발휘할 수 있다는 사실이다.

벰(1981)은 양성성을 가진 사람이 지닌 적응력은 여성과 남성의 장점을 혼합한 산물이라기보다는 전통적인 성 고정관념에 구속되지 않기 때문이라고 보았다. 점차 많은 여성이 직업상의 성공과 같은 전통적인 남성의 역할을 택하며, 많은 남성이 전통적 여성의 역할, 예컨대 육아와 가사를 수행하고 있음을 볼 때, 과연 전통적인 성역할이 앞으로도 적응적이고 합리적일 것일지는 의심스럽다. 연구에 따르면 성 도식적인 사람이 성에 부적합한 행동을 해야 할 때 거북해하고 불편해한다는 것은 곧 이들의 부적응도가 높다는 의미이다.

심리학자들은 양성성을 가진 사람을 미래의 이상적인 인간상으로 제시하였다. 양성성을 가진 사람은 성별 전형화된 사람에 비하여 타인으로부터 존경을 더 많이 받을 뿐 아니라 스스로도 자부심을 느낀다고 한다. 그럼에도 불구하고 흥미로운 것은 남성성이 여성성보다 심리적인 건강과 더 관련되어 있다는 주장이다. 공존을 위한 윤리가 더 요구되는 미래사회에는 성역할 초월 모형이나 다원주의적 모형이 지향되어야 할 것이다. 또한 현재로서 아동의 양성성 획득에 대한 연구가 미진한 상태이므로 이 분야에 관해 더 많은 연구가 앞으로 이루어져야 할 것으로 보인다.

2) 양성평등 문화의 확산

유아들이 고정적인 성역할의 속박에서 벗어나고 새로운 행동을 시도하기 위해서는 성인들의 격려가 필요하다. 유아들은 의외로 일찍이 사회적 고정관념과 편견에 의해 자아개념과 타인에 대한 태도에 영향을 받는 것으로 밝혀지고 있어 어린 아동을 위한 반편견 교육이 더욱 절실히 필요하다. 3세에 이미 성에 따른 선입견을 나타낼 뿐 아니라 4, 5세에는 어른의 간섭 없이도 다른 유아들 간에 고정적인 성역할을 강화해 가기 때문이다.

그동안 사회문화의 관행 속에 존재해오던 이분법적 성역할 고정관념에 대한 문제제기는 미래세대의 주역이 될 유아들을 위한 성평등 문화 지향의 새로운 비전을 제시하는 것이다. 성 고정관념적 사고를 완화하는 데 평등주의적 성역할 모델로 구성된 그림동화를 효과적으로 사용한 연구도 있지만 문제 제기 차원에서 부정적-긍정적 부모상을 모두 제시한 그림동화에 대한 분석 연구도 행해지고 있다(성구진, 1995; 황지현, 2002; 김은정 외, 2012; 이란과 현은자, 2015). 이런 연구들에 의하면 성 편견 없는 동화와 이야기 나누기에 참여한 유아들은 참여하지 않은 유아들보다 성역할 고정관념, 성역할 식별에 있어서 고정관념이 미치는 효과가 적었으며, 반편견교육은 성 고정관념이 컸던 유아집단에 더 효과가 큰 것으로 나타났다. 성편견적 책을 배제하는 기준으로는 ① 삽화 관찰: 남성은 활동적 행위자, 여성은 소극적 방관자로 그려졌는가? ② 이야기 검토: 성격특성과 줄거리 구상에 성역할이 필연적인가? 성역할이 변경되어도 같은 이야기가 말해질 수 있는가? ③ 인간관계: 전통적인 성별 분업을 강조하는가? ④ 자아상에의 영향: 여아의 자아개념과 포부에 제한을 주는 묘사가 있는가? ⑤ 작가나 삽화가의 배경: 남녀 평등주의적 관점을 지녔는가? ⑥ 용어 관찰: 성차별적 용어를 쓰고 있는가? 등이 있다(성구진, 1995).

　　그러나 단지 성 편견을 배제한다는 기준에서 예외적으로 고려해야 할 그림
책으로 앤서니 브라운(A. Browne)의 그림책들이 있다. 그의 그림책에는 가족 간
의 놀이성(playfulness)과 긍정적－부정적 어머니상과 아버지상이 모두 출현되는
데, 이에 대한 논의를 통해 유아가 긍정적인 부모상을 확립하는 데 긍정적 영향
을 받을 수 있다. 이란과 현은자(2015)는 앤서니 브라운의 그림책이 다양하게 묘
사하고 있는 부정적 있는 부성성의 통합적 의미를 이해하고 그 심층적 의미를
탐색하였다. <돼지책>과 <동물원>에 등장하는 아버지들은 모두 여성성을
사건 전개나 사회구조에서 주변부로 밀어내고 있어 가부장적인 가치관을 갖고
있다. 먼저 <돼지책>을 분석해보면, 가부장적 남성성은 전근대적인 부성이고
반드시 변화되어야 할 과제를 안고 있는 가치이며, 가족주의적인 가치로의 부성
변화가 가정의 행복을 가져온다는 담론이 내재되어 있다. 한편, <동물원>에
등장하는 아버지는 시종 전혀 변화하지 않는 자기중심적 아버지상을 보여주고
있다. 지배적이고 공격적인 성향을 가지고 자녀와 소통하지 못하고 가족과 정서
적으로 괴리되어 있으며, 호랑이에게 야옹이라고 부르며, 킹콩 흉내도 내는 허
세를 보인다. <돼지책>에서는 무엇보다 이러한 행복을 위해서는 부성뿐 아니
라 모성도 자기 자각을 통하여 양성적 부모로 전환되어야 한다는 점이 강조되는
반면에 <동물원>에서의 아버지는 자기도취 상태로 희화화되고 있다. 이러한
발견들은 앤서니 브라운의 그림책을 교육현장에서 활용하기 위한 비판적 독서
행위 등의 교육적 제안들을 시사한다. 그렇게 함으로써 그림책 읽기가 민주적이
고 평등한 성역할 행위로 이어지며 미래지향적인 성역할 표상에는 자녀들의 성
역할 사회화 모델로서의 가치가 부여되는 것이다.

　　유아기의 성역할 개념의 발달은 자신의 성을 남성 또는 여성으로 정의하고
다른 사람의 성을 알아내는 능력인 성 정체성을 갖게 되는 만 2.5세에서 4, 5세
때 성 안정성, 만 6, 7세까지 성 일관성이 획득되는데, 이 시기의 유아를 교육할
때 교사는 다음과 같은 양성평등교육의 목표를 설정하는 것이 중요하다
(Derman－Sparks, 1989).

　　첫째, 단순히 유아의 성별 때문에 여러 가지 면의 발달이 제한되지 않도록
제한적이고 고정적인 성역할 규정에서 자유롭게 한다.

둘째, 생물학적인 정체감과 성역할 사이의 관계에 대한 명료함을 얻게 함으로써 유아의 건전한 성 정체감을 갖게 한다.

셋째, 신체적·인지적·정서적·사회적 성장을 위해 필요한 활동들에 개개의 유아가 참여할 수 있도록 촉진하며, 양성 모두에게 동등한 발달을 조장한다.

넷째, 남녀 차별주의자의 고정화된 말과 행동에 도전하는 방법을 유아에게 가르친다.

이러한 목표를 달성하기 위한 실제적인 방법으로써 반편견 교육과정의 내용을 일상생활과 유치원 일과에 통합시킬 것을 제안하고 있다.

① 남녀 아동에 대한 고정화된 성을 반박하는 그림책을 읽게 한다.

② 다양한 남녀 아동과 성인의 사진으로 책을 만들어 본다.

③ 가정과 직장에서 같은 종류의 일을 하고 있는 남녀의 사진과 그림들을 전시한다.

④ 남자 승무원·남자 간호사·남자 비서·여성 건축노동자 등의 비전형적인 직업을 가진 가족구성원을 초청해서 학급의 유아와 대화하게 한다.

⑤ 학급 일에 있어서 여아, 남아가 똑같은 일을 수행하도록 일을 교대하게 한다.

⑥ 유아가 성에 제한되지 않고 놀이할 수 있도록 영역을 재조직하고 남녀 유아의 다양한 놀이선택을 격려한다.

⑦ 새로운 활동을 시도하는 데, 주저하는 유아에게는 교사 개입을 통하여 개개 유아가 다양한 활동을 시도하도록 촉진한다. 예컨대, 일주일에 하루는 '모든 아동들이 블록을 가지고 노는 날'로 기획해 볼 수 있다.

⑧ 대집단에서 노래하거나 손유희를 할 때 성별의 구분이 없도록 단어를 수정하거나 첨가한다.

1997년 IMF 경제 불황이후 우리 사회는 남성 가장의 가족임금제를 기반으로 한 여성의 가족 안에서의 무급 돌봄 노동이라는 전형적 성별 분업은 무너져 왔다. 현재 대학생들이 사회구성원이 되는 미래사회에서는 여성들의 사회활동 참여율은 더욱 높아질 것이고, 그에 따른 맞벌이 부부의 증가, 독신가구의 증가 등으로 인하여 기존의 '남성=바깥 일, 여성=집안 일'이라는 전통적인 성별 분업적 역할구분은 더욱 희미해질 것이다. 여성의 사회활동 참여가 증대되면서 가정 내의 가사일을 남녀가 공동으로 분담해야 한다는 사회적 의식의 변화가 보여지고 있다(이수연 외, 2014). 한국여성개발원에서 2001년 중고생 3,053명에게 실시해본 남녀평등의식 조사 결과를 보면, 성인에 대한 조사와 마찬가지로 남자보다는 여자가 더 평등의식을 가졌지만 하위척도별로는 다른 양상을 보였다. 성인여성의 경우는 가정생활척도에서 가장 평등적이었고, 그 다음 학교, 직업, 사회문화 순이었으나, 여학생집단에서는 직업생활척도가 가장 평등적이었고 그 다음 가정, 학교, 사회문화생활 순이었다. 이러한 결과는 여학생들의 성 평등의식은 여성의 사회진출과 동등한 제도적 권리 보장이라는 가치에 기반을 두는 것으로 보인다(김양희 외, 2002). 성인 남성의 경우는 학교, 가정, 직업, 사회문화였으며, 남자 청소년의 경우는 학교, 직업, 가정, 사회문화의 순으로 약간의 차이를 보였다. 이것으로 남성에게는 사회문화영역에서의 남녀를 차별하는 의식이 성 행동이나 문화규범과 관련하여 강하다는 것을 알 수 있다.

　　2014년 우리나라 청소년 통계에서는 이들은 91.7%가 양성평등을 지지하지만, 집안일은 여성 몫이라고 응답한 남자 청소년의 비율이 여자 청소년보다 더 높게 나타난 바 있다. 이는 '지향과 행동 사이의 불일치'(한겨레, 2014년 7월 10일)로 볼 수 있다. 남학생들은 형식적 평등에 대한 의식은 높여왔지만, 그럼에도 불구하고 성역할에 있어서는 고정관념의 영향이 큰 것으로 보인다. 2009년 성인지 통계자료를 보면, 여성의 평균 가사활동 시간은 3시간 정도이며, 가사활동 비율은 51%이었으며, 2012년 기준 기혼여성의 가사 분담률은 81.9%, 가족생활만족도는 56.8%, 가족관계만족도는 65.5%로 나타났다. 이를 통해 많은 여성들이 여전히 가사부담에 만족하지 못하며 남녀역할 분담에 대해 불만족하는 것을 볼 수 있다. 예전의 결과보다는 개선되고 있지만 가정과 사회에서 성역할 고정관념에 의해 불평등한 상황에 처해 있는 현실을 알 수 있다. 이에, '유연한 젠더 질서'를 위해 변화되어야 할 대상은 여성이라기보다는 남성이며, 남성들의 성 평등의식을 형식적 평등에서 실질적인 평등이 되도록 양성 평등의식 형성을 위해 개인적 차원뿐 아니라 교육, 사회문화, 정책적 차원에서의 방안이 마련되어야 할 것이다.

　　자신과 주변 인물들의 양성평등의식을 점검해보려면 간편체크리스트를 활용해 볼 수 있다([표 5-5] 참조).

표 5-5 양성평등지수 간편 체크리스트

[보살핌과 노동]

1. 요리와 식사준비는 여성이 하는 것이 바람직하다.
2. 맞벌이 하는 남성이 빨래나 청소 등 집안일을 하고 있는 것을 보면 불쌍하게 느껴진다.
3. 노부모를 위한 식사나 대소변 시중은 여성이 하는 것이 자연스럽다.
4. 자녀가 어릴 때 어머니는 양육에 전념하는 것이 좋다.
5. 여성이 직업과 가정의 양립문제로 고민하면 퇴직하라고 권하는 것이 좋다.

[직업의식]

1. 보직이나 승진에서 여성이 불리한 것은 직업능력이 떨어지기 때문이다.
2. 출산휴가나 육아휴직을 다 찾아 쓰는 여성은 직업의식이 부족하기 때문이다.
3. 민원접수나 안내 업무는 여성에게 더 적합하다.
4. 기획, 예산, 인사, 감사 부서에는 남성이 더 적합하다.
5. 남성은 시간외 근무를 하기가 수월하므로 중요한 업무를 맡는 것이 당연하다.

[사회문화]

1. 정치는 남성의 영역이다.
2. 출산과 양육은 사회보다는 개인의 책임이다.
3. TV나 대중매체는 남성다운 남성, 여성다운 여성의 모습을 자주 보여 주어야 한다.
4. 성폭력이나 강간은 대개 피해여성의 옷차림이나 행동이 원인이 된다.
5. 우리사회의 양성평등실현은 나의 실천과 관계가 없다.

[부부관계]

1. 가족부양에 대한 일차적 책임은 남성에게 있다.
2. 주택이나 자동차구입 등 규모가 큰 지출은 남편이 결정하는 것이 좋다.
3. 부인의 수입이 남편보다 더 많으면 남편의 자존심은 손상당한다.
4. 재산은 남편 명의로 하는 것이 자연스럽다.
5. 여성은 친정보다 시집 행사에 우선적으로 참여해야 한다.

[판단기준]

▸ 11−20점: 성별에 얽매인 상태. 한 번 더 일상생활을 반성적으로 살펴볼 필요가 있음.
▸ 6−10점: 의외의 구석에서 성별에 구애를 받음. 남녀평등을 보다 지향해 볼 것.
▸ 0−5점: 양성평등사회의 실현을 위해 공헌할 수 있음.

국내외 사례조사와 전문가 회의, 일반인 초점집단면접을 통해 양성평등 문화 확산을 위해 제안된 정책과제들(이수연 외, 2014)을 토대로, 성 편견에 구애받지 않고 여성이나 남성이나 자신의 개성을 추구하고 자기능력을 실현하는 실천

방안을 논의해 보고자 한다.

먼저, 성평등 교육의 대상을 확대하는 것이다. ① 앞서, 유아기 교육에서 제안했던 반편견교육의 지침을 초, 중등교육에서의 성 평등 내용에 반영하여 내용을 보완하여야 한다. 입시 위주의 교육으로 정규시간의 확충이 현실적으로 어려운 상황을 감안해 볼 때 학교생활과 학습에서의 성 평등한 생활이 자연스럽게 체화되어야 하며, 이를 위해서는 양성평등 프로그램의 개발과 운영의 개선, 교육자료 개발 등의 교사들의 노력이 필요하다고 보고 있다. 각급 학교의 교과서 제작에도 '성 평등적' 의식 또는 '여성주의적' 의식을 가진 집필진이 많이 참여하여 성 평등한 시각을 가지고 내용 구성 및 삽화 선택을 하여야 한다. 또한 유치원부터 각급 학교의 교사에게 양성평등교육 연수 기회에 참여하고자 하는 동기를 강화하여 성 차별 없는 양성평등적 시각에서 격려하고 성장기의 학생들에게 성 차별적이 아닌 진로의식을 부여해 진로설정에 도움을 줄 수 있도록 하여야 할 것이다. 우수한 여학생들도 표면적 또는 잠재적 교육과정을 통한 성역할 사회화과정에서 남학생과 차등적인 진로에 대한 언급 등 아주 미시적인 차별화에 의해서도 쉽게 영향을 받기 때문이다. ② 취업 위주의 요즈음 대학교육이라 해도 특히, 교원양성대학에서는 독립된 교과목이 아니더라도 양성평등 관련과목을 교양 필수나 전공필수과목과 연계하여 다루어야 한다는 견해이다. 양성평등의 시각에서 직종개발 정보제공과 동기부여가 필요하다. 특히 여성의 감수성으로 직업적 성공이 가능한 미래 유망직업 분야에 대해 일깨우고 여성 미진출분야로의 진출동기를 부여하는 것이 요청된다. 남녀대학생을 대상으로 한 젠더 의식 훈련으로는 남녀 파트너십 훈련, 직업세계 관련 젠더 직업의식 훈련과 남녀 의사소통 훈련, 경력 단절 문제 이해 및 예방 프로그램, 출산, 양육 등 고려한 생애설계 실습을 들 수 있다. 이외에도 직무능력 훈련을 포함한 개인별 커리어개발, 지역사회 대졸여성 대상 취업준비를 위한 커리어개발이 확산되어야 할 것이다. ③ 직장 내 성 평등교육 실현을 위한 양질의 자료 마련과 신입사원 교육연수에서 성 평등 대면교육, 여성들을 위한 직업의식교육 강화가 필요하다. 퀴즈와 미션게임이나 연수에 대한 포인트 적립 등의 전략을 사용할 수도 있다. 일의 세계에서의 여성의 역할에 대한 남성과 여성 모두 재사회화가 필요하다. 여성들은 보호받아야 한다는 의식을 탈피하고 평등적 사고와 책임을 수행하기 위해서는 남성의 역할과 여성 직업의식교육 강화가 필요하다. 일의 세계에서의 여성의 역할에 대한 남녀 양성의 재사회화가 필요하다. 여성들이 보호받아야 한다는 의식을 탈피하고 평등적 사고와 책임을 수행하기 위해서는 남성의 역할과 여성자신의 역할에 대한 재사회화가 이루어져야 하며, 남성 또한 '직장의 꽃'이나 '남성의 보조역'으로 직장동료인 여성을 대해서는 안 될 것이다. 또한 일부 직장에서 여성 성희롱과 밀접한 회식 문화의 개선이 요구된다. 남성 중심의 회식을 여성과 남성이 함께 즐길 수 있는 대안적 문화로 변화되도록 지속적인 캠페인을 벌여야 한다. 그간 효과적인 것으로 평가받아온 캠페인인 선언문 작성하기, 지인에게 웹카드 보내기, 자신의 회사 홈페이지에 캠페인 배너 달기 등을 활발하게 전개한다. 이로써 여자직원들을 불편하게 하는 위계적 회식문화가 개선되고 공연 관람 등 새로운 회식문화의 출현, 2, 3차로 이어지는 관행의 해소가 기대된다. ④ 군인, 경찰, 성매매 및 다문화 업무담당자 등 특수 분야에 근무하는 이들을 대상으로 맞춤형 성 평등 프로그램을 개발하여 성인식 전환을 위한 노력이 필요하다.

둘째로, 성평등 의식의 확산을 위해 일반인들의 여가와 문화 향수 방식의 변화를 유도해야 한다. 일상생활 속에 양성평등의식이 수용되기 위해서는 이러한 문화운동은 재미와 오락 추구 활동이 병행되어야 한다. 스토리텔링 사례의 프로그램 포맷, 플롯, 시나리오 등을 양성평등한 콘텐츠로 제작하도록 지원하고 양성평등주간을 정해 캠페인을 하고 양성평등한 식단 출시와 판매, 문화콘텐츠의 제공 및 할인 행사, 성 평등한 영화 정기 상영관 운영 등 문화 생산의 지원사업의 활성화가 제안된다.

셋째로, 관행적으로 여겨지던 성차별적 문화적, 공학적 환경의 개선이다. ① 여성 문화와 문화재 발굴과 선구적 여성상의 개발이다. 현행 교육과정 속에 제시된 여성 인물들은 그 수에 있어서 빈약할 뿐 아니라 미래사회의 변화에 적응하고 자기실현적 삶을 사는 모델로서 적합하지 않다. 각계 각 분야에서 적극적으로 자기능력을 실현하고 이웃과 사회에 공헌하고 있는 여성을 발굴하고 이들에 대한 자료를 모으거나 직접 탐방하는 기회를 모색하도록 하여야 한다. ② 성 평등 제품 개발과 성 평등 디자인 확산도 한 방편으로 여겨진다. 남성용 우산과 성 중립적 장난감, 남성용 고무장갑과 남성용 치마 등 창의적인 성 평등

디자인에 대한 보급으로 일상에 스며드는 양성문화 확산 노력이 필요하다.

넷째로, 새로운 성 평등 패러다임을 제시하여야 한다. ① 남성 대상으로 한 성 평등프로그램들이 필요하다. 남성이 갖고 있는 성공에 대한 강박관념과 가족에 대한 책임 콤플렉스를 완화하기 위해서는 여성과 남성 모두 독립성과 의존성, 지배성과 복종성 등으로 양분하는 이원적 신화나 미화를 극복할 수 있는 아버지 프로그램이 필요하다. 여성의 삶도 복(福)에 의존하는 수동적 삶이라는 인식을 강조하기보다는 삶의 문제에 적극적으로 대처하고 주변인물을 변화시키며, 자신 발전을 위해 '덕'(德)을 쌓고 베푸는 주체적 삶임을 강조해야 할 것이다. 많은 연구에서 밝혀진 것과 같이 아버지는 어머니에 비견할 만큼 자녀의 성역할 발달에 매우 중요한 역할을 하므로, 자녀를 양성적인 인간으로 성숙시키는 데 아버지가 적절한 도움을 주도록 남녀 양성에게 부모교육을 강화하고 프렌디(Frienddy)한 부성, 탈권위적이고 감성표현이 익숙한 부성상을 전달하는 것이 필요하다. 이외에도 지자체의 여가프로그램이나 평생교육에서도 주부 위주의 프로그램 운영을 탈피하고 오히려 과도기적으로 남성 참여영역을 보장해주는 것이 필요하다. ② 성 고정관념을 타파하는 직업 분야의 경력개발지원을 마련해야 한다. 외국에서 흔히 보는 여성의 진출 분야인 버스나 트럭 운전기사나 중장비기사, 또는 남자 네일리스트나 원예가, 남자 보육교사 등, 성 고정관념 때문에 우리나라에서는 진로가 제한되었던 분야에 대해서도 전향적으로 직업전문학교나 경력개발센터에서 다양한 교육 기회를 열어주자는 제안이다.

끝으로, 성 평등 실현을 위한 일반인의 참여를 동기화하는 서비스 구축이 필요하다. 이를 통해 성 평등 주제별로 아이디어 온라인 공모전이라든가, 커뮤니티 게시판, 웹툰 서비스, 동영상 등의 생활 속의 성 평등 서비스와 생활정보 제공이 가능할 것이다(이수연 외, 2014). 이뿐 아니라 성평등 정책을 위한 제안이나 성차별적 언행 제지를 위한 모니터링이 여성기관이나 학부모에 의해 이루어져야 할 것이다.

토론 및 연구 과제

1. 자신이 갖고 있는 여성콤플렉스 또는 남성콤플렉스를 진단해 보고 어떻게 연유되었는지 성찰해 보자.
2. 대학생활 또는 사회문화생활 중에 경험한 성차별 사례들을 나누어 보자.
3. 자신은 여성성, 남성성, 양성성 중 어떤 성향이 강한 사람인가 평가해 보고, 타인과의 관계맺음에서 경험하는 문제점을 진단해 보자.
4. 주변 인물들에게 양성평등 체크리스트를 활용해 보며, 양성평등을 위한 대안들을 토론해 보자.
5. 일상생활의 변화를 가져올 수 있는 양성평등 문화 구축을 위한 아이디어를 토론해 보자.

참고문헌

김양희, 이수연, 김혜영(2002), 「청소년용 한국형남녀평등의식검사(KGES – A」, 서울: 한국여성개발원.

김양희, 정경아(1999), 「한국형남녀평등의식검사」, 서울: 한국여성개발원.

김은정, 방희정, 안재원, 김미주, 오수경, 신다원(2012), 창작 그림동화책에 나타난 아버지 역할 분석, 「한국심리학회지:여성」, 17(2), 191 – 207.

방희정(1996), "성 고정관념: 남성다움과 여성다움의 실제," 김태련 외, 「여성심리」, 서울: 이화여대 출판부.

성구진(1995), "반편견(anti – bias) 그림동화가 유아의 성역할 고정관념에 미치는 영향," 이화여대 대학원 석사학위 청구논문.

손강숙, 정소미(2016), "여대생의 성역할 고정관념과 데이트폭력허용도의 관계에서 성적 자기주장의 매개효과," 「한국심리학회지: 여성」, 21(3).

양은별, 진미선, 오수경, 박시하, 정익중(2014). "청소년의 성역할고정관념이 낙인을 매개로 비행에 미치는 영향: 성별차이를 중심으로", 「아동학회지」, 35(5), 99 – 111.

여성을 위한 모임(1994), 「일곱가지 남성 콤플렉스」, 서울: 현암사.

_____(1995), 「일곱가지 여성 콤플렉스」, 서울: 현암사.

윤진, 최정훈, 김영미(1989), "성역할 고정관념과 남성의 스트레스와의 관계 – 남성 스트레스 척도개발과 관련변인에 대한 탐색적 연구." 「한국심리학회」, 4, 70 – 83.

이란, 현은자 (2015), "Anthony Browne 그림책에 나타난 부성성의 기호학적 연구— < 돼지책 > 과 < 동물원 > 을 중심으로", 「유아교육연구」, 35(3), 127 – 150. 한국유아교육학회.

이수연 이혜림, 강혜란, 김미경, 김하얀(2014). 「양성평등문화 확산을 위한 정책과제 개발」, 서울: 한국여성정책개발원.

임현주(2015), "유아의 성별에 따른 내재화,외현화 문제행동에 영향을 미치는 변인에 관한 연구", 「유아교육연구」, 35(2), 97 – 115 한국유아교육학회.

정해숙, 마경희, 최윤정(2013), 「초중등학교 양성평등교육 활성화 방안」, 서울: 한국여성정책개발원.

지현경, 김희진(2003), "유아용 검사도구에 나타난 성역할 고정관념 분석", 「교육과학연구」,   34(3), 155－171, 이화여자대학교 사범대학 교육과학연구소.

최명식(1995), "남성 성역할 갈등이 도움추구태도에 미치는 영향—우울과 자아존중감과
    의 관계를   중심으로," 연세대학교 대학원 석사학위 논문.

카플란, A. G. 외(1990), 「性의 심리학」, 서울: 이화여대 출판부.

현대리서치연구소(2002). "공직사회 양성평등의식 및 여성공무원 근무만족도 조사." 행정
    자치부. http://www.mogaha.go.kr/warp/webapp/board/notice

황지현(2002), "가정과 연계한 성평등 동화활동이 유아의 성역할 고정관념에 미치는 영
    향," 연세대학교 대학원 석사학위 논문.

Bem, S. L.(1978), "Beyond Androgymy: Some Presumptuous Prescriptions for a
    Liberated Sexual Identity," In J. A. Sherman & F. L. Denmark(eds.), *The
    Psychology of Women: Future Directions in Research*, New York: Psychological
    Dimensions.

_____(1981), "Gender Schema Theory: A Cognitive Account of Sex－typing,"
    Psychological Bulletin, 88, 354－364.

Best, D. L. and Williams, J. E.(1993), "A Cognitive Account of Sex Typing,"
    Psychological Review, 88, 4, 354－364.

Derman－Sparks, L. and A. B. C. Task Force(1992), *Anti－bias Curriculum: Tools for
    Empowering Young Children*, Washington, D.C.: NAEYC.

Edelbrock, C. and Sugawara, A. I.(1978), "Acquisition of Sex－typed Preferences in
    Preschool－aged Child," *Developmental Psychology*, 14, 614－623.

Essed, P., Goldberg, D. T. & A. Kobayashi Eds.(2009). *A Companion to Gender
    Studies*. Oxford: Wiley－Blackwell.

Hansson, R. O., Chernovetz, M. E. and W. H. Johns(1977), "Maternal Employment
    and Androgyny," *Psychology of Women Quarterly*, 2, 76－78.

Shaffer. D. R.(1988), *Social and Personality Development*, 2nd ed., Percific Grove,
    C.A.: Brooks/Cole Publishing Co.

제 3 부

현대사회와 여성

제3부 현대사회와 여성에서는 가족, 법과 정치, 여성의 경제활동 및 여성운동을 다룬다.

제6장에서는 가족에 대한 정의와 이론의 변천을 중심으로 가족연구의 흐름을 살펴본 후, 한국사회에서의 가족변화를 구체적으로 소개하고 앞으로 나갈 방향을 제언하였다. 전형적 가족이론의 해체와 다양한 가족 가치관 소개와 새로운 관점의 적용은 한국의 가족 연구에 있어서도 시사하는 바가 크다. 구조, 기능, 내용 면에서 혼재된 양상을 보이는 한국가족의 변화를 자세히 소개함과 동시에, 과도기에 있는 한국가족의 정체성 확립을 위한 제언을 하였다.

제7장에서는 법과 정치제도를 한국여성의 법적 지위와 정치활동 측면에서 다루었다. 여성과 관련된 가족법, 남녀고용평등법, 성폭력법 등의 제도와 그 실천은 여성의 권익을 보호해 주는 역할을 제대로 하고 있나 살펴보았다. 또한 한국여성은 민주주의 사회에 존재하면서도 정치에 대한 접근이 사회구조적으로 용이하지 않은 상황에서 정치활동의 현황과 문제, 그리고 정치참여의 의의를 진단해 보았다. 법과 정치는 바로 여성들의 일상적인 삶과 가장 밀착되어 있는 영역임을 강조하고, 여성의 법적 · 정치적 역량을 강화할 수 있는 방안을 고찰해 보았다.

제8장에서는 여성의 경제활동을 현대사회의 직업구조와 관련시켜 살펴보았다. 현대사회의 특징이 개방사회, 능력사회, 전문가사회이므로 여성의 직업적 지위는 선택에 의해 결정된다는 점을 강조하였다. 여성경제활동의 현황을 고용구조, 근로조건 등에서 살펴보고, 여성취업의 현황과 제4차 산업혁명의 인공지능시기 인적자원 전망을 문제를 고찰하였다. 앞으로 여성에게 직업은 선택이 아닌 필수로 부각될 것이므로 여성 경제활동의 활성화를 위한 방안을 제시하였다.

제9장에서는 여성과 사회변혁에서는 여성운동, 한국사회의 변화, 그리고 정보화 시대와 여성의 사회진출을 다루었다. 한국의 여성운동은 인간해방이라는 근본적 취지에 있어서는 서구의 여성운동과 다르지 않지만 서구사회와는 다른 역사적 맥락에 대한 이해가 없이는 한국여성이 겪었던 삶이나 여성운동의 성격에 대한 체계적 분석이 불가능하다. 특히 21세기 여성운동의 성격 변화가 일상에서의 성 차별에 대한 저항이나 성인지적 국가 정책에 대한 요구를 중심으로 일어나고 있는 점에 주목해서 개인의 차이나 다름을 인정하고 수용하는 방향으로 전개되고 있음을 고찰하였다.

한국의 가족제도

1 가족의 의미

인간이 사회에 태어나서 가장 먼저 접하는 곳이 가족이다. 물론 태어나자마자 고아원이나 입양기관으로 보내져서 가족이 없는 경우도 있지만, 대다수의 사람에게 초기 사회화과정에서 가장 중요한 영향을 미치는 곳이 가족이다. 뿐만 아니라 형태나 성격이 바뀔지라도 가족은 한 개인의 일생에 걸쳐 가장 사적이고 친밀한 관계를 유지하는 장소이다. 즉, 일반적으로 인간에게 가장 익숙한 장소가 가족이라고 단적으로 말할 수 있다.

이와 같은 가족의 일상적이면서도 친숙한 속성 때문에 가족이 무엇을 의미하는지 질문하면, 누구든지 쉽게 대답한다. 그러나 실제로 가족에 대한 조사를 실시하면 문화 또는 개인의 가치관이나 생활양식에 따라 가족을 이해하는 데 있어서 많은 차이점을 발견하게 된다. 먼저 문화적 차이에 따른 상이한 가족이해와 관련된 예들을 생각해 보자. 나이지리아의 이슬람교도들이나 조선시대의 양반들에게는 축첩제도가 인정이 되어서 한 남성이 여러 아내를 두는 것이 사회적으로 허용되었다. 하지만 현대의 서구국가에서는 이러한 관습을 찾아보기 힘들 정도로 일부일처제 규율이 엄격하게 지켜지고 있다. 또한 고대의 이집트나 하와이의 왕족에서는 가족의 권력이나 재산을 유지하기 위한 수단으로 형제−자매 간의 결혼이 허용되었다. 그러나 한국에서는 동성동본혼인금지법이 철폐된 1997년 가을까지만 해도 성과 본이 같다는 이유만으로도 법적으로 결혼이 금지되었다. 게다가 미혼모, 동성애자, 모자가구 등에 대한 평가나 인식, 사회적 지원망, 국가정책에 있어서도 나라별로 상당한 차이를 보이고 있다. 이외에도 가족과 관련된 사회적·문화적 차이에 관한 예를 들자면 무수히 많다.

뿐만 아니라 동시대에 같은 사회에서 생활하는 사람들 사이에서도 어떠한 가구나 가족형태를 유지하고 있는지 또는 어떠한 가치관을 지니고 있는지에 따라서 가족에 대한 태도가 다르게 나타나고 있다. 즉, 현대사회에서는 가족에 대한 의식과 태도에 있어서 계층별·세대별·성별 다양성이 두드러지는 경향을 보인다. 그러므로 과거와 같이 핵가족이나 확대가족을 가족의 전형으로 삼아서 다른 유형의 가족이나 가구를 평가하기가 어렵다. 그 결과, 우리가 가족을 논의할 때 과연 어느 범주까지를 가족으로 인정하느냐에 대해서는 사회마다 차이가 있으므로 많은 논란의 여지가 있다.

전통적으로 가족이란 "혈연·결혼·입양에 의해 관련지어진 두 사람 이상이 함께 사는 것"을 의미하였다. 초기의 가족학자들은 가족은 인간의 생활에 없어서는 안 되는 필요 불가결한 기본적인 사회제도로 받아들였다. 그렇다면 왜 가족을 원초적인 사회제도로 당연시하였는지 생각해 볼 필요가 있다. 이들은 가족이 인간의 가장 기초적인 [표 6−1]의 다섯 가지 요구를 충족시키는 곳이라는 점에 주안점을 두었다.

[표 6−1]에서 제시한 바와 같이, 가족은 성애를 중심으로 한 정서적 유대관계의 유지뿐만 아니라, 서로 돌보고 보호하는 부양의 의무도 지니며, 자녀를

: 표 6-1 전통적 관점에서 이해한 가족의 기본 역할

① 가족은 '성행위의 규제'를 가능케 한다. 모든 사회는 특정한 친척과는 성적행위를 해서는 안 된다는 금기사항과 함께 성적 관계를 맺을 수 있는 범주를 규정해 놓는다. 부부는 혼인과 함께 상대방의 성에 대한 소유권을 인정받는다.

② 가족은 '재생산 기능'을 수행한다. 사회가 한 세대에서 다음 세대로 전수되기 위해서는 사회성원들을 끊임없이 재생산함으로써 새로운 세대로 대체하기 위한 노력이 필요하다. 한 예로, 전통 중국사회나 한국사회에서는 조상숭배의 중요성을 강조함으로써 재생산의 필요성을 끊임없이 주지시켜 왔다.

③ 가족은 '자녀의 사회화'를 위해서 중요한 역할을 담당한다. 과거나 지금이나 가족은 한 사회의 문화를 부모세대에서 자녀세대로 전수하는 주요 기관이다. 가족은 자녀에게 문화나 가풍을 전수함으로써 한 개인이 사회에 쉽게 적응할 수 있도록 돕는 역할을 수행해 왔다.

④ 가족구성원은 서로 '돌보고 보호하는 역할'을 책임지고 있다. 이는 의식주에 있어서 전적으로 타인에게 의존하게 되는 영아기와 유아기 동안뿐만 아니라, 성인기에 병과 신체적 기능저하로 인하여 타인에게 의존하게 될 경우 가족은 상호 돌보고 보호할 책임감을 지닌다.

⑤ 가족은 '개인과 사회의 연결고리'로 작용한다. 개인을 사회와 연결지어서 사회구조 내의 지위를 획득할 수 있도록 동기를 부여한다. 우리의 민족, 인종, 종교, 공동체 소속과 같은 타고난 속성은 가족성원에 속함으로써 갖게 된다. 또한 가족은 개인의 사회적 이동을 촉진시키는 결정적인 역할을 해 왔다.

양육하고, 경제적 자원을 공유하는 기본적인 사회단위로 인식되어 왔다. 즉, 경제적·정서적·노동 서비스를 서로 제공하며 공유하는 협동체로 규정되어 왔다. 하지만 이와 같이 단순하고 단지 효율적이기만 한 정의는 가족이 개인의 삶에 대해서나 사회전체에서 실제로 수행하는 역할을 잘 나타내지 못한다는 비판을 받게 되었다.

초기 가족학자들은 가족의 이상적인 측면만을 중시하여 사회적 안정을 성취하는 가장 기본적인 제도로 강조하여 왔으나, 오늘날에 와서는 가족의 부정적인 측면도 부각되어서 '갈등과 안정이 공존하는 장'(Thorne and Yalom, 1982)으로 받아들이는 경향이 늘어나고 있다. 그 결과, 최근의 가족사회학자들은 매우 비판적이고 급진적인 관점을 내놓고 있다. 사실상 이는 전통적 가족사회학에 대한 비판적 입장 때문이라기보다는 급속히 변화하고 있는 가족유형이나 다양해진 가정생활의 내용에서 연유한다. 이제, 과거와 같이 하나의 정형화된 가족상을

중심으로 가족을 논하고 대책을 모색하기는 어렵다. 따라서 단일형태의 가족 (family)이 아니라, 다양한 형태의 가족들(families)을 가족연구의 범주에 놓고 서로의 장단점을 비교·모색하고 가족생활의 질 향상을 위한 연구가 필요하다.

이 장에서는 가족연구의 흐름을 살펴봄으로써 가족에 대한 정의가 어떻게 바뀌어 왔는지 파악한 다음, 한국사회에서의 가족변화를 구체적으로 소개하고 앞으로의 가족은 어떠한 방향으로 나아갈 필요가 있는지에 대하여 제언하고자 한다.

2 이론적 관점

가족연구의 접근방법은 연구자가 지니고 있는 이론적 입장에 따라서 달리 나타난다. 가족 사회학자들이 제기하는 질문이나 대답은 이론적 관점에 준하여 차이를 보여 왔다. 왜 우리사회의 가족은 현재와 같은 형태로 구성되어 있는가? 부모와 자녀만으로 구성된 핵가족 비율의 증가를 어떻게 설명할 것인가? 남성은 가장으로서, 아내는 주부로서 역할을 분담하는 것에 대해서 어떻게 설명할 수 있겠는가? 이러한 질문들에 대해 이론적 관점에 따라서 혹자는 분업과 기능적 통합을, 혹자는 권력과 권위의 상이한 분배를 중심으로 설명함으로써 대립된 입장을 표명해 왔다(박숙자 외, 1995).

2차 세계대전 직후부터 비교적 활발히 전개되어 온 가족론을 정리해 보면 구조기능론, 근대화론, 갈등론, 페미니스트 관점, 포스트모던 가족론 등으로 나눌 수 있다. 미국에서는 핵가족의 전성기라고 할 수 있는 1950년대에 구조기능주의 가족사회학이 대두하였다. 당시에 핵가족은 가장 보편적인 사회조직으로 이론화되었으며, 가족은 개인과 사회를 매개하는 기본단위로서 개념화되었다.

하지만 1970년대 들어서 이혼율이 증가하고 근대 핵가족의 해체 징후가 발생하게 되자, 가족을 둘러싼 갖가지 문제에 초점이 맞춰지기 시작함과 동시에 이상화된 가족개념에 대한 비판이 일었다. 1970년대 중반부터는 페미니즘의 영향으로 가족이론에 대한 대대적인 재평가에 돌입하게 되었다. 가정폭력, 육아, 가정주부의 위치 등이 사회문제로 제기되었으며, 이에 대한 대책을 모색하였다. 이 과정에서 가족과 국가의 관계, 공적 영역과 사적 영역의 관계를 재정립하고

자 하는 노력이 일게 되었다. 1980년대에는 포스트모던 관점에서 현재의 가족생
활의 경험을 다루기에 전통적 이론이 적절하지 않다는 점을 강조하여서 다양한
가족생활에 초점을 맞추고 일상의 같음과 다름을 조명할 수 있는 방법론에 착안
하였다. 이러한 가족연구의 커다란 흐름을 염두에 두고 여기서는 구조기능론,
갈등론, 여권론, 포스트모던론의 네 가지 이론적 관점을 중심으로 간략히 살펴
보기로 하자.

1) 구조기능론

구조기능주의 가족이론가들은 가족은 사회유지를 위해 필수 불가결한 기관
으로 인정하고, 가족이 개인의 안녕을 위해서뿐만 아니라 사회의 안녕을 위해
서도 기여함을 강조하였다. 특히 진화론적 해석을 받아들여서 핵가족이 산업사
회에 가장 적합한 구조임을 부각시키는 '핵가족과 산업사회의 정합성'을 주장하
였다.

대표적 구조기능론자인 뒤르켐(Durkheim, 1978)은 가족을 가장 중요한 사회
제도의 하나로 간주하였다. 그는 인간과 인간을 묶는 응집력과 연대성의 기반을
설명하기 위하여 가족문제를 다루었다. 뒤르켐은 부부와 자녀로 구성된 핵가족
을 가부장적 가족관계의 축소에 따른 진보로 이해하였다. 부부가족은 숫자는 줄
었지만, 가족관계는 더욱 강화된 형태라는 점에서 개인 간 연대성의 기반이 될
수 있음을 명시하였다. 특히 성별분업을 부부간에 상호의존할 수 있는 토대로
받아들였다. 뒤르켐은 또한 가족의 물적 기반이 가족성원 간의 응집력을 강화시
킨다고 주장하였다. 가족공동체적 재산에 관련된 통제권 또는 상속제도가 가족
형태를 규정한다고 받아들여서 상속 단위로서의 가족기능을 중시하였다.

뒤르켐의 구조기능주의 이론을 한층 발전시킨 파슨스(Parsons)는 산업사회
가 발달하면서, 과거에 전통가족이 수행했던 많은 기능이 분화되어 전문기관으
로 이전됨을 설명하였다. 전통사회에서 가족은 생산, 소비, 교육, 종교 등 여러
기능을 수행하였지만, 산업사회에서는 공장, 시장, 학교, 교회 등이 각 기능을
전담함으로써 가족은 사적 영역으로서의 고유기능만이 남게 된다고 보았다. 이
와 같이, 가족의 기능은 축소되는 반면, 애정을 중심으로 한 정서적 기능은 여전
히 가족의 핵심에 남아 있을 뿐 아니라 이전에 비해서도 더욱 강화되는 경향을

보인다. 이에 가족은 자녀 사회화역할과 인성을 안정시키는 역할을 전담하는 중추적인 기관으로 부상된다. 즉, 공적 영역과 구분된 사적 영역으로서의 가족의 중요성이 한층 강조되었다.

이와 같이 두 영역의 분리현상을 당연시 받아들인 파슨스는 남편은 생계담당자로서의 '도구적 역할'(instrumental role), 아내는 가족을 보살피는 '정서적 역할'(expressive role)을 담당하는 것을 핵가족에서의 이상적인 역할분담으로 주장하였다. 파슨스는 부부간에도 분업에 의해 상호의존도를 높임으로써 바람직한 부부관계를 형성할 수 있다고 믿었다(Parsons and Bales, 1955).

이상과 같은 구조기능론자들의 보수적인 입장은 크게 다섯 가지 점에서 후기 학자들에 의해서 비판을 받았다. 첫째, 구조기능론은 핵가족을 미화시켜서 최상의 제도인 것처럼 받아들이고 있다. 둘째, 정형화된 성역할에 입각하여서 성별 분업화를 당연시하고 있다. 셋째, 가정주부의 개념을 모든 여성들에게 적용함으로써 계층 간 여성의 삶에 있어서의 차이나 여성들이 당면한 경제적 필요성에 대해 간과하였다. 넷째, 정태적인 입장을 고수함으로써 가족이 사회의 변화에 따라서 바뀌고 다양해지는 점을 인정하지 않았다. 다섯째, 가족성원 간에 발생할 수 있는 갈등을 설명하지 못한다는 점을 들 수 있다.

2) 갈 등 론

대표적인 갈등론자로는 마르크스와 엥겔스를 들 수 있다. 갈등론자들은 사회변화과정과 연결지어서 가족의 형태와 기능이 계급별로 어떻게 변화하고 있는지에 주목하였다. 이들은 특히 자본주의 사회에서 남편들이 가족 내에서 막강한 권력과 권위를 행사해 왔음을 지적한다. 남편들은 전통적으로 아내의 재산을 통제할 권리를 가졌으며, 의사결정권이 강하며, 아내와 자녀에게 복종을 강요하기도 했다. 하지만 갈등주의자들은 이와 같은 권력의 배분이 특별히 가족의 안정을 위해서 기능적인 측면은 없다고 판단한다. 이는 여성에 비해 사회적으로 유리한 지위를 소지한 남성들이 자신의 이익을 유지하기 위한 수단으로 가족에서의 역할을 재구성한 것으로 이해하고 있다. 즉, 생산에서 소외된 여성들은 사회적으로 경제적 불이익을 경험할 뿐만 아니라 가족 내에서도 불이익을 경험하게 된다는 것이다.

마르크스의 갈등론을 가족과 연결시킨 엥겔스의 가족론은 국가, 사유재산, 가족의 기원 사이의 연관성에 초점을 맞추어서 생산양식의 변화에 따른 가족변화과정을 설명하였다. 우선 엥겔스는 루이스 모간(Morgan, 1975)의 진화론적 관점을 받아들였다. 모간에 따르면, 선사시대에는 이른바 '원시난혼'이라고 불리는 무규율 성교가 주된 관계로 누구나 자유로이 성관계를 가졌기 때문에 실제로 가족이 존재하지 않았다고 한다. 하지만 점차 문명이 발달하면서 성교에 대한 규율이 강화됨에 따라 가족이 주요한 사회제도로 등장하게 되었다고 설명한다. 모간은 가족이 혈연 가족, 프날루아 가족, 대우 혼 가족, 일부일처제의 네 가지 단계를 거쳤다고 추측한다.

엥겔스는 사회발전의 단계를 야만, 미개, 문명으로 나눈 다음 각 단계와 가족제도 간의 연관성 분석을 시도하였다(Engels, 1972). 엥겔스는 결혼제도가 일부일처제로 전환하면서 모권은 붕괴된 반면 급속히 부계권이 강화되었고, 결혼제도의 변화가 명백히 여성에게 불이익을 초래하였다고 해석한다. 그는 일부일처제의 출현이 성애에 바탕을 둔 것이 아니라 경제적 조건에 기초한 것으로 보고 있다. 사유재산이 가능할 정도로 부가 축적되자 남성들이 자식에게 재산을 상속하고자 하는 목적으로 일부일처제를 채택하게 된다. 그 결과, 일부일처제는 여성에게만 요구되었고, 가족 내에서 남성지배를 강화시키는 결과를 초래하게 된다. 사유재산이 없는 여성에게는 일부일처제의 규율이 엄격하게 적용되나, 혼외정사를 할 권리가 관습상 남성에게는 남아 있기 때문에 성에 관한 이중규범이 인정된 상태이다. 흔히 일부일처제로 인하여 산업사회에서 부부간 성애가 강화된 것처럼 생각하지만, 이것은 사실이 아니라는 것이다. 오히려 자본주의 사회에서는 타산적 결혼이 성행하고, 매춘부가 있고, 간통이 존재함으로써 에로스(eros)는 찾기 힘들다는 것이 그의 입장이다. 오직 예외적으로 대대로 물려줄 재산이 없는 피지배계급인 노동자의 부부관계에서만 성애가 중시될 뿐임을 인정하고 있다.

이와 같은 엥겔스의 입장은 가족 내에서 보이는 남성우위 현상이나 성별권력관계에 대해서는 상당히 설명력이 높다. 하지만 그의 이론이 급속히 변화하고 있는 현대사회의 젠더관계를 충분히 설명하지 못하는 부분도 많다. 특히 여성의 교육수준이 높아지고 취업률이 증가하면서 경제력을 지닌 여성군이 생겨나기 시작한 점을 예시할 수 있다. 그러므로 가족관계나 젠더관계를 계층별로 구분해서 보기는 힘들다. 그의 설명과는 대조적으로 자본가 계급이나 중산층 계급에서도 친밀감에 기반을 둔 우애적 부부관계를 발견할 수 있는 한편, 노동자 계급에서도 갈등과 가부장성이 존재하기 때문이다. 계층에 따른 가족관계의 이분화는 경험적 타당성을 입증하기가 힘들다. 따라서 엥겔스는 노동자 가족에서 생겨나고 있는 갈등문제를 애써 피하고 있다는 점을 지적받게 된다. 노동자 가족이 지니고 있는 가부장성의 문제도 자본가 계급의 모순과 마찬가지로 강조되어야 하며, 경제적 빈곤으로 인하여 가족 간의 관계가 악화되어 있는 저소득층의 가족문제에 초점을 맞추기 위해서도 노동자 계급에서의 성애와 갈등을 균형 있게 부각시키는 태도가 필요하다.

3) 여권론적 관점

페미니스트들은 당시에 팽배해 있던 구조기능주의 가족론의 전형적 가족이데올로기에 집중적인 비판을 가하기 시작하였다. 이들은 핵가족의 보편성과 가족 내 성별분업의 정당화에 대하여 의문을 제기하였다. 여권론자들은 기존의 가족제도가 지니고 있는 모순점을 폭로하고 비판적인 입장을 수용하는 점에서는 갈등론자의 입장과 유사하다.

이들이 구조기능론자에 특히 비판적인 이유는 다음의 세 가지로 요약할 수 있다. 첫째, 기능론적 입장에서 성별분업에 기반을 두고 강조해 온 모성애와 가정성의 신성화에 대해 반기를 든 것이다(Thorne and Yalom, 1982). 여권론자의 입장에서는 모성의 미화는 여성을 가정 내에서의 역할에 제약시켜 온 주된 원인으로 파악하고 있다. 모성의 미화는 끊임없이 여성에게 이상적인 여성상을 주입시키고, 이 기준에 맞도록 희생을 강요하는 논리로 작용해 왔다는 것이다. 둘째, 구조기능론자들이 강조한 것처럼 정말 가족은 메마른 세상에서 서로를 보호해 주고 애정으로 감싸 주는 안식처인가 하는 의문을 제기하였다. 한 걸음 더 나아가서, 만약 가족이 안식처라면 이는 누구를 위한 안식처인가라는 질문을 제기하고 이에 대한 답변으로 성별차이에 주목하였다. 여권론자들은 대부분의 남성에게 가족은 명백히 쉴 수 있고 보살핌을 받을 수 있는 곳이지만, 여성에게 가족은 끊임없이 서비스를 제공해야 하고 남편을 만족시켜야 하는 억압적인 장소라고 대답한다. 가족은 여태껏 인식되어 온 것과는 달리 여성에게는 '익숙한 착취'(Delphy and Leonard, 1992)가 일어나는 곳으로 남녀 불평등의 장으로 작용한다는 것이다. 셋째, 과연 부부는 기능론자들의 설명대로 합의에 기반을 둔 분업 상태에 놓여 있는가 하는 점에 강한 의문을 제기한다. 흔히 우리는 가족결정 또는 부부 일심동체라는 용어를 사용하여 부부의 공동결정인 것처럼 다루는 경우가 잦다. 하지만 각각의 결정을 세밀히 들여다 보면, 부부의 평등한 결정이기보다는 가족 내에서 더 많은 권위와 자원을 소지한 남편 위주의 결정이나 의사가 더 많이 반영된다는 점을 알 수 있다.

이상 살펴본 바와 같이, 여권론자들은 일상생활의 많은 부분이 가부장적 사회구조와 가족제도에 의해 끊임없이 영향받고 있다는 사실에 초점을 맞춘다. 이들은 임노동이 중심이 된 자본주의 사회에서 여성들이 경제적으로 남편의 임금에 의존할 수밖에 없는 사회구조에 놓여 있음을 강조하였다. 가족은 노동력 재생산의 장이면서 또한 불평등한 남녀관계의 장으로 부각되었다. 가족 내의 성별 분업은 여성억압을 위한 수단으로 개념화되기 시작하였다. 즉, 가족 내 여성억압은 남성이 여성 위에 군림할 수 있는 사회적 통제의 제도화과정이며, 가부장제는 이러한 여성의 사회적 통제의 이데올로기적 상징으로 설명하였다. 여권론자들은 가족 내 성별역할의 사회화와 연관지어서 여성종속의 문제를 중요하게 부각시키고 있다. 특히 모성 이데올로기에 기반을 둔 어머니역할의 재생산과 어머니의 자녀양육과 관련된 문제점들을 지적함으로써 모성에 대해서도 새로운 해석을 시도한다(Dinnerstein, 1975).

4) 포스트모던 가족론

포스트모던 가족론을 표방하는 학자들은 현대가족의 다양성에 초점을 맞추어서 가족이 더 이상 하나의 동일한 형태로 존재하지 않는다는 기본적인 전제에서 출발한다. 현대사회에서 가족유형과 가족관계가 다양해짐에 따라 정형화된 가족의 이미지에 기초한 이론들은 더 이상 적합하지 않다는 입장이다. 이제 가족은 고정적인 형태를 띠고 있지 않으므로 기존의 이론들이 고수해 온 가족개념에 대한 해체 작업을 시도해야 한다는 것이다. 이들은 구조기능주의론이나 갈등론적 입장에서 지나치게 구조를 중시함으로써 결정론적인 입장을 고수해 왔음을 지적하고 있다. 가족의 개념 또한 '과잉 사회화' 개념에 준하거나 지나치게 구조화된 산물로 다루어져 왔다는 것이다(바렛과 맥킨토시, 1994). 이들은 가족이 사회변화 과정에서 자연스럽게 형성된 제도라는 가정에 도전을 하면서 이제는 정형화된 하나의 가족이 아니라, 현실에서 다양하게 존재하는 가족들이 유동적인 성격을 지니고 있음을 인정해야 함을 주장한다. 특수한 집단의 가족 각각이 형성된 배경과 유형, 가족관계에 대해서 구체적으로 연구할 필요가 있음을 강조한다.

기존의 구조론적인 입장에 대한 포스트모던 가족론자들의 입장은 가족과 관련된 다양한 주제에 대하여 관심을 환기시켰을 뿐만 아니라, 가치개입적인 가족이론에서 벗어나게 하는 계기를 마련한 점에서 긍정적인 평가를 내리게 된다. 이들은 특히 성담론의 활성화를 통해서 성, 사랑, 에로티시즘을 새롭게 조명하였고(기든스, 1996), 성욕망에 대한 입장과 통념에 정면으로 반박하는 글도 발표하였다(푸코, 1990). 뿐만 아니라 성과 모성, 동성애, 임신과 출산, 낙태, 가족의 형성, 대리모, 시험관 아기 등 다양한 주제에 대해 기존의 관점을 해체할 것을 요구하며 새로운 관점과 해석을 시도한다. 특히 영상매체와 텍스트 분석을 통해 가족상을 부각시키면서, 가족에 대한 전통적이거나 전형적인 이미지를 해체시키는 데 기여해 왔다(박숙자 외, 1995).

요약하자면, 현대는 다양한 가족이론이 공존하는 시기이다. 이는 또한 가족에 대한 다양한 입장이 요구되는 때임을 시사하기도 한다. 한편에서는 가족사회학이 근본적인 패러다임의 변화를 보여야 한다는 입장도 일고 있다. 특히 페미니즘의 등장으로 가족생활을 새롭게 조명해 볼 수 있는 길이 열렸다. 하지만 다양한 시각과 다양한 생활양식은 때로는 상반된 평가를 내리고 변화에 대해 상이한 입장을 보이는 계기가 되기도 하였다. 비록 과거와 같이 가족사회학자들이 한 목소리를 낼 수 없다는 점에 대한 아쉬움이나 우려 섞인 비판도 있지만, 포스트모던 가족론은 근대 가족사회학과는 다른 전제를 제공함으로써 가족사회학 분야에 다양한 관점과 쟁점을 인정함과 동시에 가족의 다양성에 대한 이해를 새로운 도전영역으로 부각시키는 계기를 마련하였다(이효재, 1988). 이와 같은 전형적 가족이론의 해체와 다양한 관점의 인정은 한국의 가족연구에 있어서도 시사하는 바가 크다. 이제는 한국가족의 현실에 초점을 맞추어 어떠한 모습으로 변모해 왔는지 살펴보기로 하자.

3 한국사회의 변화와 가족

한국사회가 급속히 산업화되는 과정에서 가족의 구조, 기능, 내용 면에 있어서 많은 변화를 보이고 있다(손승영, 1995). 가족은 소규모화되고 핵가족화하는 경향을 보임과 동시에 비전통적인 가구의 수가 증가하고 있다. 게다가 전통적인 가족 가치관도 공존하고 있어서 점점 그 성격과 내용이 다양해지고 있음을 알 수 있다.

1) 가족구조의 변화

최근 들어 가족구조에 나타난 가장 뚜렷한 변화로는 핵가족화 현상과 가구의 소규모화이다. 확대가족의 비율이 줄어듦에 따라 가족 내 세대관계가 단순화되었을 뿐만 아니라, 친족관계에 있어서도 변화가 일고 있다. 이와 아울러 핵가족이나 확대가족 이외의 비전통적 가구가 지속적으로 늘어나는 현상을 보이고 있다.

첫째, 확대가족의 감소로 인한 핵가족화와 1인 가구 증가 현상이 뚜렷하다. 1960년에 전체가구의 28.5%를 차지하던 확대가족이 2010년에는 6.2%로 크게 줄었다. 반면 1인 가구는 급속히 증가하여 2015년 현재 27.1%인데, 2035년에는 34.3%로 3가구 중 한 곳이 1인 가구일 전망이다(통계청, 2015).

둘째, 가구규모의 축소는 자녀수의 감소와 3세대 확대가족의 비율감소에 의해 동시에 영향받은 결과이다. 출산율을 예로 들면, 가구당 평균 자녀수로 자주 통용되는 합계출산율(Total Fertility Rate)이 1960년에 6.0명이던 것이 1983년에 인구대체수준인 2.01명이다가, 2005년에는 1.08명으로 급속히 줄어서 '저출산 쇼크'로 불리기도 했다. 2015년 현재 1.24명으로 세계 최저 수준을 유지하고 있다(통계청, 2015). 이는 1962년부터 정부에서 적극적으로 실시해 온 가족계획사업에 의해 영향받은 부분이기도 하지만, 일반인들 사이에서 형성된 소자녀관이 급속도로 확산된 결과이기도 하다. 뿐만 아니라 산업화와 동시에 자녀교육과 양육에 대한 기대치가 향상되면서 자녀를 키우는 것이 과거와는 달리 경제적으로 상당한 비용을 요할 뿐만 아니라 시간적으로도 많은 투자가 요구되는 데에 기인한다. 한국의 출산율이 최저수준에 도달하게 됨에 따라 정부에서는 커다란 우려를 나타내기 시작하였다. 지역에 따라서는 출산장려정책으로 지원금을 주거나 물품을 제공하기도 한다. 하지만 일회적인 지원책만으로는 현격하게 줄어든 출산율을 단시일 내에 다시 높이기에는 힘들다고 판단된다.

셋째, 가족형태의 다양화 현상이 초래되어서 독신가구, 노인단독가구, 비혈연가구의 비율이 늘어나고 있으며, 전통적으로 인정받지 못하던 동거가구, 미혼모가구, 편부모가족의 수와 비율이 증가하고 있다. 확대가족이나 핵가족에 속하지 않는 가구의 비율이 1960년에는 7.5%에 머물렀으나 2010년에는 42.5%로 다섯 배 이상 늘어났다. 이는 특히 이혼율의 증대로 인하여 가속화된 가구해체의 결과이기도 하다. 1972년의 경우 혼인 20쌍에 대해 1쌍 정도 이혼하던 것이, 1993년에는 혼인 6쌍에 이혼 1쌍으로, 2012년에는 혼인 2.8쌍에 이혼 1쌍으로 급속히 증가하였다(통계청, 2015).

이상의 결과를 살펴볼 때 우리나라에서도 서구의 산업화과정에서 보여진 핵가족의 증가와 가구의 소규모화에 있어서는 유사한 경향을 보인다. 하지만 핵가족화가 진행되는 과정에서 핵가족의 해체가 동시에 일어나서 비전형적인 가구의 수와 비율이 급속히 증가한 점이 서구의 경험과는 다르다. 서구에서는 핵가족의 전성기를 이룬 후에 서서히 해체기를 맞았다면, 한국에서는 확대가족의 해체로 인한 핵가족화와 함께 핵가족의 해체현상도 동시적으로 일어남으로써 다양한 가구의 혼재양상이 훨씬 두드러진다.

2) 가족기능의 변화

현대사회에서는 의식주를 중심으로 한 가족의 물리적 기능은 약화되고 심리적 기능에 대한 기대는 증대되는 현상을 보이고 있다. 그 결과, 현대가족은 그 어느 때보다도 많은 갈등을 경험하고 불안정성이 증가하는 측면을 보이고 있다. 이와 같이 가치관의 변화로 인하여 가족에 대한 기대가 변화하고 있는 중에서도 우리 사회에서 여전히 가족중심주의 이데올로기가 강하게 작용하고 있다. 여기서는 오늘날 한국가족의 기능 중 가장 중요한 특성으로 여겨지는 혈연관계의 유지 및 존속, 가족지위의 재생산, 경제적 자원과 가사노동 서비스의 공유현상을 중심으로 살펴보기로 하자.

(1) 혈연관계의 유지 및 존속

오늘날의 가족에서도 전통적으로 요구되던 부계혈통의 유지현상은 뚜렷이 지속되는 편이나, 변화의 양상도 보인다(손승영, 2011). 상당수의 한국인들이 집 안의 대를 잇는 것이 중요하다고 여기고 있으며, 제사를 모시기 위해서 아들이 필요하다고 믿고 있었다. 강한 부계 혈통주의와 남아선호사상으로 인해 불법으로 태아감별 검사를 받고 여아를 낙태하는 등의 방식으로 성비불균형 현상을 가중시키는 결과를 초래하였다. 1993년에는 출생 시의 성비는 여아 100명에 대하여 남아가 115.5명으로 성비 불균형 현상이 가장 심각하였다. 이와 같은 출산 시의 성비 불균형이 2002년에는 110.0으로 완화되었으나 향후 결혼 시의 성비 불균형으로 이어져서 2025년경에는 남자 6명 중에 1명이 배우자 부족으로 결혼하지 못할 것이 예상되었다(김한곤, 1994). 예견된 대로 결혼 시의 성비 불균형으로 인한 신부 수 부족현상은 농촌에서 특히 심각하게 나타난 결과, 배우자를 구하기 힘든 농촌 총각들이 여성 배우자를 외국에서 구하게 되었다. 처음에는 농촌 문제를 해결하기 위해 농촌진흥청을 중심으로 지자체에서 국제결혼을 주선하다가 나중에는 민간으로 이양되었고 1990년대 말부터는 국제결혼중개업소가 허가제에서 신고제로 전환되면서 중개업소가 급속히 늘어났다. 중개업소들은 동남아 여성들이 한국여성에 비해 일 잘하고 순수하고 생활력 강하고 남편에게 순종적일 것이라는 이미지를 부각시켰다. 그 결과 21세기에는 한국의 농촌남성과 외국인 여성으로 대변되는 다문화가족이 급속히 증가하여 2011년의 경우 다문화 결혼이 한국 전체 결혼의 9.3%에 이르렀다.

　한국가족의 강한 부계혈통주의에 균열을 낸 획기적 사건은 2005년에 결정된 호주제 폐지이다. 아들을 1순위로 하는 호주승계제도로 인해 여성은 혼인 전에는 아버지 호적에, 결혼 후에는 남편 호적에, 사별하면 아들 호적에 올라야 했다. 여성단체들이 주가 되어서 한국사회의 가부장적 전통을 유지하는 여성 차별적 호적 제도를 철폐하자는 국회 청원의 결과 호주제가 폐지되었다. 2008년 1월 1일부터는 '가족관계의 등록 등에 관한 법률'에 근거하여 새로운 가족관계등록부가 신설되었다. 호주제도 개편으로 인해 이혼 후 어머니의 호적에 자녀를 올리게 되고, 주민등록상에 동거인이 아닌 가족으로 등재할 수 있게끔 변화되었다. 또한 미혼모도 독립된 인격체로 인정해서 출생 등록을 허용함으로써 미혼모의 자녀도 생부나 생모를 기재할 수 있게 되었다. 아직 미진한 부분들이 드러나고 있지만, 호주제 폐지와 새로운 가족관계등록제도의 실시에 따라 과거에 경험했던 성차별적인 사례들이 줄어들고 양성평등하고 민주적인 가족관계를 유지할 수 있는 발판을 마련하게 되었다.

한국사회에서 저출산 현상이 지속되면서 초저출산 국가로 분류되고 있는 2015년 현재의 출생성비는 105.3으로 정상 수준의 성비에 가깝고 통계적으로 제시된 남아선호 현상은 확연히 줄어들었다. 여전히 전통적인 가족관이 고집되고 있는 가운데에서도 젊은이들을 중심으로 '일은 필수, 결혼은 선택'이라는 얘기가 회자되고 결혼은 해도 좋고 안 해도 좋다는 의견이 증가하였다. 또한 신세대 커플 중에서는 자녀를 낳지 않고 부부만 살기를 희망하는 딩크족(DINK: Double Income, No Kid)이 생겨나기도 하고, 한 자녀 또는 딸만으로 만족하는 젊은이들의 수도 늘어나고 있다. 뿐만 아니라 기독교인들을 중심으로 전통적인 조상숭배 의례를 따르지 않는 수도 상당수에 이른다. 하지만 이들의 개인적인 변화가 부계중심적 가족주의 전통을 바꾸기에는 역부족이다.

한국은 유사한 유교적 전통을 지니고 있는 일본에 비해서도 부계중심적 경향이 훨씬 강하게 나타나고 있다. 일본에서는 사위를 양자로 삼아서 처갓집의 성을 계승하고 조상을 모시는 장자역할을 하도록 허용될 뿐만 아니라, 도시지역에서는 장모나 장인 등 처갓집 식구들의 제사도 모시는 사례가 지속적으로 늘어나고 있다(손승영, 1997). 하지만 우리나라는 부계혈통주의를 고수하여서 성불변의 원칙을 따르므로 아내가 남편의 성을 따를 수 없거니와, 남편도 처갓집의 성을 따르지 못하도록 법제화되어 있다. 뿐만 아니라 조상숭배도 부계와 시계로 한정되어 있어서 모계나 처계는 제례의 대상에서 완전히 제외된 상태이다. 그러므로 혈통의 유지·존속을 중요시하는 한국가족의 기능변화를 단기간에 기대하기는 어렵다.

(2) 지위 재생산 기능

한국가족은 상속, 혼인, 교육을 통하여 가족의 지위 재생산 기능을 수행하고 있다. 첫째, 부모가 가지고 있는 재산을 상속하고 대물림함으로써 가족의 경제적 지위를 계승하고자 하는 욕구가 강하게 나타나고 있다. 둘째, 자녀를 위해서는 과다한 사교육비를 마다하지 않을 정도로 교육에 투자함으로써 자녀의 사회적 지위를 확보하고자 가족이 노력하고 있다. 한국의 대학입시가 '입시지옥'으로 비쳐질 정도로 치열한 경쟁력을 보이고 어머니의 '교육 매니저'로서의 역할이 강조되는 것도 가족차원에서 자녀의 상승이동을 도움으로써 가족의 지위 재생산과 향상을 기대하는 데서 발생한 결과이다. 셋째, 가족은 자녀의 혼인 시에 중요한 역할을 수행하고 있다. 여전히 결혼은 가족과 가족의 결합이라는 얘기가 나올 정도로 서구와는 달리 결혼 결정 시 부모의 영향력은 막강하다. '끼리끼리 하는 결혼풍토'나 상향혼을 지향하는 것은 모두 혼인을 통해 가족의 지위유지를 위한 노력의 일환으로 간주할 수 있다.

이와 같이 현대가족에서도 가족의 지위 재생산이 매우 중요한 과제이다. 하지만 변화조짐은 나타나고 있다. 재산을 사회에 환원하기로 서약한 부모들, 부모의 기대와는 달리 학교를 중퇴하고 공부 대신 자신이 희망하는 분야에서 승부를 걸고자 하는 아이들, 부모의 반대에도 불구하고 가정배경과는 상관없이 연애혼을 결정해 버린 자녀들의 모습에서 가족 지위 재생산을 향한 가족의 기대와는 다른 방향의 변화양상도 파악하게 된다.

(3) 재화와 용역의 공유

현대사회에서도 가족은 성원 간에 재화와 용역을 공유하는 중요한 장소로 남아 있다. 가족성원의 소득이 일정 부분 공유되고, 소득에 따라서 소비수준에도 차이가 나게 된다. 부모의 수입은 자녀의 교육비, 식비 등으로 공동의 소비를 위해서 지출하게 된다. 가구의 소득공유방식(income pooling)에 의해서 소비 공동체로서 가구의 경제적 지위와 삶의 질 간에 긴밀한 관계가 나타나고 있다. 외국에 비해서도 자녀에게 많은 교육비와 결혼 비용을 투자한 결과, 한국의 노부모는 경제적 측면에서의 노후 준비는 취약하여서 OECD 회원국 중에서 노인 빈곤이 가장 심각하며 노인의 경제활동 참가율이 매우 높은 편이다.

뿐만 아니라 가족성원들은 상호 간에 가사노동을 제공하거나 제공받는 관계에 놓여 있다. 가사노동의 사회화, 상품화, 기계화가 지속적으로 증대되고 있는 속에서도 여성의 가정 내 역할은 중시되고 전 가족 성원들에게 이러한 서비스를 공유할 수 있는 장치를 마련하는 기능이 중시된다. 가족은 자녀양육뿐만 아니라 노부모 부양을 위한 서비스도 함께 요청된다.

(4) 가족관계의 변화

산업사회의 발달과 함께 가족관계에서도 상당한 변화양상을 보이고 있다. 전통적인 관계를 유지하는 가부장적 가족에서부터 서구적 관계를 상당 부분 반영하는 평등한 가족에 이르기까지 다양한 모습으로 나타나고 있다. 즉, 가족관계의 변화양상과 아울러 혼재된 상태에 있음을 시사한다. 혼재된 양상은 부모-자녀관계와 부부관계를 유지하는 방식에 있어서도 여실히 드러난다. 비록 현대에 와서는 과거에 비해 부모와 자녀관계가 약화되고, 부부관계가 강화되는 방향으로 나아가고 있지만, 서구에서와 같이 부부중심적인 양상이 주를 이룬다고 보기는 어렵다. 이는 한국의 부부관계는 여전히 부모-자녀관계를 포함하고 있다고 이해해도 틀리지 않을 정도로 부모-자녀관계가 부부관계에 상당한 영향을 미치고 있다.

핵가족화 추세와 더불어 따로 신혼살림을 차리는 '신거제'(neolocal residence)가 증가하면서 시가와의 관계에 있어서도 상당한 변화를 보이고 있다. 시집살이의 혹독함이 약화되어서 나타남과 동시에 친정출입이 비교적 자유로워지고 남편에게도 처가와의 관계가 중시되고 있다. 이와 같은 추세 속에서도 여전히 시가와의 관계가 처가와의 관계보다도 더 큰 비중을 차지하고 있으며, 멀리 떨어져 사는 경우에도 부계제가 여전히 중시되는 경향을 보이고 있다. 서구와는 달리 핵가족의 증가가 뚜렷한 중에서도, 여전히 가족구조의 내용과 성격은 확대가족에서 예상되는 복합적 형태로 나타나고 있다. 가족구조는 핵가족을 구성하고 있더라도 실제 관계에 있어서는 확대가족에서의 관계를 계속 유지하는 '수정확대가족'(modified extended family)의 성격을 띠고 있다.

한국의 부부관계에 있어서의 주된 양상은 가부장적인 '남편우위형'으로 나타나고 있다. 하지만 내용에 있어서는 상당한 변화를 보이고 있다. 우애적 부부관계 또는 동반자적 부부관계로의 전환을 젊은층을 중심으로 파악할 수 있다. 그러나 호칭이나 말투에 있어서는 상당히 평등한 모습을 보이는 이들 신세대 부부에게서도 가사노동의 분담이나 소득활동 면에서는 평등을 기대하기 어렵다. 실제로 가사에 많이 참여한다고 자처하는 남성들조차도 부분적으로 도와주는 차원에 머무르는 경우가 대부분으로 역할분담 차원에서 평등사례를 발굴하기는 매우 어렵다. 이는 아내가 전일제로 취업하고 있을 때에도 마찬가지여서, 남편과의 사이에서 가사노동이 공평하게 분배되지 않는 것이 현실이다. 여성이 취업한 경우에는 가사노동을 전담할 조력자를 고용하거나, 친정식구나 주변사람들의 도움을 받는 형태로 아내의 가사노동부담을 경감시키는 유형을 오히려 빈번하게 찾아볼 수 있다.

4 새로운 가족상을 위한 제안

위에서 살펴본 바와 같이, 한국의 가족은 그 구조, 기능, 내용 면에서 혼재된 양상을 보이고 있다(여성한국사회연구회, 1995). 그렇다면, 과도기에 있는 한국 가족을 위하여 어떠한 방향으로의 변화를 꾀할 수 있겠는가 질문하게 된다. 우선, 변화하고 있는 현실에 대한 냉철한 분석이 요구된다. 전통적 가족관이나 남녀역할에 대한 고정관념을 유보하고 실제로 가정생활이나 가족관계가 어떠한 모습을 띠고 있으며, 구성원들의 가족에 대한 요구가 어떻게 변화하고 있는지를 구체적으로 연구하여야 한다. 이를 위해서는 가족은 완벽한 것도 아니며, 구성원들의 노력에 의해서 끊임없이 만들어지고 수정되어지고 있는 유동적인 장이라는 점에 대한 인식과 합의가 필요하다. 이러한 열린 사고를 바탕으로 다양한 가족이론을 적용하여서 우리나라 가족의 특수성에 대한 철저한 탐구와 분석이 필요하다.

이와 같은 기본적인 입장과 태도를 염두에 두고 새로운 가족상은 어떠한 모습을 띠어야 바람직할 것인지 가족 차원, 정부 차원, 사회부문 및 이웃과의 관계 속에서 살펴보기로 하자. 첫째, 가족 차원에서는 가족 간의 관계를 원만하게 할 수 있는 방법으로서 보다 민주적이고 평등한 관계를 형성할 필요가 있다. 가족 내에서 의무적으로 주어진 역할을 수행하는 것이 아니라, 본인의 적성을 고려한 역할을 중시하여야 할 것이다. 또한 자발적인 관계를 형성함으로써 진정한 애정을 바탕으로 보다 원만한 관계를 구축할 수 있는 방안을 모색하여야 한다. 둘째, 정부차원에서는 개별 가족이 건강하고 풍요로운 생활을 유지할 수 있도록 정책을 개발하고 물질적인 지원과 대책 마련에 주력하여야 한다. 특히 모든 개인이 헌법에 보장된 인간다운 생활을 영위할 수 있도록 저소득층 가족을 위한 각별한 배려가 요청된다. 셋째, 가족과 긴밀한 관계를 유지하고 있는 사회부문들과의 연계성을 고려함으로써 가정생활의 질을 향상시킬 필요가 있다. 특히 가족생활이 조직을 위해서 희생되지 않도록 학교나 기업 등의 사회부문들은 개인의 사적 영역을 존중하는 쪽으로 방향을 선회할 필요가 있다. 가정 생활의 질을 높이도록 회사의 정책을 전환하고, 가족 중심의 행사를 마련하는 등 가족의 발전과 공적 영역의 발전이 병행할 수 있는 연결점을 찾도록 노력하여야 한다. 또한 현대사회에서 가정생활에 많은 영향을 미치는 대중매체의 내용이 흥미위주에서 벗어나서 고정관념을 탈피함과 동시에 가족문제의 해결을 돕는 방향으로 보다 진지해질 필요가 있다. 넷째, 도시가족의 고립성에서 벗어나기 위해서는 이웃과의 관계를 공고히 함과 동시에 지역사회에 가족들이 참여할 수 있는 여러 가지 프로그램의 마련이 시급하다. 다섯째, 가족문제를 전담하는 전문기구들이 많이 만들어져서 포괄적인 상담을 제공하고 해결방안을 제시함으로써 가족관계와 가정생활의 질을 향상시킬 수 있는 구체적인 도움이 제공되어야 한다.

이와 같이 가족성원들이 민주적인 방식으로 열린 공간을 마련함과 동시에, 정부차원에서의 복지정책이 병행되고, 가족문제를 전담할 전문기구들이 생겨나고, 가족이 지역사회와의 통합을 시도할 때, 현재 한국의 가족이 당면한 많은 문제들에 대한 해결이 보다 수월해질 것이다. 또한 가족이 안고 있는 많은 부담과 갈등이 감소되고 가족성원들이 보다 원만한 관계를 유지할 수 있는 방향으로 전환하는 것이 가능해질 것이다.

토론 및 연구 과제

1. 가족과 관련된 다양한 관점을 중심으로 각각의 이론적 입장이 한국가족을 설명하는 데 있어서 지니는 강점과 약점에 대하여 토론해 보자.

2. 전통가족과 비교하여서 현대가족에서 여성의 지위가 어떠한 방향으로 얼마나 바뀌었는지 생각해 보자.

3. 남성의 가족 내 역할에 대하여 토론해 보고, 남성들이 가족성원으로의 적극성을 확보할 수 있는 방안을 마련해 보자.

4. 한국의 자녀는 부모에 대한 의존성이 상당히 강하다. 대학생을 중심으로 어떠한 측면에서 의존성을 보이는지 논의한 다음, 가정에서 자신의 자율성을 확보하기 위한 방법을 고민해 보자.

참고문헌

기든스(1996), 「현대사회의 성, 사랑, 에로티시즘」, 배은경·황정미 역, 새물결.

김한곤(1994), "성의 불균형을 조명한다," 보건사회부 제출 보고서.

바렛, 매킨토시(1994), 「가족은 반사회적인가」, 김해경 역, 여성사.

박숙자 외(1995), 「가족과 성의 사회학: 고전사회학에서 포스트모던 가족론까지」, 사회비
　　평사.

손승영(1995), "한국사회의 변화와 가족," 여성한국사회연구회 편, 「한국 가족문화의 오
　　늘과 내일」, 사회문화연구소.

_____(1997), "한일 가족비교," 「한일 문화비교」, 연세대학교 여성연구소.

_____(2011), 「한국 가족과 젠더: 페미니즘의 정치학과 젠더질서의 재편성」, 집문당.

여성한국사회연구회(1995), 「한국 가족문화의 오늘과 내일」, 사회문화연구소.

이효재(1988), 「가족연구의 관점과 쟁점」, 까치.

푸코(1990), 「성의 역사」, 이규현 역, 나남.

통계청(1994), 「우리나라의 가정현황」.

_____(2015), 「한국의 사회지표」.

Delphy, C. and D. Leonard(1992), Familiar Exploitation, The Polity Press.

Dinnerstein, D.(1975), The Mermaid and the Minotaur, N.Y.: Monthly Review Press.

Durkheim, E.(1978), "Introduction to the Sociology of the Family," in M. Traugott,
　　　Emile Durkheim on Institutional Analysis, Chicago: University of Chicago
　　　Press.

Engels, F.(1972), The Origin of the Family, Private Property, and the State, N.Y.:
　　　Pathfinder Press.

Morgan, D.(1975), Social Theory and the Family, London & Boston: Routledge and
　　　Kegan Paul.

Parsons, T. and R. Bales(1955), Family Socialization and Interaction Process, IL.: Free
　　　Press.

Thorne, B. and M. Yalom(ed.)(1982), Rethinking the Family: Some Feminist Questions,
　　　N.Y.: Longman.

법과 정치제도

1 법과 여성의 지위

한국 여성의 지위를 가장 명확하게 파악할 수 있는 영역이 바로 법과 정치 분야이다. 그러나 불행스럽게도 한국여성은 이 영역에서 세계적 하위권에 머물고 있다. 민주주의 사회에 존재하면서도 정치와 법에 대한 접근이 사회구조적으로 용이하지 않은 상황에서 여성들 개개인은 정치와 무관한 듯 생활하고 있다. 그러나 법과 정치는 바로 여성들의 일상적인 삶과 가장 밀착되어 있는 영역이다. 여성관련 가족법, 남녀고용평등법, 성폭력 관련법 등의 제도는 현재 우리나라 여성들이 어떤 위치에 놓여 있는가를 단적으로 나타내 주고 있다. 즉, 법은 인간의 사회적 지위를 나타내는 지표역할을 해 주는 것이다. 근대 이후 여성운동이 제도개선쪽에 관심을 돌리게 된 것도 자신들의 주장을 법으로 확립하는 일이 무엇보다 중요한 과제이기 때문이다. 한국여성의 사회적 지위를 가늠하는 지표 연구에 의하면(주재선 외, 2015) 경제활동, 의사결정, 일·가정양립 상황이 결정적 지표이다. 특히 법과 정치제도에서는 의사 결정직인 관리직, 5급 이상 공무원, 정부위원회 여성비율 등이 주요 기준으로 제시될 필요가 있다.

1) 유엔 여성차별철폐협약(CEDAW)

여성차별철폐를 위한 UN의 노력은 전 세계 여성들의 위상에 영향을 주었다. UN에서 여성관련 기존의 4개 조직을 통합하여 2010년 7월에 UN Women(유엔여성)이라는 독립기구로 유엔총회에서 설립을 결정한 조치는 좀 더 강력한 영향력을 결집하는 데 기여하였다. UN Women의 다섯 가지 우선 주제는 다음과 같다.

첫째, 여성의 발언권, 리더십, 그리고 참여의 확대: 다양한 분야에서 여성의 리더십 발휘나 참여의 격차를 줄이고 여성의 리더십이 사회 전반에 미치는 혜택에 대해 입증하기 위해 관련기관들과 협력한다.

둘째, 여성에 대한 폭력 철폐: 회원국들이 여성과 소녀들을 보호하는 데 남성과 소년들의 참여를 늘리며, 폭력을 예방하기 위한 법률, 정책, 서비스 체계를 구축하도록 함은 물론 이를 위하여 UNICEF, UNFPA(United Nations Population Fund), WHO와 협력을 강화한다.

셋째, 여성의 평화와 안보 아젠다 이행 강화: 분쟁해결과 평화구축 과정에 여성의 전면적 참여, 성 인지적 조기경보, 성폭력으로부터의 보호, 유엔 결의안에 따른 성폭력 피해자에 대한 적절한 배상을 하게 한다.

넷째, 여성의 경제적 역량 강화: 전 세계적인 경제와 환경의 위기를 맞이하여 여성의 경제적 역량강화의 필요성 대두, 여성의 경제적 안정과 참여에의 권리, 생산적 자산(asset) 확보/사회보장의 실현을 위해 각국 정부 및 UNDP, ILO, World Bank, 기타 지역의 개발은행들과 협력을 제고한다.

다섯째, 국가, 지방, 분야별 계획, 예산, 통계에 양성평등을 우선적으로 반영: UN Country Team을 비롯한 기타 UN협력기관들과 함께 추진한다.

이 신념을 현실화하기 위하여 UN은 여성의 법적 권리를 정비하는 활동을 시작하였으며, 여성의 인권문제에 관한 국제 기준이 필요함을 인식하게 되어 ① 1952년 「여성참정권에 관한 조약」 ② 1957년 국제 결혼한 여성의 불이익을 없애기 위한 「기혼여성의 국적에 관한 조약」 ③ 1962년 여성의 결혼에 대한 선택권을 위하여 「혼인의 동의, 혼인의 최저연령 및 혼인의 등록에 관한 조약」을 각각 총회에서 채택하였다.

모든 여성문제를 포괄적으로 규정하는 하나의 문서를 제정할 필요 때문에 여성지위 위원회는 1967년 제22차 총회에서 「여성에 대한 모든 형태의 차별철폐선언」을 채택하게 된다. 이 선언은 여성차별은 UN의 「세계인권선언」, 「국제인권규약」 등에서 명시한 인권의 존엄성을 침해하는 것이라고 규정하고 모든 형태의 차별을 철폐하기 위한 국제기준을 제시하는 것으로 설명되고 있으나, 협약이 아닌 선언의 형태로는 회원국에게 법적인 의무를 지게 할 수 없는 한계가 있다.

이러한 선언에도 불구하고 오랫동안 인습으로 굳어진 여성에 대한 차별은 개선될 기미가 보이지 않고 세계도처에서 여권은 도외시되는 풍조가 이어졌다. 여성지위 위원회는 1972년 여성지위향상을 위한 캠페인을 위하여 1975년을 '세계여성의 해'로 정한 바 있다. 「여성차별철폐협약」안에 회원국의 의견을 수용하면서 1974년부터 기초하여 1976년에 완성하고 3년 동안 UN총회 제3위원회(사회, 문화, 인도주의)에서 논의를 한 결과, 어렵사리 설득과 절충을 거쳐 1979년 제34차 총회에서 가결시키게 되었다. 이처럼 여성차별철폐협약(CEDAW: Convention on the Elimination of All Forms of Discrimination Against Women)은 1979년에 탄생하였고, 우리나라는 이 협약에 89번째로 1984년 5월 25일에 조인하여 동년 12월 27일 국회의 비준을 받아 1985년부터 시행하게 되었다.

한국여성의 법제도 및 정치적 여건은 CEDAW의 영향으로 많이 개선되어 왔다. CEDAW가 1979년에 채택되어 1981년 9월 발효된 이후 한국에서 일어난

제도적 변화는 다음과 같다.

> 1983년 3월 14일 한국여성개발원 설립, 여성관련 연구 및 정책개발
> 1984년 12월 29일 CEDAW 가입, 1985년 1월 26일 발효
> 1988년 2월 25일 현재의 여성가족부 전신인 정무 제2장관실 설치, 여성장관
>   임명
> 1995년 12월 30일 여성발전기본법 제정공포, 1996년 7월 1일 시행
> 1996년 여성발전기본법에 의거, 매년 7월 첫 주를 여성주간으로 채택
> 1997년 12월 여성발전기본법에 의거 제1차 여성정책 기본계획 확정
> 1998년 1월 제1차 여성정책기본계획(1998-2002) 시행
> 2013년 1월 제4차 여성정책기본계획(2013-2017) 시행

특히 여성정책기본계획 시행의 성과는 성 평등 정책으로 가시화 된 여러 가지 조처가 있다. 첫째, 성 주류화 전략의 도입과 제도화를 통해 2002년 성별영향평가제도 도입, 2006년 국가재정법 제정 시 성인지 예산제도 도입, 예산이 남녀에 미치는 효과를 평가하여 예산편성에 반영토록 하였다. 둘째, 여성정책 결정과정에 여성참여 확대와 공적분야에 여성 진출을 촉진하기 위한 적극조치 도입으로 여성공무원 채용목표제(1998-2002), 양성평등채용목표제 한시적 적용(2003-2007), 국공립대학교 여교수 채용목표제(2003)를 도입하였다. 정당법 개정(2002-2005), 공직선거 및 선거부정방지법 개정(2004)으로 비례대표 후보자 중 50% 이상 여성추천제를 도입하였다. 그 외에도 남녀고용평등의 강화, 일·가정양립을 위한 육아휴직 및 보육서비스 확대, 가정폭력 및 성매매 방지 등 여성 인권보호 기반 강화, 가족정책의 제도적 기반 마련 등(최유진 외, 2015) 여성정책 전반에 지대한 영향을 주었다.

2) 헌법상의 평등

헌법상 평등의 의미에는 절대적 평등과 상대적 평등이 있다. 절대적 평등은 인격적·신분적 범위 내에서는 모든 인간은 인간으로서의 존엄성을 갖는다는 의미에서 절대적으로 평등하다는 것이다. 상대적 평등이란 그 외에 정당한 합리적

근거가 있으면 그 차이에 따라 다르게 취급하는 것이 오히려 평등하다는 것이다. 배분적 정의원칙에 의하면 개인의 지적·도덕적 능력이나 사회적 기여도에 따라 재화나 명예, 공직이 알맞게 배분되어야 한다. 즉 개인의 성별, 연령, 자질 등 선천적 차이와 노력, 능력, 환경 등 후천적 차이는 그에 따라 다르게 취급되어야 한다는 것이다(김철수, 1988: 242-4; 권영성, 1990: 311). 이러한 평등의 의미를 감안하여 볼 때 성별에 따른 차별을 금지할 경우, 여성에게 주어지는 출산휴가나 남성에게 주어지는 병역의무 등 성의 생리적 차이에 따른 합당한 처우는 허용하지만, 남녀 성의 가치판단을 기준으로 하는 차별은 부인된다고 할 수 있겠다.

상대적 평등의 기준은 각국에 따라 합리적 차별의 이론 등이 구체적인 판례의 적용상 형성되어 있다. 일례로 미국의 우선적 처우이론은 여성에 대한 불평등한 차별의 금지라는 의미에서뿐만 아니라, 경제적인 측면에서 여성에게 실질적인 보장이 되는 즉, 적극적인 평등의 개념인 평등보장 기준으로서 중요한 역할을 한다. '우선적 처우 이론'이란 여성과 소수인종에게 과거의 차별대우에 대한 보상으로 미래에 실질적 평등을 실현하기 위하여 현재에 잠정적으로 우대적 조치를 취하는 것이 정의로 인정된다는 것이다(Nagel, 1977: 3-18). 한국의 남녀고용평등법이 차별의 예외로서 인정하는 "현존하는 차별을 해소하기 위한 잠정적인 우대조치(제2조 2의 3항)"는 바로 이 '우선적 처우이론'에 근거한 것이다. 이런 측면에서 특정부문에서의 여성고용할당제는 합리화되어 왔다(김주희, 1996). 아이러니하게도 그러한 양성평등 관련 할당제가 이제 초등학교 교사양성기관입학이나 외무고시합격기준에 일정 남성비율 유지를 위해 적용되는 시대로 바뀔 정도로 여성들의 실력이 증진되었다

헌법에서 성별에 의한 차별을 금지한다는 것은 곧 양성평등을 의미한다. 현재 여성이 성차별을 받는 주된 영역은 가족법 부문과 노동관계법 부문이다. 가족법에서는 친권의 행사나 상속분의 문제가 가장 두드러진 문제이고 노동관계법에서는 고용차별과 동일노동, 동일임금 및 퇴직연령의 문제 등이 논쟁점으로 부각되고 있다. 여성과 관련된 법 중 인간생활의 주요 두 영역인 가정생활과 직장생활 그리고 성관련 영역에서 법제도상 남녀평등을 구체적으로 살펴보기로 하겠다.

2 가정생활과 법

가정생활에서의 여성의 지위란 아직도 남성종속적이다. 가족법은 1958년에 제정되어 1960년 1월 1일 시행된 현행 민법전의 제4편 [친족]과 제5편 [상속]에 해당하는 부분으로 이루어져 있다. 민법학자들은 사람의 신분관계 즉, 약혼, 결혼, 이혼, 친자, 양자, 친족, 호주, 상속 등을 규율하고 있는 제4편과 제5편을 [가족법]이라 한다. 가족법이 제정되었던 1950년대 후반 우리 사회의 현실은 농업경제에 기반을 둔 대가족제도를 가족유형의 근본으로 삼고 있었으며, 가족법의 근간은 부계중심의 가부장적 가족제도 원리에 입각해 있었다(윤근섭 외, 1996: 308). 이제 현대사회에서 양성평등은 당연하고 엄연한 가치로 되고 있다. 다양화된 여성의 사회생활과 다원화된 가치관은 가족의 핵심구성 단위인 부부의 존재형태와 가족관계에도 큰 영향을 끼치게 되었다. 부부관계는 과거의 지배 복종형에서 독립된 인격과 애정을 기초로 한 파트너십으로 변화되었고, 가정은 가족구성원 모두의 자기실현 내지 행복추구의 장으로 그 역할이 바뀌어 가고 있다. 이러한 상황변화에 따라 전통적 가족질서 규범인 현행 가족법을 재정비해야 한다는 강한 시대적 요구는 필연적이라고 하겠다.

가족법은 1958년 이래 1962년 1977년 두 차례의 개정에도 불구하고 여전히 비민주적·불평등적 요소가 많이 남아 있었다. 1989년 12월 개정가족법이 국회를 통과하여 1990년 1월 1일부로 효력을 발생한 신가족법에서는 비민주적이고 불평등한 요소가 많이 사라졌다. 불합리한 호주승계제도의 존속은 남계혈통주의, 남아선호사상, 남성우위주의를 온존시키고 남성중심적인 결혼제도를 유지하게 만드는 요인이 되어 왔다. 뜨거운 논쟁 속에서 추진된 호주제 폐지는 2005년 2월 민법개정과 2007년 「가족관계등록 등에 관한 법률」 제정을 통해 다양한 가족형태를 수용하는 사회포용성 증대와 평등한 가족문화 확산에 기여하였다. 한편 구가족법에서는 이혼 시 재산분할 청구권이 없었으므로 재산권이 보장되지 못하고 자녀에 대한 친권도 보장되지 못하였으므로 많은 여성들은 남편의 애정이 있는 가정의 안락함을 유지하고자 최선의 노력을 다하여야만 했다. 그러다 신가족법에서는 이혼 시 재산분할 청구권이 만들어졌으나 실제 분할재산에 증여세가 부가됨으로 불리한 점은 여전히 남아 있다(김주희, 1990:18). 또한 어머니의 친권이 강화되었으며 이러한 재산권과 친권의 강화는 가정생활에서의 여성의 지위를 진일보시킨 것이라 하겠다. 앞으로 이것은 실제 판결을 통해 여성의 지위향상과 연결되어야 하는 과제를 안고 있다.

성생활과 관련하여 여성의 지위는 어떠한 위치를 점하고 있는가. 성의 이중도덕 기준이 남성과 여성에게 각각 적용되어 남성에게는 성의 일탈이 관대하게 인정되며 여성에게는 엄격하게 성도덕이 요구되어 왔다. 한국 특유의 성향락산업과 접대부문화의 발달은 남편의 외도를 유인하고 있으며, 이는 일부일처에 의한 혼인의 순결을 위협하는 요소로 작용하였다. 일부일처의 가족제도를 형사법적으로 보장하기 위하여 둔 간통죄는 고소의 조건이 이혼소송의 제기를 한 후로되어 있으므로 경제적 약자의 지위에 있는 여성의 경우에 이혼을 하기보다는 남편의 외도를 눈감아 주는 경우가 대부분이었다. 또한 가정, 직장, 사회에서 성희롱·성폭력과 관련된 법적 규제가 미약하여 현실적인 예방효과를 발휘하지 못하고 있는 것도 심각한 문제이다. 여성의 평등한 삶을 위하여는 가족법과 함께 성관련 법의 개정·보완이 요구된다. 2004년도에 전격시행된 "성매매 금지법"은 한국의 성문화를 쇄신하는 데 일조하리라고 기대된다.

다음은 여성의 사회적 진출을 가늠할 수 있는 직업활동과 관련하여 평등한 직장생활을 지향하는 법제도에 대하여 보다 자세히 살펴보기로 한다.

3 평등한 직장생활과 법제도

1) 남녀고용평등법의 입법례

헌법 제11조에는 평등권을 기본권으로 구성하면서 정치·경제·사회·문화는 모든 생활영역에서 성별에 의한 차별대우를 받지 않을 것을 명시하고 있다. 또한 헌법 제32조 제4항에서는 여성근로자의 특별보호와 고용·임금 및 근로조건의 부당한 차별금지를 규정하고 있다. 여성의 직장생활과 관련하여 구체화된 노동관계법은 근로기준법과 남녀고용평등법을 들 수 있는데, 이 중 남녀고용평등법은 단행법률로서 고용에 있어서 남녀차별대우의 금지를 주요 내용으로 하고 있다.

2) 남녀고용평등법의 구성

우리나라 남녀고용평등법의 제정목적은 헌법정신에 따라 남녀의 평등한 고용기회 및 대우를 보장하는 데에 있다. 헌법 제11조 제1항의 법 앞의 평등과 제32조 제4항의 고용·임금 및 근로조건에 있어서의 남녀평등 및 제36조 제2항의 모성보호를 위한 국가의 노력을 규정하고 있다. 또한 이 법은 모성보호 및 근로여성의 직업능력 개발을 통한 지위향상과 복지증진을 도모하는 데 그 목적이 있다.

정부는 제6차 경제사회발전 5개년 계획부터 여성개발부문을 신설, 여기에 남녀고용평등에 관한 법의 제정을 실천과제로 설정하였다. 1987년 11월(11. 28 제정, 12. 4 공포, 법률 제2989호) 이러한 배경하에 마침내 남녀고용평등법이 제정되어 1988년 4월 1일부터 시행되었고, 그 뒤 2001년 7월 18일 전면개정되어 2001년 11월 1일부터 시행되었다.

이 법은 성차별 금지를 구체화한 데 그 제정의의가 강조되고 있다. 즉, 고용의 시작에서 끝까지 모든 단계에서 성차별을 금지하고, 육아휴직제 등 기혼여성의 취업에 대한 지원체계를 마련하여 근로기준법상의 모성보호규정을 보완하고 있다.

남녀고용평등법은 총 6장 39조 및 부칙으로 구성되어 있으며, 법의 구성은 다음과 같다. 제1장은 총칙으로 법의 목적, 기본이념, 차별의 정의, 적용범위, 관계자로서의 근로여성, 사업주와 지방자치단체의 책무, 국가의 근로여성복지의 기본계획수립 의무를 내용으로 한다. 제2장은 고용에 있어 남녀의 평등한 기회 및 대우에 관한 것으로 모집, 채용, 임금, 고용, 배치 및 승진, 정년, 퇴직 및 해고, 직업안정기관의 직업지도의무, 그리고 국가와 지방자치단체의 근로여성에 대한 직업훈련지원을 내용으로 한다. 제3장은 모성보호 및 복지시설설치에 관한 것으로 육아휴직의 제공의무, 사업주의 육아시설 설치의 의무, 국가의 공공복지시설 설치의 의무를 내용으로 하고 있다. 제4장은 분쟁의 조건으로 고충처리기간, 고용문제 조정위원회를 내용으로 하고 있다. 제5장은 보칙으로 사업주의 보고의무, 국가의 정비보조를 내용으로 한다. 끝으로 제6장은 벌칙에 관한 것으로 규정위반 시의 벌칙사항을 내용으로 하고 있다. 남녀고용평등법의 적용범위는 근로자를 사용하는 모든 사업 또는 사업장에 적용된다(제3조). 여기에서는 남녀고용평등법 중에서 차별금지의 내용과 모성보호와 관련된 내용을 구체적으로 살펴보기로 한다.

3) 차별금지의 내용

직장생활의 차별금지의 내용을 구체적으로 보면 다음과 같다.

첫째, 모집과 채용상에서의 평등이다. 모집은 신문·방송 등을 통한 광고모집뿐만 아니라, 직업안정기관에의 구인신청, 위탁모집, 연고채용 등 명칭이나 방법에 관계없이 사업주가 불특정인에게 임금, 근로시간 등 근로조건을 제시하고 근로를 권유하는 것을 일컫는다. 채용은 이들을 대상으로 시험 등을 거쳐 특정인을 선정, 근로계약을 체결하는 행위를 말한다. 이 규정은 모집·채용에 있어서 여성에게 남성과 평등한 기회를 주어야 할 의무를 부과함으로써 모집·채용 시의 차별을 금지하기 위한 취지이다.

둘째, 임금에서의 차별금지이다. 남녀고용평등법 제8조 제1항에서 사업주는 동일한 사업 내의 동일가치의 노동에 대하여는 동일한 임금을 지급하여야 한다고 되어 있고, 제2항에서는 동일가치노동의 기준은 직무수행에서 요구되는 기술, 노력, 책임 및 작업조건 등으로 한다고 되어 있다. 또 제3항에서는 임금차별을 목적으로 사업주에 의하여 설립된 별개의 사업은 동일한 사업으로 본다고 규정하고 있다. 여기서 동일가치노동이란 서로 비교되는 남녀 간의 노동이 동일하거나 거의 같은 성질인 노동 또는 두 업무가 다소 다르더라도 직무평가 등의 방법에 의해 본질적으로 동일한 가치가 인정되는 노동을 의미한다. 또한 제9조는 임금외 금품 등의 차별금지로 금품, 자금융자, 복리후생의 차별금지를 명시하고 있다.

셋째, 교육·배치 및 승진에 있어서의 차별금지이다. 남녀고용평등법 제10조는 사업주로 하여금 근로자의 교육·훈련, 배치 및 승진 등에 있어서의 성차별 행위를 하지 못하도록 규정하고 있다. 여기에서 교육이란 신입사원교육, 관리감독자의 훈련, 국내외 연수 등 명칭과 관계없이 근로자의 직무수행능력의 배양 또는 직업훈련을 포함하는 것을 말한다. 또 배치는 사업주가 근로자에게 직무의 내용과 직무수행의 장소 등을 특정업무에 종사하도록 하는 것을 말한다. 그리고 승진은 사업주가 근로자를 현재의 직급 또는 직위로부터 보다 상위의 직급 또는 직위에 임명하는 것을 말한다.

넷째, 정년·퇴직 및 해고에 있어서의 차별금지이다. 남녀고용평등법 제11조 제2항에서는 사업주는 근로여성의 결혼, 임신 또는 출산을 퇴직사유로 예정하는 근로계약을 체결하여서는 아니된다고 규정하고 있다. 즉, 여성인 것을 이유로 근로자의 정년·해고에 대하여 남성과 차별하지 못하도록 규정하고, 혼인·임신·출산을 퇴직사유로 예정하는 근로계약체결을 금지하고 있다. 정년·퇴직·해고에 있어서의 차별유형은 여성조기정년제, 결혼(임신 및 출산)퇴직제, 정리해고에서의 여성 우선 등의 고용관행이 존재하는 것 등이며, 정당한 이유 없이 여성의 근로권을 박탈하는 것이므로 성차별금지가 강력히 요청된다.

4) 모성보호와 육아휴직

모성보호란 임신, 출산, 수유 등 여성고유의 본성을 보호하는 것을 말한다. 우리나라는 근로기준법과 남녀고용평등법에서 여성 근로자에 대한 여러 보호조치를 규정하고 남녀고용평등법에서는 육아휴직제도를 규정하고 있다. 남녀고용평등법 제19조 제1항에 사업주는 생후 1년 미만의 영아를 가진 근로여성이 그 영아의 양육을 위하여 휴직을 신청하는 경우에 이를 허용하여야 한다로 규정하고 있다. 육아휴직기간은 근로기준법 제72조의 규정에 의한 산전·후의 유급휴가기간을 포함 1년(2항) 이내로 하며, 이 기간은 근속기간에 포함한다(4항)고 규정하고 있다. 또 제3항에서 사업주는 근로여성에서 육아휴직을 이유로 불리한 대우를 하여서는 아니된다고 규정하고 있다.

법제도상 남녀평등의 유무를 불문하고, 여성은 노동시장과 직장생활에서 심각한 차별을 받고 있으며, 가정생활도 남성중심적으로 영위되고 있다. 앞에서 열거한 바와 같이 여러 가지 차별금지 법이 있지만 현 사회에서 헌법에 명시된 대로 시행되고 있는가 하는 것은 의문이다. 과거에 비해 여성의 취업률이 높은 것은 사실이지만 높은 취업률에 비해 여성들이 감수하고 있는 희생은 많다. 가령, 승진에 있어서도 여성이라는 이유만으로 탈락되는 경우를 보더라도 그렇다. 또한 육아휴직 면에서도 결혼한 후에는 근무해도 좋지만, 육아를 위한 휴직은 허용을 안 한다는 현실은 아직 우리나라에서의 여성취업은 많은 장애를 지니고

있다는 것을 말해 주고 있다. 여성들을 위한 보다 보완된 근로기준법, 남녀고용
평등법이 시행되어야 한다. 한편 출산휴가기간이 과거 30일에서 60일로 60일에
서 90일로 연장된 것은 바람직한 변화이다. 2001년 11월 육아휴직급여제도가 처
음 도입되어 만 8세 이하 또는 초등학교 2학년 이하의 자녀가 있는 남녀 근로자
가 육아휴직 기간에 급여를 받을 수 있게 되었으며, 2005년에는 산전·후 휴가급
여 지원을 확대하고 유·사산 시 보호휴가를 사용토록 하였다. 무엇보다 여성만
이 아니라 남성도 출산휴가와 육아휴직을 활용할 필요가 있다. 이를테면 육아휴
직기간을 남녀가 탄력적으로 보완하며 활용할 수 있는 제도적 장치를 강구하는
것은 법의 취지를 살리는 데 기여할 것이다.

남녀고용평등법은 노동시장에서의 성차별을 해소하기 위한 최초의 법적 장
치로써 큰 의미가 있다. 그러나 법 자체가 아직도 미비한 점이 많고, 또 여성자
신들의 권리의식 부족으로 우리 사회에서 정착되기까지는 상당한 시간이 걸릴
것으로 예상된다. 노동현장에서 성차별은 해소되지 않았고 이 법의 효력은 피해
를 당한 여성들이 위법한 사용자들을 대상으로 개별적으로 소송을 제기함으로
써 여론화시킬 수 있었다. 소송사례들은 여성들에게 자신이 당면한 문제에 대해
보다 적극적으로 행동할 수 있게 하는 계기가 된다고 할 수 있다. 여성취업자들
이 성차별을 당했을 때 이를 묵인하지 말고 반드시 해결되어야 할 문제로 인식
하는 것이 필요하다. 또 문제해결을 위하여 행동을 취할 때, 남녀고용평등법의
제정의의가 살아나고 법정신이 우리 사회에 하루빨리 정착될 수 있을 것이다.

4 여성과 정치활동

민주주의는 인류가 발전시킨 정치제도 중 가장 최선의 제도로 인식되고 있
다. 자유, 평등, 박애는 매우 이상적이고 우리가 추구해야 할 유토피아의 가치를
지닌다. 한국의 민주주의는 모든 국민이 법 앞에 평등함을 주장하며, 평등한 정
치적·경제적·사회적 제반 권리를 향유한다는 이념에 입각해 있다. 그러므로 여
성도 존엄성을 지닌 인간으로서 법 앞에 평등하며 평등한 정치·경제·사회적 제
반 권리를 향유하는 것은 민주주의 제도의 자연스러운 논리적 귀결인 것이다.
그러나 민주화를 위한 많은 노력에도 불구하고 대다수의 여성에게 있어서 정치

는 남성의 영역으로 여겨지고 있다.

우리 사회현실에서 여성의 문제는 곳곳에 존재한다. 가정에서, 학교에서, 일터에서, 또 사이버상에서 여성이 불평등하게 억압당하고 있으나, 권력이 있는 곳에 여성은 찾아보기 어렵다. 도처에 있는 불평등과 억압은 궁극적으로 정치라는 문을 거쳐야 해결될 수 있다는 것이 현실이며, 그 정치의 영역에 여성이 희소하다는 것이야말로 한국사회 여성의 위상을 웅변해주고 있다.

1) 정치, 의사결정직에의 여성참여현황

약자가 자신의 권리를 보호하는 길은 집단으로서 정치적 영향력을 획득하며, 대표자를 선출하여 정책결정에 참여시키는 것이다. 민주주의에서 여성 유권자들은 정치에 관심을 가지고 자신의 이익을 가장 잘 대변할 수 있는 대표를 선출하여 의회에 진출시켜야만 여성의 권익을 신장시킬 수 있다. 국회의원, 지방의회 의원, 그리고 정치가로 진출하여 권력의 배분에 참가하여야 함에도 불구하고, 경제·사회·문화의 제 분야에 비하여 정치에서의 여성참여는 매우 열악한 것이 현실이다.

정치분야에서의 여성활동은 지극히 저조하다. 국회 및 지방의회에서의 여성참여를 보면 여성의원은 1992년 총 국회의원 299명 중 1.0%에 불과하고, 1996년에는 3.0%, 2000년 5.9%, 2004년에는 13.0%, 2012년 15.7%, 2016년 17%로 증가하여 왔으나 아직도 여성 정치인의 비율은 세계적으로 하위권이다. 지방의회의 경우도 1991년 총 5,169명 중 여성의원수는 48명으로 0.9% 1995년도에는 총 5,756명 중 128명(2.2%), 1998년 2.3%, 2002년 3.4%, 2004년 14.5%, 2008년 20.3%, 2012년 22.9%로 증가하여 왔으나, 아직 50%에 한참 못 미치는 수준이다([표 7-1] 참조).

행정부 공무원의 경우 여성의 비율이 점점 증가추세에 있기는 하나, 국가 및 지방 공무원 모두에서 높은 직급으로 올라갈수록 여성비율이 낮아지고 있다.

정부 각 부처의 위원회와 고위직 공무원에서도 역시 낮은 여성 비율을 보이고 있다. 정부위원회의 경우 1995년 전체 324개의 위원회에 소속된 14,619명의 위원들 중 7.7%인 1,131명만이 여성위원이다([표 7-2]). 여성참여위원회수는 매우 크게 증가하여 2005년 현재 97.2%에 달하고 있으나 정부위원회의 여성위

표 7-1   국회 및 지방의회 여성의원 비율

년도	총국회의원수	여성국회의원수 (비율%)	총지방위원회 의원수	여성지방위원회 의원수(비율%)
1948	200	−(−)	−	−(−)
1950	210	2(1.0)	−	−(−)
1960	233	1(0.4)	−	−(−)
1963	175	2(1.1)	−	−(−)
1971	204	5(2.5)	−	−(−)
1973	146	12(8.2)	−	−(−)
1981	276	9(3.3)	−	−(−)
1988/91*	299	6(2.0)	5,169	48(0.9)
1992/95	299	3(1.0)	5,511	127(2.3)
1996/98	299	9(3.0)	4,179	97(2.3)
2000/02	273	16(5.9)	4,167	140(3.4)
2004/06	299	39(13.0)	3,621	525(14.5)
2008/10	299	41(13.7)	3,649	739(20.3)
2012/14	300	47(15.7)	3,687	845(22.9)
2016	300	51(17)	−	−(−)

출처: 통계청(2015). 「통계로 보는 여성의 삶」. 서울: 통계청. p. 31.
　　　중앙선거관리위원회, 「국회의원선거총람」, 「지방의원선거총람」. 각년도.
　* 88년 이후는 국회/지방의회를 함께 제시함.

원수는 1996년까지 한자리수이다가 1998년에 12.4%, 2000년에 23.6%, 그리고 2005년에 처음으로 30%대를 기록한 이후 2016년에는 36.1%를 나타내고 있다. 각 부처별 여성비를 보면 여성부와 교육부, 보건복지부 등 몇 개의 부처에 편중되어 있고, 비상기획위원회, 관세청, 법제처, 국가보훈처, 중소기업청 등 10개 부처에는 여성위원이 희소한 것으로 보고되고 있는데, 균형있는 개선도 향후 과제로 대두되고 있다.

외국에서의 여성정치 참여율은 한국보다 매우 높은 편이다. 지방의회에서의 여성참여도 활발한데 대체로 여러 나라에서 할당제를 도입하고 있다. 이를테면 프랑스 신지방선거법에서 정당공천후보 중 동성은 75%를 초과하지 못하도록

표 7-2	중앙부처 각종위원회의 연도별 여성참여율

년도	위원회수(개)			위원수(명)		
	총 수	여성참여 위원회수	참여율(%)	총 수	여성위원수	참여율(%)
1984. 12	364	35	9.6	7,071	156	2.2
1988. 12	346	48	13.9	10,645	585	5.5
1990. 09	355	69	19.4	11,374	1,019	9.0
1992. 09	375	80	21.3	19,492	1,067	5.5
1993. 09[1]	383	98	25.6	14,133	977	6.9
1995. 09	324	116	35.8	14,619	1,131	7.7
1996. 09	362	115	31.8	26,053	2,414	9.2
1997. 09	310	141	45.5	3,126	324	10.4
1998. 12	1,206	714	59.2	15,296	1,896	12.4
2000. 12	1,202	996	82.9	16,255	3,842	23.6
2005. 12	1,431	1,431	97.2	19,969	6,476	32.4
2006. 12	1,494	1,454	97.3	19,873	6,688	33.7
2010. 12	375	325	86.7	8,875	1,983	22.3
2014. 10	457	－	－	8,305	2,630	31.7
2015. 10	438	－	－	7,543	2,575	34.1
2016. 04	436	－	－	7,445	2,576	36.1

출처: 여성부(2002) 「여성백서」. 서울: 여성부 정책총괄과, p.278.
　　　2016 통계청. 기관별통계 중앙행정기관 여성부 통계 자료. '중앙행정기관 및 지방자치단체 소속 위원회 여성참여 현황' 각년도 자료 참고. http://kosis.kr/statisticsList/statisticsList_01List.jsp?vwcd＝MT_ZTITLE&parmTabId＝M_01_01#SubCont

금지하고 있는 것은 좋은 사례이다. [표 7－3]에서 보는 바와 같이 2016년 여성 의원의 비율은 스웨덴 43.6%, 덴마크 38.0%, 핀란드 42.5%, 노르웨이 39.6% 등 북유럽 국가들은 한국보다 매우 높은 여성의원 비율을 보이고 있다. 한국은 2016년 12월 기준 16.3%로 세계평균에도 훨씬 못 미치는 저조한 비율을 보이고 있음을 알 수 있다.

---

1) 1984~1992년 기간 중 여성참여율은 당연직과 위촉직의 합계로 계산한 수치이며, 1993년 이후는 위촉직 기준 수치임.

표 7-3 중앙부처 각종위원회의 연도별 여성참여율

국 가	여성의원비율(2015)	여성권한지수(GEM)[2](2009)
스웨덴	43.6	0.909
덴마크	38.0	0.896
핀란드	42.5	0.902
노르웨이	39.6	0.906
네덜란드	36.9	0.882
독일	36.9	0.852
오스트리아	30.3	0.744
뉴질랜드	31.4	0.841
스페인	38.0	0.835
호주	30.5	0.870
스위스	28.5	0.822
캐나다	28.2	0.830
중국	23.6	0.533
프랑스	25.7	0.779
영국	23.5	0.790
룩셈부르크	28.3	–
미국	19.4	0.767
이탈리아	30.1	0.741
일본	11.6	0.567
한국	16.3	0.554

출처: UNDP(2015) Human Development Report. http://hdr.undp.org/statistics/data/ 2016년 12월 30일 기준.
UNDP(2009) Human Development Report. http://hdr.undp.org/sites/default/files/reports/269/hdr_2009_en_complete.pdf

여성이 사회적·정치적으로 의사결정직에 참여하고 있는 정도를 수치화한 것으로 임파워먼트 지수가 있다. 우리나라에서는 여성권한지수(Gender Empower-

2) 여성권한지수는 임파워먼트의 수준(GEM)을 나타내며 여성의 경제참여와 의사결정력, 정치참여와 의사결정력, 경제자원에 대한 힘의 세 분야에서 여성의 불평등성을 수치화한 것으로, 점수가 낮을수록 불평등을 나타냄.

표 7-4	여성 판사·검사					
년도	판사			검사		
	총수	여성수	비율%	총수	여성수	비율%
1985	912	20	2.2	651	0	0.0
1992	1,133	42	3.7	858	0	0.0
1996	1,292	72	5.6	1,006	16	1.6
2001	1,674	142	8.5	1,187	49	4.1
2002	1,799	170	9.4	1,367	85	6.2
2005	1,923	222	11.5	1,325	82	6.2
2009	2,469	560	22.7	1715	317	18.5
2010	2,567	615	24.0	1,749	363	20.8
2011	2,627	670	25.5	1,808	411	22.7
2012	2,738	734	26.8	1,880	454	24.1
2013	2779	761	27.4	1,917	487	25.4
2014	2,737	749	27.4	1,977	530	26.8
2015	2,762	761	27.6	2,012	559	27.8

출처: 총무처, 「총무처연보」, 각년도.
　　　행정자치부, 「통계연보」, 각년도.
　　　인사혁신처, 「통계연보 2015」, 『통계연보 2016」
주: 2014년도부터 인사혁신처 자료를 기반으로 함

ment Measure)로 통용되기도 하는데, [표 7-3]에서 보면, 외국 특히 서구의 다른 나라들과 비교하였을 때 매우 낮음을 알 수 있다. 여성의원비율이 높은 북유럽의 여성권한지수가 0.8~0.9를 상회하는데 일본은 0.567, 한국은 0.554로서 매우 저조한 수준이다. 교육 수준을 나타내는 인간개발지수(HDI)의 국제비교에서는 전 세계 180여 나라 중 17위(UNDP, 2015)를 기록하는 것에 비한다면 여성 임파워먼트는 상대적으로 매우 취약함을 알 수 있다.

　한편 여성 참여율 측면에서 사법부 공무원은 기능직 등 하위직에 몰려 있으며, 2005년 1,923명의 판사 중 여성은 222명으로 11.5%이며, 검사는 1,325명 중 여성이 82명으로 6.2%에 불과하다([표 7-4]). 판사는 2009년 22.7%, 검사는 2010년 20.8%를 기록한 이후 현재까지 계속 해마다 약간씩 증가하여 30%를 목전에 두고 있다. 이는 1985년도와 비교할 때는 크게 증가하였으나, 문제는 최초 임용비율만이 아니라 지속적으로 고위직으로 승진하여 사회적 영향력을 발휘하는 여성 비율 면에서는 아직도 매우 저조하다는 점이다.

이상에서 살펴본 통계자료에 의하면 사회변화에 따라 여성의 공직참여가 점진적으로 증가하고 있으나 남성에 비해 교육수준이 상대적으로 낮고, 직위별로 보아도 상위직 비율이 매우 불균등하다. 정치분야에도 활동범위가 좁아 앞으로 이러한 점을 극복하기 위하여 남녀평등한 교육수준의 향상과 더불어 행정분야, 정치분야 등 산업 전반에 걸쳐 상대적 차별을 해소할 수 있는 지속적인 노력이 필요하다. 이것은 여성들의 자각도 중요하지만 제도적으로 남녀 간 차별을 극복할 수 있도록 정책적 개선이 이루어져야만 할 것이다.

2) 여성 정치참여의 의의

여성이 선거권과 피선거권이 있고 또 공직에 취임하는 데 법률상의 제약이 없다는 것은 이념적 차원에서의 평등이다. 그러나 실제 관행이나 법제 운영과정에서 여성의 공직채용이나 승급, 승진 등에서 명실상부한 보장이 되고 있는가는 실천의 문제이다. 정치란 여성들과 밀접한 일상생활의 삶과 결부되는 사안이고 그것은 여론형성과 조직화된 활동을 통해 참여 가능한 문제이다. 세계적으로 여성이 참정권을 획득한 것은 겨우 1900년을 기점으로 그 전후이었으니 짧은 역사이고, 더욱이 한국은 1948년으로 뉴질랜드(1893년), 노르웨이(1913년), 구소련(1917년), 그리고 영국(1918년)보다 몇 십 년 늦다(김계환, 1981). 여성참정권의 획득은 과거 여성해방운동에서 초점이었으나, 현대에 이르러 정당을 비롯한 각종 사회단체에의 참여나 지역사회의 공적인 일에 참여하는 것 등 정치적 참여방식은 매우 다양하다.

여성 정치대표의 양적 증가의 의미는 여러 가지 면에서 찾을 수 있다. 첫째, 공직여성은 여성이익에 대한 정부의 대응성의 차이를 가져온다. 둘째, 여성이 권력을 갖게 됨으로써 사회에서 불공평한 가치의 분배를 재조정하게 된다. 셋째, 여성대표 증가는 여성에게 역할모델이 되며, 정치에 있어서 강력한 상징적 변화를 초래할 수 있다.

여성이 정치에 참여함으로써 모든 분야의 정책결정과정에서 여성의 특수한 요구와 권리가 고려될 수 있고, 그러한 과정에서 사회구조를 평등하게 변화시킬 수 있으며, 여성지위를 향상시킬 수 있다. 여성의 정치참여는 사회의 어떠한 분야의 참여보다 가장 효과적인 여성문제 해결의 강력한 수단이 된다.

한국여성들의 정치참여 현황은 앞에서 살펴본 바와 같이 매우 미진하다. 정치영역의 남성지배현상은 권력에 대한 성 특정적 분배를 뚜렷하게 드러내고 있다. 한국여성은 인구의 과반수를 차지하는 다수이지만 여성은 권력과 정치 면에서 소수이므로 사회의 주변적 위치에 있을 뿐이다. 여성 정치지망생은 남성에 비하여 가족의 지원을 절실하게 필요로 한다. 가족이 정치참여를 강력히 반대하면 남성보다 여성에게는 상당한 어려움이 따르기 때문이다.

여성이 인구수에 비례한 몫의 자리를 갖고 그 역할을 하게 될 때 여성문제가 정책의제로 채택되어 정책으로 결정되고 구체적으로 집행될 수 있을 것이며, 또한 전 국가권력 담당자에 대한 여성의 평등한 지위가 당연시 될 것이다.

전 세계적으로 여성의 정치참여는 열세이지만 특히 한국의 경우는 국제적으로 비교를 할 수 없을 정도로 극히 저조한 편이다. 그 이유는 남성중심의 사회문화적인 요인도 있겠으나, 정치제도의 구조적인 장애요인에 기인한다. 한국의 비민주적 정치제도는 불공정한 선거제도를 유지시켰으며, 이로 인하여 사회적 약자그룹인 여성집단이 그 대표성을 실현할 수 있는 제도적 뒷받침이 없었다(김선욱, 1993). 정치에 접근할 기회가 많은 전문직 및 고위공직에의 기회도 여성에게 적다. 법조인, 언론인, 고위공무원 등의 임용, 배치, 승진, 연수 등에서의 평등고용실현이 요청된다.

3) 여성의 법적 · 정치적 역량강화

여성과 법 그리고 정치의 문제는 그동안 소원하여 왔듯이 우리 여성들의 일상생활에서 동떨어진 어떤 거창한 문제가 아니다. 여성이 원하든 원하지 않든 정치는 대부분 여성이 맡고 있는 생명살림에 직결되는 일상의 문제이고, 이는 우리 주위에서 늘 이루어지며, 우리 생활에서 자연스럽게 대두되는 삶의 본질적 문제이다. 역사상 가부장적 남성우월사회에서 법적 강자인 남성들로부터 법적 약자인 여성들이 그들의 권리를 부단히 쟁취하려는 것은 어쩌면 당연한 귀결일 것이다. 여성과 관련된 법은 그동안 여성단체와 여성운동의 공헌으로 인하여 그

나마 여성의 권익을 보호할 수 있는 방향으로 개정되어 왔으나, 아직도 여성이
입법의 핵심에서 활동하고 있지는 못하다. 원래의 법이 가졌던 결함을 극복하기
위하여 바쳤던 희생과 투쟁을 되새기고, 여성권익의 완전한 법적 보장과 실질적
평등을 구현하기 위하여 입법적 노력을 경주해야 할 것이다. '여성권익의 완전
한 법적 보장'을 위한 입법화에 이르는 가장 이상적인 방법은 여성들의 정치활
동 참여라고 할 수 있다. 가족법개정이니 여성의 권익 체제 등은 입법의 문제이
고 곧 정치의 문제이다. 여성의 권익도 여성 자신이 정치적으로 조직화되지 않
으면 평등이라는 것마저 현실에서는 먼 이야기로 될 수 있다.

    우리의 경제발전 수준, 여성의 경제활동 참가율, 높은 여성의 교육수준을
고려할 때 여성의 정치참여는 절대적으로 극히 저조한 수준이다. 1948년 제헌
헌법에서부터 남녀동등한 참정권이 보장되어 있음에도 불구하고 한국여성의 정
치참여 상황은 세계적인 평균에도 훨씬 못미칠 정도이다. 여성권한지수(GEM)가
70개국 중 63위(UNDP, 2003), OECD 국가 중 최하위(UNDP, 2009)이며, 2016년도
유리천장지수(Glass–ceiling index)3)도 OECD 29개국 중 29위로 4년 연속 최하위
로 나타나고 있다. 한국의 사회문화적 인식으로 인한 이데올로기적 장애와 남성
중심 정치 조직이라는 구조적 장애의 이중적 장벽에 접하고 있기 때문이라고 볼
수 있다.

    남성위주의 가부장적 전통문화의 존재로 여성에 대한 사회적 편견이 지속
되고 있고, 외형적 근대화에도 불구하고 획일적·폐쇄적 가치관의 전통의식이
지배하는 이중구조가 존속하고 있다. 이러한 전통하에서는 여성이 지도자의 잠
재력을 지니고 있다 하더라도 의식은 의존적 여성으로 사회화되어 정치참여에
소극적인 입장이 된다고 볼 수 있다. 또한 절대다수의 남성이 지배적인 국회, 지
방의회, 국무회의, 정부 각종 위원회, 고위공무원 등에서 의욕적인 여성이라고
해도 설자리를 얻기가 매우 어려운 것이 현실이다(김선욱, 1993).

    여성의 정치참여 수준을 여성의 평등한 대표성을 실현하는 평등참여의 수
준으로 끌어 올리기 위하여는 적극적인 조치가 필요하다. 즉 국가의 여성정책은
재화와 서비스의 분배를 중심으로 한 여성복지정책 이외에 여성의 지위와 사회

3) 유리천장지수란 영국주간지 이코노미스트가 임금격차, 고등교육 참여율, 여성 국회의원, 기업
   여성임원비율 등을 종합하여 만든 남녀평등도 지표임.

적 권력의 분배를 다루는 성평등정책을 실시해야 한다. 이를 위하여는 기존의 장애요인을 제거하는 수준으로는 불충분하며, 여성부 및 여성정책담당 국가기구의 실천적 노력이 요청된다. 예를 들면 목표율 설정 및 단계적 할당제의 도입, 여성의 정치지도력 발전을 위한 각종교육의 실시, 여성 정당참여의 적극화, 여성단체의 조직력 강화와 지역적·국제적 연대강화, 연구의 강화 등 적극적인 제도적 조처와 행재정의 지원이 필요하다. 사실 유엔기구인 여성차별철폐협약(CEDAW)에 의하면, 여성을 대표하는 모든 분야의 50% 보장을 법률로 만들어야 함을 명시하고 있다. 따라서 현재 한국에서 적용하고 있는 정치분야 30% 여성비율은 패배를 인정할 수밖에 없는 비율이다. 여성차별철폐협약을 활용한 국가로서 르완다는 여성의 의회진출 56.8%를 이룩한 바 있다. 프랑스 정치권이 적극적으로 여성을 위한 정책을 추구하게 된 것은 여성들의 정치적 영향력이 증대되었기 때문이다(김원홍 외, 2015). 유엔차별철폐협약 수준에서 실효성 있는 선거법 제도를 정비하여 여성의 대표성을 높이는 과업이 요구된다.

　　세계화시대에 살고 있는 오늘날 한국여성들이 외국의 역사적 체험에서 꼭 배워야 할 것 중의 하나가 여성의 정치참여이다. 세계평균에도 훨씬 못미치는 여성의 정치참여율이 높아지지 않는 한 우리나라 여성들의 사회적·정치적 지위의 상승은 요원하다고 하겠다. 21세기를 맞아 여성에 대한 뿌리 깊은 차별성을 극복하고 여성 정치인, 국회의원, 법조인, 언론인 등을 다양하게 배출하여야 한다. 여성계뿐만 아니라 사회구성원 전체가 남녀의 동등한 법적 평등을 실현하도록 노력해야 할 것이다. 참여민주주의 시대에 국민의 절반인 여성의 정치적 의견이 제도적으로 보장되지 않고서는 참다운 민주주의가 실천되기 어렵다. 더욱이 이제 이념정치보다는 생활정치가 중요해진 이 시대에 주민자치의 활성화를 위하여 여성의 적극적 역할이 요청된다.

토론 및 연구 과제

1. 한국여성의 법적 정치적 지위는 어떠한 수준인가를 CEDAW의 권고와 주요 외국의 경우와 비교해 보자.

2. 남녀고용평등법의 입법취지와 실제 적용상의 현황과 문제를 토의해 보자.

3. 한국에서 여성의 정치적 참여가 저조한 요인을 한국의 사회 및 정치문화와 관련시켜 논의해 보자.

4. 여성들의 법과 정치 분야의 진출을 활성화하기 위한 법적 · 제도적 방안을 토론해 보자.

참고문헌

權寧星(1990), 「憲法學原論」, 서울: 법문사.

김계환(1981), 「남녀평등권론」, 서울: 박영사.

김원홍·김복태·김혜영·전선영·김은주(2015). 여성의 정치적 대표성 관련 선거법·제도
　　의 효과성 연구. 서울: 한국여성정책연구원.

김선욱(1993), "한국여성의 정치참여 현황과 과제,"「여성연구」 41, 한국여성개발원.

김주희(1990), "改正家族法과 女性의 自我實現," 부산대학교 여성연구소, 여성심포지움
　　발표논문, 1990년 4월 24일.

김주희(1992), "女性雇傭문제와 여성고용관계법률의 적용실태," 부산대학교 법학연구 33
　　(1): 231 − 266.

김주희(1996), "성과 법제도,"「여성과 남성을 위한 여성학」, 부산대학교 여성연구소, 서
　　울: 중앙적성출판사, 203 − 230.

金哲洙(1988), 憲法學新論, 서울: 박영사.

박종국, 최명구(1997), 「여성과 법률」, 서울: 학문사.

[법률 제06508호], 남녀고용평등법.

여성부(2002), 「여성백서」

윤근섭 외(1995), 「여성과 사회」, 서울: 문음사.

윤후정·신인령(1989), 「법여성학」, 서울: 이화여자대학교 출판부.

정무장관(제2)실, 「여성백서」, 1997.

주재선·김영란·김난주(2015). 2015년 여성의 사회적 지위향상 점검지표 분석. 서울: 한
　　국여성정책연구원.

중앙 선거관리 위원회, 국회의원선거총람, 1996.

지방의회의원선거총람, 1996.

총무처(2015). 「총무처연보」, 각년도.

최유진·이동선·이선민·문희영·김신희·임현지·정윤미·최미화(2015). 2015년 양성평
　　등추진전략사업. 서울: 한국여성정책연구원.

통계청(2015). 「통계로 보는 여성의 삶」. 각년도. 서울: 통계청.

한국언론연구원(2002), 「한국신문방송연감」.

한국여성개발원(2004), 여성통계 DB.

행정자치부, 「통계연보」, 1985; 1992; 1993; 1996; 2002 - 2004.

IPU(1988), Participation of Women in Political Life.

Nagel, Thomas(1977), "Equal Treatment and Compensatory Discrimination," 3 - 19 in Marshall Cohen et al.,(eds.), *Equality and Preferential Treatment*, Princeton, N. J.: Princeton University Press.

UNDP(2003), Human Development Report.

UNDP(2004), Human Development Report.

UNDP(2009) Human Development Report. http://hdr.undp.org/sites/default/files/reports/269/hdr_2009_en_complete.pdf

UNDP(2015) Human Development Data (1980 - 2015). http://hdr.undp.org/en/data

UNDP(2015) Human Development Report. http://hdr.undp.org/statistics/data/

〈웹사이트〉

http://acronymfinder.com/Committee - on - the - Elimination - of - Discrimination - against - Women - (est. - 1982%3B - UN) - (CEDAW).html

http://acronymfinder.com/Convention - to - Eliminate - Discrimination - against - Women - (est. - 1979%3B - UN) - (CEDAW).html

http://kosis.kr/statisticsList/statisticsList_01List.jsp?vwcd = MT_ZTITLE&parmTabId = M_01_01#SubCont

여성과 경제활동

1 현대사회와 직업

현대사회에서 직업이란 한 개인의 사회적·경제적 삶의 모습을 결정하는 역할을 하고 있다. 직업은 개인의 능력과 관심에 의한 선택이기 때문에 전적으로 자신의 삶은 직업선택의 의지와 불가분의 관계에 놓여 있다고 하겠다. 현대사회에서 직업이 개인을 평가하는 중요한 잣대가 되며 삶의 수단이 되는 이유는 몇 가지 측면에서 살펴볼 수 있다. 우선 첫째, 현대사회는 개방사회이다. 과거처럼 신분에 따라 가문의 직업을 운명적으로 행해야만 하는 것이 아니라 자신의 취미와 적성에 맞게 선택할 수 있는 것이다. 따라서 과거에는 직업이란 고통을 수반하는 육체적인 노동이었다면, 현대에는 개개인의 자발적 동기로 삶을 영위하기 위해 수행해야 하는 일로 간주된다. 직업의 의미를 살펴볼 때 직(職)이란 직무, 관직 및 개인의 사회적 역할을 의미하고, 업(業)이란 생계유지를 위하여 전념하는 일과 능력 발휘로 하나에 몰두하는 것을 의미한다. 이렇게 볼 때 직업이란 사회적 책무로서 개인이 맡아 행해야 하는 직무성과 생계유지 노동의 이중적 의미를 지니고 있다고 하겠다.

둘째, 현대사회는 능력사회이며 전문가사회이다. 어떤 한 분야에서 능력이 뛰어나면 직업을 얻기가 보다 수월하며 과거와는 달리 그 직업에 합당한 능력을 갖춘 사람만이 경쟁에 의해 그 직업을 택할 수 있게 되었다. 따라서 기능에 합당한 전문지식과 기술을 갖추는 것이 중요하다. 역할의 분화가 극심해진 현대사회에서 각 개인의 역할은 명확하게 구분되고 이 역할을 수행하는 데에 필수적으로 요구되는 자질과 자격을 갖추는 것이 필요하다. 사회가 개인의 재능과 효율성 그리고 합리성에 의하여 운영되므로 직업역할 수행에 전문성이 요구되는 것이다.

셋째, 현대사회는 지식·지능정보의 사회이다. 과거에는 자본으로서 토지나 돈을 중요시하였으나 이제는 정보와 지식의 활용이야말로 귀중한 자본이다. 현대사회가 지식과 정보의 사회이므로 계속해서 배워야 하는 평생학습사회이기도 하다. 급변하고 있는 사회의 직업인들은 부지런히 배우지 않으면 자신이 언제 도태당할지 알 수 없다. 제4차 산업혁명으로 불리우는 지능정보시대에 현재 존재하는 수많은 직업이 사라질 것이고, 대신 새로운 직업군이 등장하고 있으므로 이에 걸맞는 직업능력이 필요하다. 아이디어와 창의력이 요구되는 지식·지능정보사회에서 오히려 여성들에게는 사회진출을 위한 새로운 도전의 기회가 왔다고 할 수 있다.

흔히 여성들 간에 회자되는 이야기로 주부는 직업이냐 아니냐 하는 문제가 있다. 과연 주부를 직업으로 간주할 수 있는가. 직업이란 무엇이며 어떠한 조건과 내용을 갖고 있는가.

직업의 내용은 첫째, 직업은 생계유지가 가능하여야 한다. 경제적인 보수가 필연적인 것이다. 둘째, 직업은 개성의 발휘가 이루어져야 한다. 자유로운 선택에 의하여 소질과 적성에 맞는 일을 택할 때 보다 빛을 발할 수 있을 것이다. 셋째, 직업은 사회적으로 보람된 것이어야 한다. 그 직업을 통하여 사회적 책임을 이행하며, 공공의 복지에 위배되지 않을 뿐 아니라 규범과 질서를 유지, 발전시키는 것이 되어야 한다. 넷째, 계속적이고 조직화되어 있어야 한다. 그 일이 사회체제 내에 계속적으로 존재하고 개인적으로 유지되어야 한다는 것이다. 다섯째, 노동이 수반되어야 한다. 정신적이든 육체적이든 반드시 노동을 통하여 직업활동이 계속되어야 한다(정우현 외, 1989).

　이렇게 볼 때 가정주부는 여러 가지 측면에서 직업으로 간주될 수 있는 특성을 지니고 있다. 주부의 일이야말로 개성의 발휘가 가능하고, 사회적으로 보람된 것이며, 계속적이고 조직화되어 있어 정신적·육체적 노동이 필연적으로 수반된다. 이상의 네 가지 조건은 다른 어느 직업보다도 확실하게 충족시킬 수 있는 일이 주부의 역할이다. 그러나 첫째의 조건인 생계유지의 가능성은 충족되지 못하고 있다. 반드시 가족이나 다른 경제적 활동을 하는 직업인을 매개로 하여 주부라는 역할이 경제적인 가치를 지니므로 독자적인 생계유지는 불가능한 것이다. 한편 자녀를 출산하여 양육하고 있는 주부의 경우는 국가의 인적자원개발에서 가장 기초적 역할을 담당하고 있다는 차원에서 어떠한 형태로든 응당의 대우를 해주어야 한다는 주장이 세계 최저 출산율 기록시대에 관심을 모으고 있다. 일반적으로 임금노동만을 직업으로 생각하고 가사노동이나 자원활동 등은 이 범주에서 제외시키는 경향이 있는데(Beechey, 1986), 주부의 경우도 일과 근로자라는 시각에서 새로이 조명될 필요가 있다.

　현대사회에서 남녀를 불문하고 직업이란 경제적 생계유지의 차원을 넘어서 매우 중요한 의미를 내포하고 있다. 오늘날 사람들은 직업세계에 참여함으로써 사회적 기능을 행사할 수 있게 되기 때문이다. 직업을 각자 삶의 일부이자 생의 의미로 받아들이게 되었다. 산업혁명 당시만 해도 직업의 종류는 500여 종에 불과하였으나 1970년대에는 5만 여 종, 그리고 현대에 와서는 약 20여 만 종이나 된다고 한다. 이제까지 직업은 여성에게 있어서 필수가 아니라 선택이었다. 그러나 현대사회는 직업사회이므로 여성이 직업을 갖지 않는다는 것은 사회적 지위를 점유하지 못하는 결과를 초래한다. 따라서 여성들은 자신에게 맞는 직업을 갖기 위해 직업세계에 대한 탐구를 적극적으로 해야 할 시대적 요청에 직면하고 있다.

2 여성의 경제활동 현황

지식 정보화에 따른 여성의 경제활동 참여율은 증가추세를 보이고 있는데, 이는 노동시장과 사회적 여건의 변화로 설명될 수 있다. 즉, 노동시장의 수요 면에서 육체적 강인함을 요구하지 않는 사무직, 전문직, 정보산업 관련직 등이 늘어나 여성이 진출할 수 있는 분야가 확대되었다. 이와 동시에 공급 면에서는 고등교육 기회의 확대에 따라 훈련된 여성인력이 증가하였고 출산율 저하, 가전제품의 발달로 인한 가사노동시간의 단축 등으로 경제활동 참여를 조장하는 분위기가 형성되었다. 그러나 국제적으로 또는 성별간 비교할 때 여성의 경제활동은 아직도 취약한 부분이 많으며 앞으로 해결해야 할 과제가 산재해 있다. 한국여성의 경제활동을 고용구조와 근로조건 면에서 살펴보기로 한다.

우선 고용구조의 측면에서 남성과 매우 상이한 양상이 존재한다. 산업구조의 고도화와 지속적인 경제성장 및 여성의 사회참여 욕구증대로 [표 8-1]에서

표 8-1 성별 경제활동인구 추이 (단위: 천명, %)

연도	경제활동인구				경제활동참가율	
	전체	남	여	경제활동 인구의 여성 구성비(%)	남	여
1963	8,230	5,395	2,835	34.4	78.4	37.0
1970	10,062	6,447	3,615	35.9	77.9	39.3
1980	14,431	9,019	5,412	37.5	76.4	42.8
1990	18,539	11,030	7,509	40.4	74.0	47.0
2000[1]	22,135	13,034	9,101	41.1	74.4	48.8
2005	23,743	13,883	9,860	41.5	74.6	50.1
2010	24,748	14,492	10,256	41.4	73.0	49.4
2015	26,913	15,543	11,370	42.2	73.8	51.8

출처: 통계청. 경제활동인구조사 통계 자료. http://kosis.kr/

1) 2000년도 이전 통계는 구직기간 1주 기준(성/연령별 경제활동인구 통계자료), 2000년도 이후 통계는 구직기간 4주 기준(성별 경제활동인구 통계 자료).

보는 바와 같이 경제활동에의 여성 참여율은 1963년 이래 계속 상승추이를 보였다. 남성의 경제활동 참가율은 1963년과 2015년 사이 78.4%에서 73.8%로 감소한 반면 같은 기간 중 여성의 경제활동 참가율은 37.0%에서 51.8%로 14.8% 포인트나 증가했다. 이를 경제활동인구 중 여성의 구성비로 보면 1963년에 34.4%이고 2015년에는 42.2%로 7.8% 포인트 상승하였다([표 8-1]).

　여성의 경제활동은 증가되어 왔으나 아직 선진국이나 동일문화권의 타 개발도상국에 비하면 현저히 낮은 수준이다. 우리의 여성 경제활동 참가율은 ILO의 자료에 의하면 51.8%인 데 비하여 선진국은 65~75% 수준이다. 특히 생산성이 높고 경력과 기능을 축적할 시기인 25~34세와 35~44세 연령층의 경제활동 참가율이 타국에 비해 현저히 낮은 것은 매우 큰 취약점이라고 하겠다. 즉 미국과 영국, 프랑스, 스웨덴 등의 여성인력 활용은 결혼과 자녀 양육기에도 70~80% 정도인 데 비해 한국은 58.7%대로 낮아지고 있다. 이는 여성의 직업전문성 확보에 걸림돌이 되고 있는 주요 요인이며, 일본과 대만의 경우도 한국보다는 양호한 편이라는 것을 주지해야 할 것이다(한국여성개발원, 1995: 107; OECD, 2015).

　한국여성의 연령별 경제활동 참가율은 여성이 결혼하여 자녀양육을 해야 하는 시기인 20대 후반과 30대에 외국과 더욱 큰 차이가 있다. 경제활동을 연령별로 제시한 [표 8-2]를 보면 35~44세 여성의 경제활동 참가율이 한국은 58.7%인 데 비하여 미국은 71.0%, 노르웨이 83.4%, 독일 79.6% 일본 71.2%로 한국여성의 경제활동 참가율이 현저하게 낮다는 것을 알 수 있다. 또 남성들의 경제활동 참가율과 비교할 때도 한국에서의 남녀차이(92.2% : 58.7%)가 가장 극심하다. 여성의 경제활동참가는 한국남성이나 선진국들과 달리 M자형(쌍봉형)의 경력 단절현상을 보이며, 이는 이 시기의 여성들이 결혼, 출산, 육아 등의 이유로 노동시장에서 퇴출하기 때문이다.

　이러한 현상은 여성의 숙련형성을 저해하고 발전적인 직장생활을 영위하는 데 큰 장애요인이 되며, 동일직종 취업이나 인적자본 축적을 방해하여 임금감소 요인으로 작용하기도 한다.

　총노동력 공급을 나타내는 경제활동인구와 더불어 여성취업도 큰 폭으로 증가하고 있다. 취업자의 산업별 분포를 성별로 보면 농림어업과 광공업 분야의

구분		전체	15~24세	25~34세	35~44세	45~54세	55~64세
한국	남	75.5	22.9	80.3	92.2	90.7
	여	55.7	30.7	63.8	58.7	67.3
일본	남	81.8	40.4	89.8	93.3	92.8
	여	64.6	40.9	72.2	71.2	74.8
미국	남	74.2	49.0	83.9	86.7	82.8
	여	63.4	48.2	69.3	71.0	70.6
호주	남	77.5	58.2	86.3	87.1	85.1
	여	66.8	58.7	71.2	72.0	74.6
영국	남	77.9	52.2	87.1	90.5	86.5
	여	68.6	52.8	74.3	76.5	78.9
프랑스	남	67.1	29.7	80.8	86.3	83.7
	여	60.6	25.9	70.2	77.9	77.3
노르웨이	남	76.6	50.0	82.8	87.2	85.8
	여	73.0	52.2	77.1	83.4	81.6
독일	남	78.0	46.5	84.5	90.4	89.3
	여	69.9	44.0	75.9	79.6	81.5

표 8-2 2015 주요국의 연령별 경제활동 참가율 (단위: %)

출처: OECD(2015). Labour Force Statistics(LFS) 자료.
www.oecd.org/employment/database.
주: 영국과 미국의 경우 16~64세 기준임.

여성취업자가 줄고 3차산업 취업자가 증가하고 있다. 취업자 비율이 가장 높은 직종은 서비스와 판매직이다. 취업자의 절반 이상이 임금근로자이고 일용직 고용의 비중이 남성보다 여성이 높아, 여성이 더욱 불안정한 상태이다.

한편 산업별로 성별 근로자현황을 보면 12개 산업영역 중 제조업 종사자가 가장 많고 여성의 경우도 전체 여성근로자의 상당수를 점하고 있다. 산업별 전체 근로자 중 여성의 비율이 높은 산업은 보건복지 분야에서 여성의 비율이 80.3%로 가장 높고, 숙박음식업이 56.7%, 그리고 교육서비스업이 52.7%로 여성 비율이 높은 편이다([표 8-3]).

근로조건 면에서 10인 이상 업체에 종사하는 여성근로자의 월평균 근로시

┆ 표 8-3   2015 산업별 성별 근로자수

산업분류별[2]	근로자수(명)			남성 대비 여성 비율(%)
	계	남	여	
농업,임업 및 어업	22,022	17,269	4,753	21.6
광업	11,981	10,830	1,151	9.6
제조업	3,070,468	2,324,210	746,258	24.3
전기, 가스, 증기 및 수도사업	58,764	50,450	8,314	14.1
하수·폐기물 처리, 원료 재생 및 환경 복원업	62,968	53,592	9,376	14.9
건설업	500,305	427,982	72,323	14.5
도매 및 소매업	949,444	580,784	368,660	38.8
운수업	504,296	429,554	74,742	14.8
숙박 및 음식점업	262,539	113,594	148,945	56.7
출판, 영상, 방송통신 및 정보서비스업	407,648	294,959	112,689	27.6
금융 및 보험업	392,942	217,172	175,770	44.7
부동산업 및 임대업	241,927	168,130	73,797	30.5
전문, 과학 및 기술서비스업	725,923	515,201	210,722	29.0
사업시설관리 및 사업지원 서비스업	720,243	380,603	339,640	47.2
교육서비스업	404,512	191,307	213,205	52.7
보건업 및 사회복지 서비스업	955,952	187,966	767,986	80.3
예술, 스포츠 및 여가 관련 서비스업	86,235	48,792	37,443	43.4
협회 및 단체, 수리 및 기타 개인 서비스업	265,519	154,343	111,176	41.9

출처: 통계청(2015). 고용형태별근로실태조사 산업분류별 통계자료. http://kosis.kr/

간은 1980년 이후 감소하여 왔고, 임금은 약간씩 상승하여, 2000년대에는 남성 대비 임금수준이 겨우 60%대를 넘어섰다. 여성의 임금수준은 [표 8-4]에서 나타나듯이 남성과 비교해 볼 때 아직도 그 격차는 크게 나타나고 있다. 여자근로

---

2) 표준산업분류 9차

: 표 8-4   성별 월평균 임금비율

연도	월급여액3) (천원)			남성 대비 여성 임금 비율(%)
	월평균	남	여	
1995	928	1,050	628	59.8
2000	1,314	1,474	954	64.7
2005	1,888	2,109	1,396	66.2
2010	2,023	2,361	1,477	62.6
2015	2,415	2,837	1,781	62.8

출처: 노동부(2007). 「임금구조기본통계조사보고서(2006)」. p.29－30.
노동부(1996). 「임금구조기본통계조사보고서(1995)」. p. 23.
고용노동통계. 임금·근로실태 통계, 고용형태별 임금 및 근로시간 통계 자료. http://laborstat.molab.go.kr/

자의 임금은 2015년 현재 총액기준 월평균 241만 5천원으로 여성임금비(남성근로자 임금을 100으로 볼 때)는 62.8%이다. 1980년 44.4%로 나타난 이후 1995년 59.8%, 2005년 66.2%까지 상승하였으나 최근 다시 그 이하에서 맴돌고 있는 상황이다. 2000년대에 들어서면서 과거에 비하면 상승되었으나, 아직도 남녀격차는 매우 극심하다. 직종별로는 고위임직원 및 관리직의 여성임금이 가장 높으며, 단순노무직이 가장 낮다.

　여성의 경제활동이 활발해지고 있는 이유는 여러 가지 측면에서 설명할 수 있다. 몇 가지를 보면 우선 첫째, 남녀고용평등법의 제정, 시행 등 사회적으로 여성의 경제활동을 긍정적으로 평가하는 의식이 크게 변하였다. 둘째, 내구재소비의 급증과 소비수준 향상에 따른 추가소득에 대한 욕구가 강화되었다. 셋째, 출산율의 급격한 저하와 함께 여성의 육아부담이 가벼워졌다. 넷째, 산업구조의 고도화와 인력부족에 따라 여성노동을 필요로 하는 분야가 확대되고 있다는 것 등이다(한국여성개발원, 1997). 그러나 여성들의 취업증가로 남녀대비 여성의 직업적 지위는 그만큼 향상되었는가? 여성의 참여가 확대된 만큼, 모든 여성들이 남성들과 똑같은 대우를 받으며 일하고 있는가에 대하여는 회의적이다. 여성을 고용하는 이유는 창업자의 철학으로 남녀평등의 원칙과 법률제도에 충실하려는

---

3) 월급여액＝정액급여＋초과급여

외자투자계도 있는가 하면, 인력난으로 어쩔 수 없이 여성고용을 고려하는 것이 소규모 중소기업의 실정이므로 여성 고용구조의 취약성이 존재한다(김태홍 외, 2012). 또 새상품의 개발로 여성인력의 요구가 증가하거나 사회분위기와 회사의 이미지를 고려하여 여성을 고용하는 기업도 있기는 하지만 기업에서의 여성인력활용은 매우 주변적이고 제한적인 것이 현실이며, 이러한 연유로 선진 외국에 비하여 고위관리직에 여성의 비율이 현격히 낮은 것으로 지적되고 있다.

3 여성인력 취업의 특성

1) 여성취업의 특성과 문제

여성인력 취업의 특성은 단적으로 말해 서비스, 판매직과 사무직에 편중되어 있다. 노동부 자료에 의하면 2015년 단순노무직 근로자의 47.8%, 사무직원의 42.1% 등인 데 비하여, 고위임직원 및 관리자는 10.7%로 근로 직종별로 볼 때 여성은 관리직에서 매우 열세이다([표 8-5]).

표 8-5 2015 직종별 성별 근로자수

직종[4]	근로자수(명)			남성 대비 여성 비율(%)
	계	남	여	
전직종	9,643,688	6,166,738	3,476,950	36.1
관리자	168,928	150,860	18,067	10.7
전문가 및 관련 종사자	2,505,970	1,496,670	1,009,300	40.3
사무 종사자	2,637,204	1,527,555	1,109,649	42.1
서비스 종사자	466,281	132,498	333,783	71.6
판매 종사자	598,207	383,438	214,768	35.9
농림어업 숙련 종사자	21,458	16,855	4,602	21.4
기능원 및 관련 기능 종사자	711,721	615,897	95,824	13.5
장치기계조작 및 조립종사자	1,726,432	1,421,204	305,228	17.7
단순노무 종사자	807,488	421,759	385,729	47.8

출처: 고용노동통계. 직종·산업별 근로자수 및 근로시간 통계자료. http://laborstat.molab.go.kr/

4) 한국표준직업분류 6차

통계청의 보고에 의하면 여성의 전체적인 취업자 비중은 1990년 이후 해마다 40% 수준을 유지하고 있다. 그러나 여성의 비중은 직종에 따라서 큰 차이를 보이고 있다. 즉, 서비스·판매직과 사무직의 취업자 중 여성비중은 전체의 절반을 넘고 있으나, 의사결정 그룹인 입법자, 고위임직원 및 관리자 계층의 점유비는 매우 저조하다. 즉 취업분야가 전문기술직이나 행정관리직보다 사무직, 판매직, 서비스직 등 비교적 단순직종에 집중되는 구조적 취약성이 존재한다. 앞으로 여성인력의 고급화와 여성취업에 대한 사회인식의 변화가 요구되고 있다.

여성의 대부분이 취업하고 있는 분야는 서비스직과 단순노동을 필요로 하는 곳이다. 여성은 취업활동에 있어 경제적 차별을 받는다.

여성의 취업활동이 증가하고 있음에도 불구하고 여전히 노동력 재생산영역에서 여성의 지위는 크게 변하지 않아 아직도 여성은 자녀양육 등 가사노동의 전담자이다. 더욱이 가사노동이 국가의 복지정책으로 사회화되지 못하고 주로 상품형태를 취하고 있는 등 여성은 직장과 가사의 이중노동의 문제를 안고 있으며, 여성이 사회적 노동으로 얻은 경제적 대가의 대부분이 가사노동을 대신하는 가사상품의 구입으로 소모되는 실정이다. 게다가 남녀의 임금격차가 존재하는 현실에서 더 문제가 되는 것은 남녀의 역할이 다르기 때문에 임금차이는 당연하다는 사회적 인식이다.

여성의 경제적 역할확대는 남성의 생계유지 부담을 감소시키고 가정의 소득수준을 높이게 된다. 영국의 경우는 가계수입의 30%를 여성이 기여하고 있다고 하는데, 우리나라 여성인력도 지금까지 경제발전에 매우 큰 기여를 하였다. 특히 미혼여성 노동력의 공급증가는 경제발전 초기 노동집약적인 수출산업의 급성장에 절대적으로 기여하였으며, 1970년대 5대 수출산업(섬유·신발·가발 등)이 모두 여성노동력을 활용한 산업이었음은 주지의 사실이다. 그럼에도 불구하고 아직 여성인력에 대한 차별은 매우 심하며 효율적 인력활용체계를 갖추지 못하고 있는 실정이다. IMD 세계경쟁력보고서에서 우리나라 남녀고용기회 차별 및 임금격차가 2015년도에 OECD 회원국 중 4년 연속 최하1위라고 평가하였다는 사실은 그 차별의 심각성을 밝혀 주고 있다.

경제활동에 참가하고 있는 여성의 능력 면에서도 효율적인 인력활용이 이루어지지 못하고 있다. 결혼 후 취업중단에 따른 취업기회 상실로 고학력 여성의 경제활동 참가율이 낮은 바, 여성에의 교육투자가 남성과 같은 점을 고려할 때 그만큼 국가자원을 낭비하는 결과이다. 여성의 실업률은 학력수준이 높아질수록 높으며 대학재학 이상의 학력을 지닌 여성의 실업률은 남성의 2배나 된다. 그러나 실제 여성의 실업률은 더 높다. 왜냐하면 취업을 희망하지만 취업이 어려울 것 같아 구직을 안 하는 실망 실업여성이 남성보다 훨씬 많기 때문이다. 미혼여성의 경우 학력이 중졸 이하인 경우 경제활동 참가율은 고졸 및 대졸 이상보다 높지 않다. 그러나 기혼여성의 경우 중졸 이하의 경제활동 참가율이 오히려 고졸, 전문대졸 이상의 참여율보다 높다. 이것은 경제적인 이유로 생계유지를 위하여는 계속 경제활동을 하지만, 최소한의 생계유지만 되면 결혼 후 직업을 포기하는 것이 한국여성의 직업관이라는 단면을 보여 주고 있다. 즉 중졸 이하의 여성들은 생계유지를 위하여 결혼 후에도 경제활동에 참여하지만, 고학력 여성들은 오히려 결혼 후에는 경제활동을 철회하고 있는 것이다.

2) 여성의 취업구조

여성취업의 열세요인은 크게 사회 직업구조적인 측면과 개인 의식적인 차원에서 볼 수 있다. 주로 앞부분에서는 직업구조나 정책적 차원에서 문제를 지적하였다. 개인 의식적인 차원에서는 여성에 관한 전통적 가족제도와 여성역할의 강조와 관련된다. 한국의 전통적 가족제도는 양성 불평등의 가장 중요한 요인으로 여성에게는 가장에 종속되고 가(家)에 기여하는 수단적 역할이 기대되어져 왔다. 이 같은 종속적 지위와 수단적 역할은 여성 자신에게도 내면화되어 스스로를 가정에 매어 놓음으로써만 자기의 존재를 확인하게 되고 가정을 떠난 주체적 자아상의 형성은 불가능하게 되었다(문은희 외, 1983). 또한 여성은 남성과 같은 인격을 가진 동등한 주체라기보다는 별개의 존재로 간주되기도 하였다 사회에서 자신의 독창성을 살려 공헌한다는 것은 상상할 수도 없었던 것이다(김인제, 1986). 가족에 의하여 여성의 사회적 지위와 명예가 부여되었으며, 여성에게 개인으로서 사회인으로서의 자아는 존재하지 않았다.

한국여성의 전통적 역할과 기대는 현대에도 여성들의 의식과 삶을 지배하고 있다. 사회제도는 비교적 동등한 교육기회를 부여하는 것 같으나, 사실 사회적 태도나 가치관 교육의 내용에서는 남존여비, 현모양처상이 그대로 남아 있다. 따라서 여성이 혹 직업을 갖고 일을 한다고 해도 일에 대한 성취감이나 만족감보다는 가정일을 제대로 하지 못하고 있다는 자책감을 갖거나 여성적이지 못하다는 생각을 갖도록 되어 있다. 아직도 여러 직장에서 전통적인 가치관의 영향으로 미혼여성보다 능력이 뒤지지 않는데도 기혼여성들의 채용을 거부하는 경향이 있다.

여성은 남성과 다른 취업구조를 갖는다. 따라서 여성의 취업은 남성들과 매우 다른 경험을 하는 구조로 되어 있으며 몇 가지 중요한 사항을 살펴보면 다음과 같다(심영희, 1988: 144). 첫째, 대부분의 여성은 인생의 어느 주기에 일을 중단한다. 그들은 대부분 자녀를 가진 후 임금노동을 포기하고 그 뒤로 다시 돌아오는데 이때는 대체로 시간제 취업을 한다. 둘째, 남성에 비하여 상대적으로 많은 여성들이 시간제로 일을 한다는 것인데 가사일을 하거나 어린이 및 부양가족을 돌보아야 하기 때문이라는 것이다. 셋째, 여성들이 하는 일의 많은 부분은 다른 사람을 돌보거나 봉사하는 것이라는 점이다. 여성들은 교사, 간호사, 사회사업가, 가사보조인 등 돌보는 일과 청소, 요리, 비서직과 같이 다른 사람에게 봉사하는 일을 한다는 것이다. 넷째, 많은 여성들이 비공식부문에서 일하고 있다는 것이다. 다섯째, 많은 여성취업자들이 저임금과 나쁜 작업조건, 직업 불안정성에 시달리고 있다는 것이다. 약간의 변화는 있으나 놀랍게도 이러한 20세기 산업시대 여성근로의 조건은 21세기 현재에도 대부분 그대로 지속되고 있다는 점이다.

여성이 가정 살림의 제1차적 책임을 맡고 있으므로 경제활동은 여성에게 제2차적이다는 사회적 인식이 지배적이었다. 그러나 지식정보사회를 맞아 여성 인적자원개발에 대한 국가 차원의 관심이 부상하였고, 여성들의 의식에도 상당한 변화가 일어났다. 여성들은 자신의 능력개발을 위해 결혼과 출산을 뒤로 미루는 현상이 나타나고 있다.

그동안 여성들은 가사와 육아라는 1차적 부담을 안고 직업을 필요에 의해 선택하였으므로 그야말로 직업을 선택할 수도 안할 수도 있었다. 그러나 앞으로의 사회에서 그러한 선택의 폭은 상당히 좁아질 것으로 전망된다. 더욱 많은 여성이 취업을 하게 되고 여성취업에 대한 사회적 인식도 바뀌고 있다. 여성의 직업을 경제적 관점만이 아니라 삶의 질과 자기개발의 차원에서 보기 때문이다.

앞으로 남녀 간 평등한 직업활동의 기회를 가질 수 있도록 다각도의 정책적 노력이 절실하게 요청된다.

3) 인적자원의 전망

우리는 아무도 예상하지 못하는 빠른 속도로 다가오는 제4차 산업혁명 시대를 맞이하였다. 클라우스 슈밥은 제4차 산업혁명을 이끄는 기술을 물리학(Physical) 기술, 디지털(Digital) 기술, 생물학(Biological) 기술로 꼽고, 제4차 산업혁명의 영향력을 경제, 기업, 국가, 사회, 개인 차원에서 다루었다. 특히 경제적 측면에서는 성장 가능성, 노동력의 위기, 노동의 본질을 중심으로 그 변화를 예측하고 있다(Schwab, 2016). 개인의 정체성에도 체내 삽입형 기기가 등장하면서 상당한 도전과제가 던져지고 있는 상황에서 유비쿼터스(Ubiquitous) 컴퓨팅, 웨어러블(wearable) 인터넷은 우리 삶의 양식에도 변화를 가져올 것임을 예측할 수 있다(Foreign Affairs, 2016). 사물인터넷이란 용어가 등장할 정도로 모든 것이 인터넷으로 연결된 세상에서 우리의 삶은 어떻게 달라지고 우리는 무엇을 준비해야 할 것인가. 로봇과 인간의 상호작용이 새로운 과제로 대두되는 등 세계를 지배할 새로운 질서가 생성되고 경제에서는 노동, 자본, 아이디어의 새판짜기가 진행되고 있다. 또한 소셜 미디어의 정치적 힘은 확대되어 기술, 공공 영역, 정치적 변화가 나타날 것이며, 우리 실 생활에서는 데이터 수집보다 데이터 활용이 중요하게 된다.

이처럼 제4차 산업혁명으로 일컬어지는 현대사회에서 인간의 삶의 양식은 경제적 사회적으로 많은 변화를 경험하게 될 것이다. 전통적인 직종이 사라짐은 물론 직장의 근무방식에도 변화가 예상된다. 21세기로 들어서면서 선진국 사람들은 직업에서 돈보다 인간의 삶의 의미를 더욱 강조하고 있다. 사람들은 가정과 직장을 잘 조화함으로써 얻을 수 있는 균형적 생활을 영위하고자 노력하기도 한다. 이러한 경향은 남성과 여성 모두에게 나타나며, 융통성있게 시간을 짜고 더 짧은 시간 일할 것을 생각하고 있다. 이것은 분명히 선택의 문제이다.

지능정보사회에서는 지식과 빅 데이터 활용능력 그리고 창의력이 중요한 자산이 되는 사회이다. 인류사회의 발전단계마다 각기 핵심역할을 하는 기술이나 도구가 있었다. 원시사회에서는 힘센 사람이, 수렵사회에서는 활과 사냥기술이 뛰어난 사람이, 농경사회에서는 농기구와 농사짓는 기술이 앞선 사람이 경쟁에서 우위를 차지하였다. 또 공업화사회에서는 에너지를 많이 갖고 기계기술이 앞선 국가가 선진국이었다. 정보화 사회에서는 컴퓨터와 통신기기를 중심으로 한 전자·소프트웨어 기술이 무엇보다 중요하며, 또한 지능정보사회에서는 창의성이 매우 중요하다. 문자를 모르면 문맹이 되듯이 컴퓨터를 모르면 살아가기 어려운 사회가 되었다.

미래에는 직업 활동을 통한 여성의 사회진출이 확대될 것이 기대된다. 인공지능의 활용이 가능한 지능정보사회는 산업사회와는 질적으로 다른 새로운 문화를 요구한다. 초고속 정보통신망의 보급은 지식의 개념, 노동의 개념, 남녀관계, 가정과 직장의 존재방식뿐만 아니라 사회조직 등에도 많은 변화를 가져오고 있다. 여성과 남성을 평등하게 대우하고 여성이 자아실현 기회를 충분히 갖도록 하는 것은 현대 국가의 주요한 가치이자 목표이다. 앞으로 우리는 여성의 사회적 역할과 지위를 보는 근본 틀을 바꾸어 나가야만 할 것이다.

현대사회에서 조직은 개방적, 자율적이고 상호의존적인 협력체계가 되어야 하며 개인은 창의적, 전문적, 통합적인 안목과 사고를 지녀야 한다. 뿐만 아니라, 로봇의 활용으로 여가 선호도가 높아져 평균노동시간이 줄어들고 생산방식뿐 아니라 소비의 방식과 조직의 방식에도 변화가 예견되고 있다. 그런 변화에 대응하여 여성이 해야 할 일은 남성들 못지않은 재능과 지식을 갖추는 일이다. 21세기에는 육체적 능력보다는 지적 능력이 중요하게 되어 직업상 남녀구별이 약화됨과 동시에, 여성(Female), 감성(Feeling), 가상(Fiction)이 중시되는 3F시대로서 여성 특유의 감성과 창의성이 요구되는 지식 및 문화 산업의 중요성이 커진다. 향후 남녀역할은 지금까지와는 달리 자유롭고 창의적으로 새롭게 정의되고 실천되어야 함을 시사해 준다. 이러한 상황에서 시장을 창출하고 이를 지원하는 정부의 역할이 뒷받침된다면, 여성의 경제활동은 좀 더 활성화 될 것이 기대된다.

4 여성경제활동 활성화의 과제

1) 활성화 방안

여성의 취업은 양적으로 약간 증가하는 추세이나 그 질적인 면에서 아직도 열세임을 면치 못하고 있다. 즉, 정치분야, 정책입안 및 의사결정을 할 수 있는 지위에 있는 여성이 매우 희소하고 전문직, 관리 및 행정직에도 여성은 희소하다. 활성화 방안에 앞서 여성취업의 문제를 구조적으로 살펴볼 필요가 있다. 여성이 취업현장에서 열세로 머물고 있는 데에는 여러 가지 요인이 있으나 크게 두 가지 관점에서 볼 수 있다. 첫째는 사회제도, 조직 등 구조적 측면에 문제가 있다는 노동시장 이중구조론이고, 둘째는 여성의 인식과 능력 등 여성 자신에 문제가 있다는 인적자본론적인 입장이다. 후자는 사회화에서의 남녀차, 가사와 직업의 이중부담 등으로 여성은 열세에 놓일 수밖에 없다는 성역할 이데올로기에 기인한다. 무엇보다 여성취업의 열세는 직업기회에 대한 제도적인 여성차별과 이를 영속화하는 문화적·제도적 장치들에 기인한다고 하겠다(Andersen, 1983; 조은, 1984).

구조적 장애란 사회제도나 구조가 남성지배를 계속 유지·은폐하도록 작용하여 여성이 격리되는 결과를 가져왔다는 것이다. 즉, 노동시장 이중구조론에 의하면 노동시장은 1차시장과 2차시장으로 나뉘어지는데, 남성은 1차시장에 여성은 2차시장에 유입되도록 구조화되어 있다. 주로 남성이 유입되는 1차시장은 들어가는 데 제약은 많으나 승진계단·고임금·승진기회·작업조건 등에서 유리하며, 여성이 유입되는 2차시장은 들어가기는 쉬우나 직업 안정성이 낮을 뿐만 아니라 저임금에 작업조건도 열악하다는 것이다(Andersen, 1983; Rubery, 1982).

이데올로기적 장애란 성에 관련된 전통적 규범을 강조함으로써 파생되는 사회적 인식의 경직성과 관련되는 문제이다. 즉, 능력에 있어서 성별차이가 있다는 것을 과학적으로 믿게 하는 주변환경이라든가, 가부장제와 성역할 고정화 등 여성의 역할에 관한 규범적 이데올로기 등이 있다(심영희, 1986). 이러한 성역할 이데올로기는 여성 스스로 자질과 능력 면에서 여성적이라고 인식되는 분야를 택하게 함으로써 여성의 적극적 활동을 방해하고 있다.

여성취업의 열세를 극복할 수 있는 방안은 무엇일까? 첫째, 노동시장 이중 구조와 관련하여 1차시장에 일정비율의 여성을 의무적으로 고용하도록 하는 방안이 있다. 관공서나 교육기관부터 시작하여 민간기업으로까지 점차 확대해 나가면 여성에 대한 인식의 개선에도 크게 기여할 것이다. 둘째, 가족제도와 관련하여 가사노동의 산업노동화가 요구된다. 자녀의 출산, 양육은 개인적 차원으로부터 사회적 책임이라는 인식의 전환이 있어야 하며, 탁아시설의 확충으로 제도 및 행·재정적 뒷받침이 필요하다. 한편으로는 직장과 가정을 분리하여 여성에게 가정영역을 담당하게 하는 것에서 탈피하여, 직장-가정분리의 불평등성을 개선하도록 하여야 할 것이다. 셋째, 기회구조의 확대라는 차원에서 여성의 교육기회를 확대하고 기회구조를 개방하여야 한다. 전공을 개발하여 여성이 취업할 수 있는 문호를 넓히는 것도 매우 중요하다. 넷째, 가부장 이데올로기와 성역할 고정화를 탈피하여 취업에 임할 것이 필요하며, 여성에게 자신감을 심어 주는 교육이 필수적이다. 여성의 의식전환은 단시일 내에 이루어지기 힘든 면이 있다. 전통적인 문화의 영향을 받아 형성된 여성인식은 유전적으로 계승되기 때문이다.

인간은 태고형(arche type)이란 집단무의식을 이어받는데, 이 태고형적인 성격은 개인적인 것이 아니라 집단적인 것, 선험적인 것이다. 즉, 조상이 생각하고 느끼고 행동하던 것을 이어 받은 것이다. 어머니의 역할과 의무는 주로 생명을 보살피는 존재로 인식되므로 집단무의식을 통해 어머니의 역할은 재생산된다고 하겠다. 이 태고형은 성역할 고정화를 탈피하는 것이 얼마나 힘든가를 단적으로 나타내 주는 개념이다. 그러나 계속적인 교육과 제도개선으로 서서히 변화하고 있음은 주지의 사실이다. 여성에게 다양한 역할상을 제시해 주고, 가정, 학교, 대중매체 등의 평생교육체계를 통해 양성평등의식과 자신감을 심어 주는 것이 필요하다. 무엇보다 중요한 것은 여성의 취업열세의 극복방안은 입체적으로 노동시장 구조적인 접근과 인적자원개발 접근 방안이 동시에 추진되어야 한다는 것이다.

2) 정책적 과제

여성의 사회참여는 우리 사회가 겪고 있는 노동력 부족현상의 해소와 국민

삶의 질 향상에 기여할 수 있는 과제이다. 여성의 자아실현과 행복은 여성뿐만 아니라 가족과 조직 등 사회 전체의 만족도를 증가시키는 요인이 된다. 여성들의 사회참여 욕구는 폭발하고 있으나 이에 대한 사회적 인식과 지원은 아직도 매우 부족한 상태이다. 특히 가사활동을 주로 여성이 전담할 뿐 아니라 여성이 일할 수 있는 복지환경 역시 미흡하다. 또한 남녀역할 분담의 전통으로 육아, 노부모 공양, 환자보호 등의 부담을 주로 여성이 전담하고 있는 실정에서 여성의 사회참여는 이중의 어려움을 겪고 있다.

한편 미래의 창조사회에서 여성의 역할은 재조명되어야 한다. 조직형태나 창조적 일자리는 고용의 질과 밀접하게 연관되며, 아울러 현대사회에서 사회적 경제와 지역화(이택면 외, 2015)가 매우 중요함을 인식해야 한다. 여성은 창의성 중심 패러다임의 현대사회에 기여할 수 있는 가능성을 지니고 있으며, 사회적 혁신에 새로운 관점으로 접근할 수도 있을 것이다. 경제체제를 남성의 시각에서만 볼 것이 아니라 여성주의 관점에서 지식과 문화의 대안 패러다임을 창조할 수 있는 능력을 보유하였다는 것은 여성의 장점이다. 향후 창조적 일자리 창출이 중요해지는 시점에서 여성주의 대안문화 창출이 여성인적자원양성의 핵심 방안으로 강구될 필요가 있다(곽삼근, 2008).

최근 인구 및 가족관련 환경변화로 인해서 여성인력활용과 함께 저출산과 같은 사회문제 해결을 위한 여성인력관련 사회경제정책의 역할이 중요해지고 있다. 한국여성정책연구원에서는 출산과 고용결정모형 등 여성인력관련 사회경제정책의 효과와 정책수요 분석 결과를 토대로 여성인력활용 제고를 위한 세부정책제언으로 다음 여섯 가지를 제시하였다(김태홍 외, 2009). 그것은 보육지원제도의 개선, 여성고용유지를 위한 모성보호제도 개편, 여성고용촉진을 위한 소득세 개선, 여성고용친화적인 출산정책 추진, 일·가정 양립이 가능한 사회 및 고용환경 조성, 그리고 여성인력정책의 추진 체계 개선 등이다. 이처럼 여성 경제활동 활성화에서는 특히 출산과 보육관련 이슈가 핵심적임을 알 수 있다. 이러한 근본적 이슈는 해가 거듭되어도 쉽게 해결되지 않는 지속적 과제로 남아있다. 한국여성정책연구원에서는 동 연구 이후로도 우리나라 여성고용의 구조적 문제점과 과제를 해결하기 위한 세부정책과제들로 여성 일자리 확충과 취업지원 강화, 여성 청년층의 노동시장 이행 지원 강화, 청년층 여성근로자의 고용안정성 제고 및 근로조건 개선, 모성보호지원 사업의 성과관리 및 재정운영 효율성 제고, 기업의 모성보호지원 및 환경 조성을 위한 정부 지원 강화, 육아기 여성고용유지율 제고를 위한 모성보호제도 개선, 모성보호 제도와 유연근무제도 유기적 연계 강화 등을 제시한바 있다(김태홍 외, 2012).

특별히 보육시설의 확대와 방과후 아동지도의 제도화는 여성들의 육아라는 기본적 문제를 해결하려는 접근으로 무엇보다 우선적으로 실천되어야 할 과제로 인식되어 왔다. 자녀 육아기에 있는 25~34세 연령층 여성들의 취업장애를 제거하기 위해서는 육아부담의 완화가 급선무이며 이를 위해서는 보육시설의 획기적 확충이 필요하다. 보육시설의 혜택을 받고 있는 아동은 보육대상아동 중 낮은 비율을 차지하고 있다는 점과 보육의 질적 수준이 기대에 못미친다는 문제는 사회진출을 원하는 육아기 여성에게 걸림돌이 되고 있다. 여기에 보육비용은 여성근로자 평균임금의 1/3 이상에 달하고, 운영시간과 원거리 소재 등의 제약으로 이용이 불편하다.

또한 부모 취업 시 아동이 방과후에 적절히 보호받을 수 있는 시설이 부족하여 주부들의 취업에 중대한 장애요인이 되고 있다. 각종 안전사고 및 유해한 환경에의 노출 위험성이 있고, 현재 초등학생 중 상당수가 몇 시간씩 보호자 없이 방치되고 있다는 것은 심각한 사회적 문제이다. 더욱이 맞벌이 부부의 절대다수가 방과후 아동지도 제도화의 필요성을 제기하고 있는 상태를 외면해서는 곤란하다.

방과후 아동지도의 활성화는 취업모의 요구에 부응할 뿐 아니라, 주부들을 활용함으로써 여성고용증진 효과도 달성할 수 있다. 이는 적은 비용으로 많은 수의 아동지도 및 보호가 가능하고, 지역 내에서 어머니와 아동에게 통합적 서비스 제공을 가능하게 해 준다. 또한 양질의 아동지도서비스와 아동지도사 보급의 확대로 여성의 취업기회를 제공해 주는 장점이 있다.

여성의 경제활동을 활성화시키기 위하여는 가정과 직장의 이중부담을 완화시켜줄 수 있는 정책이 무엇보다 시급하다. 무엇보다 질 높은 보육시설의 확대와 방과후 아동지도 프로그램의 정착화를 통하여 여성에게 지워진 육아부담을 덜어주어야 한다. 이와 아울러 여성들에 대한 교육기회의 확대와 제4차 산업혁명시대를 대비하는 직업능력개발이 요청된다. 따라서 여성 일자리 확충, 여성

근로조건 개선, 모성보호지원 등 일·가정 양립이 가능하도록 고용환경을 조성함과 아울러 능동적인 여성인력개발 등 관련 정책적 과제의 추진이 필요하다.

토론 및 연구 과제

1. 현대사회에서 직업은 어떠한 특성을 지니며 여성에게 어떠한 의미가 있는지 토의해 보자.
2. 한국여성의 경제활동구조는 어떠한 특성을 지니고 있는지 외국의 경우와 비교하여 토의해보자. 특히 한국 여성의 연령별 경제활동 추이에서 나타나는 M자형 커브의 원인과 대책은 무엇인지 논의해보자.
3. 여성인적자원개발에서 여성인력활용의 문제와 그 열세요인에 대하여 토의해 보자.
4. 여성취업의 활성화를 위한 정책대안에 대하여 연구해 보자.

참고문헌

곽삼근(2008). 여성주의 교육학. 서울: 이화여자대학교출판부.

김인제(1987), "여성과 고용,"「여성학의 이론과 실제」, 서울: 동국대학교 출판부, 303–356.

김태홍·양인숙·배호중·금재호·이상준(2012). 경제성장전략과 여성일자리(Ⅲ): 여성고용구조와 정책과제. 서울: 한국여성정책연구원.

김태홍·유희정·강민정·전용일(2009). 여성인력관련 사회경제정책의 효과분석과 과제. 서울: 한국여성정책연구원.

노동부(2002), 사업체 노동실태 현황.

노동부(2004), 노동백서.

노동부(2007).「임금구조기본통계조사보고서(2006)」. 1995; 2000; 2005; 2010; 2015.

노동부(2015). 고용노동통계. http://laborstat.molab.go.kr/

문은희 외(1983), 여성인력 발전의 제도적, 사회적 저해요인 조사, 서울: 한국여성개발원.

심영희(1986), "여성교육 왜 변해야 하나?"「여성과 교육」, 서울: 삼성출판사.

심영희(1988), "여성취업의 현황과 과제,"「여성과 직업」, 한국여성개발원, 127–151.

이택면·김영옥·이승현·이해진·이선행·이경숙(2015). 창조경제와 여성 일자리(Ⅱ): 사회적경제 활성화를 통한 일자리 확충. 서울: 한국여성정책연구원.

정우현·구병림·이무근(1989),「직업기술교육론」, 서울: 교육과학사.

조 은(1984), "한국의 산업화와 여성인력의 활용 모순된 기대와 요구,"「여성연구」, 제2권 제1호, 한국여성개발원.

통계청(1997),「생활속의 통계」. 경제활동편, 인구주택총조사보고서.

통계청(2003),「경제활동인구연보」. 1963; 1970; 1980; 1990; 2000.

통계청(2004), 사회통계조사보고서.

통계청(2015). 고용형태별근로실태조사 산업분류별 통계자료. http://kosis.kr/

포린 어페어스(Foreign Affairs)엮음(2016). 4차 산업 혁명의 충격 : 과학기술 혁명이 몰고 올 기회와 위험. 김진희, 손용수, 최시영 옮김. "016 다보스포럼을 주도한 두뇌집단 27인의 예측과 해법 '파괴적 혁신'에 어떻게 대비할 것인가!" 서울: 흐름출판.

한국교육개발원(1977), "한국인의 남녀 역할관," 연구보고서.

한국여성개발원(1995), 고학력 여성인력의 양성과 활용방안.

Anderson, M. L.(1983), Thinking about women, New York: Macmillan.

Beechey, V.(1986), "Women employment in contemporary Britain," V. Beechey and
　　E. Whitelegg(eds.), Women in Britain Today, Open Univ. Press.

ILO(2001), Yearbook of Labour Statistics.

OECD(2015). Labour Force Statistics(LFS). www.oecd.org/employment/database.

Rubery, J.(1982), "Structured labor markets, worker organization, and low pay," in A.
　　Giddens & D. Held,(eds.), Classes, power, and conflict, Berkeley: Univ. of
　　California Press.

Schwab, Klaus(2016). The Fourth Industrial Revolution. 제4차 산업혁명. 송경진 옮김.
　　서울 : 새로운현재: 메가스터디.

여성운동의 변천

1 여성운동의 정의

여성운동이란 사회문화적으로 남성에 비해 차별받고 불이익을 당하고 있는 여성들이 '성 불평등'(gender inequality) 문제를 인식하는 데서 출발한다. 여성들이 자신의 권리를 쟁취하기 위하여 문제를 제기하고, 목표를 설정한 다음, 집단적 노력이나 행동으로 실천에 옮길 때 여성운동으로 정의하게 된다. 서구에서는 근대사회로 발전하면서 여성도 천부적 인권을 지닌 인간임을 인정하는 만인평등사상에 기반을 두고 민주주의를 실천하기 위한 목적으로 여성해방이념과 실천운동이 시작되었다(Mills, 1970).

여성운동이 지향하는 바는 여성에게 가해진 억압과 통제의 성격을 밝혀내고, 여성에 대한 차별을 줄임으로써 남성과 동등한 사회적 지위를 구가하는 것이었다. 여성의 삶이 뿌리 깊은 가부장적 전통을 유지하는 계급구조 속에서 다중적으로 억압받고 있는 현실을 절감하고 남성우월주의 의식이 팽배해 있는 자본주의 사회에서의 모순을 극복하기 위한 노력을 기울여 왔다. 성을 매개로 지배와 피지배 구조로 양분되어 있는 '성 계층화 현상'(gender stratification)을 타파하고자 하는 시도도 행해졌다.

여성운동이 궁극적으로 지향하는 바는 인간으로서의 해방을 실현하는 것이다. 이에 여성운동은 주로 "여성의, 여성에 의해, 여성을 위한" 성격을 띠고 있다. 여성운동이란 개인적인 차원에만 머물러 있었던 많은 문제들에 대해서 사회구조적인 모순과 연결시킴으로써 해답을 찾고, 실천방향을 모색하고자 하는 집결된 힘의 표출이다(Freeman, 1989). 여성해방적 목적을 위해서는 다양한 여성의 경험을 중시하고 이들의 경험 사이에서 보이는 유사성과 차이점을 비교·분석하고 연구함으로써 여성의 삶을 향상시키기 위한 새로운 변화 가능성을 찾을 필요가 있다.

여성억압을 줄이는 방법은 궁극적으로는 남성의 문제를 해결하는 데도 도움이 될 것이다. 기득권을 지닌 남성의 입장에서는 여성의 인권회복이 남성들에게 부정적인 영향을 미친다고 생각하여서 여성운동에 적극적인 지지를 보내지도, 동참하지도 않았던 것이 사실이다. 하지만 우리 사회에서 남성이 생계부양자로서 경험하고 있는 과중한 경제적 부담이나 막중한 기대치(손승영, 1997)를 생각한다면, 여권의 사회적 회복은 장기적으로 남성의 짐을 줄일 수 있는 방법과도 일맥상통할 것이다. 남성들도 자신에게 부과된 의무에서 벗어나서 자유 의지에 기초한 삶의 범위를 넓힐 때 비로소 인간으로서의 권리회복을 만끽하게 될 것이다. 이에 여성해방을 남성해방과 결코 분리해서 생각할 수 없다. 때로는 여성운동을 전개해 나가는 과정에서 남성중심의 사고방식이나 생활양식에 대항하여 갈등이 생기게 된다. 그러나 페미니스트 운동이 지향하는 바는 결코 남성 대 여성이라는 이분 구도적 사고는 아님을 주지할 필요가 있다. 여성과 여성의 갈등, 여성과 남성의 갈등, 남성과 남성의 갈등을 포괄적으로 다룸으로써 어느 특정 집단이나 소수도 사회적 차별에 의해 희생되지 않고 다양한 집단의 구성원들이 상호 공존할 수 있는 토대를 모색하는 것이 여성운동의 궁극적 목표이다.

한국의 여성운동은 인간해방의 일환이라는 근본적인 취지에 있어서는 서구 여성들이 지향했던 바와 결코 다르지 않다. 하지만 서구여성의 경험과는 상이한 역사적 맥락에서 제3세계 여성들의 경험이 존재해 온 것을 인식하고(김지해, 1987, 1988; 장미경, 1995) 한국의 여성운동을 이해하기 위해서는 한국사회의 특수성을 감안하여야 한다(이효재, 1996). 한국여성들이 역사적으로 제3세계 여성으로서 경험해 왔던 차별과 고통, 그리고 지금은 개발도상국에서 선진국으로의 전환을 모색하는 나라의 국민으로서 당면한 문화적 맥락과 역사적 특수성이 여성운동의 이해를 위해 전제되어야 한다. 한국여성이 단순히 성이나 계급적 차원의 문제 외에도 민족이나 인종적 갈등으로 인하여 중첩적인 상황에 놓여 있었음은 일본군 위안부로서의 소수여성의 경험이나 미군정하에서의 공창형성, 수출 공단에서의 여공 경험 등을 예로 들 수 있다. 역사적 맥락에 대한 이해 없이는 당시 제3세계 여성으로서 한국여성이 겪었던 삶에 대한 체계적 분석이 불가능하다.

이 장에서는 한국여성의 경험을 중심으로 여성운동의 맥을 짚어보고자 한다. 개화기에서부터 시작해서, 일제시대, 현대여성운동 순으로 한국여성운동의 변천을 시대적 변화와 연결지어서 설명하고자 한다. 각 시기별로 여성운동의 특징과 성격의 변화양상을 평가한 다음, 앞으로 한국의 여성운동이 나아가야 할 방향에 대해서도 간략히 논의할 것이다.

2 한국여성운동의 특수성

여성운동은 사회문화적 배경과 역사적 특수성에 따라 지역별로 상이한 형태로 나타난다. 서구의 여성해방운동과 우리의 여성운동이 성격 면에서 판이하게 달랐던 원인도 크게는 사회발전과정에 있어서의 차이에 기인한 것으로 해석할 수 있다. 삼종지도와 칠거지악, 남녀칠세부동석과 같은 규율을 요구했던 조선시대는 말할 것도 없거니와 21세기 현재에도 한국의 가족 전통에 의해 특정한 역할을 수행할 것이 기대되는 부분이 있다. 기혼여성의 경우 '현모양처 이데올로기'에 의해 규정된 바람직한 여성상을 기준으로 행동을 평가받게 된다. 이는 여성 개인의 희망이나 선택보다는 가족공동체의 이익을 우선시하는 한국사회의 모습을 반영하는 것으로, 가족규범이 유연하고 다양성이 인정되는 서구 사회와는 차이가 크다. 그러므로 상이한 사회문화적 배경을 고려하지 않고는 여성운동의 성격을 비교하기가 어렵다.

뿐만 아니라 한국의 여성운동은 역사적 맥락 속에서 해석되어져야 한다. 일제의 식민경험, 해방과 미군정기, 6·25사변과 분단체제의 형성, 권위주의 국가의 등장과 그에 대응한 민주화운동, 최근의 급속한 경제성장 등과 연결지어서 여성운동의 변천과정을 이해하여야 한다. 한국의 여성운동은 반봉건의 특징으로 출발한 초기 근대화 운동과 식민지 민족해방운동, 민주화운동, 통일운동 등을 포괄한다는 점에서 서구의 여성운동과는 확연히 구분된다(신영숙, 1994). 그 결과, 한국인으로서의 정체성과 민족주의적 담론을 여성운동에 내포하고 있다는 특징을 지니고 있다(김은실, 1994; 박현옥, 1994; 윤택림, 1994).

역사적 사건이나 특수성에 의해 강하게 영향 받은 여성운동의 특징을 얼핏 살펴보면 남성 주도적으로 이루어진 사회운동과 별반 차이가 나지 않는 것처럼 보인다. 그렇다면 한국여성운동의 정체성이나 특수성은 어디에서 찾을 수 있겠는가? 과연 여성들이 참여한 운동이라는 사실만으로 이를 모두 여성운동으로 규정지을 수 있는가 하는 의구심이 든다. 하지만 한국의 여성들이 남성과 더불어 민족해방과 민주화운동에 참여하였다는 점에서는 사회운동과 맥을 같이하고 있으나, 여성의 인권향상을 위해 부단히 노력한 점에서는 남성주도의 운동과는 다른 차원의 문제제기와 실천력을 발견하게 된다. 여성들이 집결하여서 함께 낸 목소리는 부분적으로나마 남성중심의 사회문화나 남성우월주의 이데올로기에 대항하여 문제를 제기하고, 여성에게 가해진 억압과 제재에 대해 이유 있는 항변을 해 왔다는 점에서 초기 여성운동으로서의 역사적 의의를 들 수 있다.

서구의 근대 여성운동사에서 보여진 바와 같이, 각기 다른 페미니스트 이론과 입장을 전개하고 대대적인 논쟁을 벌여 온 경험(손승영, 1994; Andersen, 1988)을 우리의 여성운동사에서는 찾기 어렵다. 그럼에도 불구하고, 서구 여성운동사에서 보여진 다양한 관점의 차이는 한국여성들의 경험에서도 여실히 드러나고 있다. 첫째, 일제시대에는 민족사적 입장을 이해하고 주권상실에 대한 여성의 자각이 일면서 구국운동을 중심으로 여성들이 뭉쳤으나 개인적 입장에서는 여전히 보수적 입장을 견지하고 모성 이데올로기가 중시되는 시기였다. 이는 서구 여성운동사 초기에 나타난 계몽주의적 입장과 유사한 것으로 보인다. 둘째, 해방 이후 여성차별에 대한 자각이 일어나고 교육과 법제도의 개혁을 통해 여성의 지위를 높이고자 했던 경험은 자유주의 페미니스트의 입장과 유사하다. 셋째, 미군정기 직전까지 지속된 사회주의적 입장을 표방한 여성단체들의 주장은 마르크스주의 페미니즘과의 연계성을 시사한다. 넷째, 급진적 성향을 띤 페미니스트 관점은 1920년대에 교육받은 소수의 여성이 신여성 이미지를 표출한 데서 그 싹을 엿볼 수 있었고, 1990년대에는 범위가 확산되어서 지식층과 대학생들을 중심으로 성해방과 문화적 차별의 해소를 목적으로 전개되고 있다. 이와 같이, 시기별로 상이하게 나타난 여성운동의 방향과 성격으로부터 다양한 여성운동의 관점이 존재해 왔음을 입증하게 된다.

현대한국의 여성운동은 민족주의적 특수성 위에 진보주의와 급진주의가 공존해 있는 상태이다. 이 두 입장에 대해서 어느 한 측면을 더 나은 것으로 규명하기에는 여성운동사에 있어서 양자가 지니는 중요성이 너무나 크다고 하겠다. 한국여성운동사의 대부분을 차지하는 계몽주의적 진보주의 관점과 아울러 급진적 관점이 여성운동에 끼친 영향과 앞으로 가져올 파장에 관하여 꼼꼼히 검토해 보아야 할 것이다.

3 여성운동의 역사적 고찰

1) 개화사상의 대두

19세기 말부터 한국에서도 봉건적 사회에서 여성을 개화시켜야 한다는 주장이 대두되었다. 특히 주권을 상실한 민족의 국권회복을 위하여 여성교육의 중요성이 부각되면서 여성의 애국운동을 강조하는 단체들이 생겨났고, 여성들이 적극적으로 이에 동참함으로써 여성운동이 실효를 거두기 시작하였다.

초창기 여성운동은 박영효, 서재필 등 선구적인 남성개화파 인사들이 여성지위에 대하여 문제를 제기한 데서 비롯된다. 이들의 적극적인 지지와 후원하에 여성단체가 조직되었고, 여성을 위한 근대교육의 당위성과 아울러 가족 내에서 여성들이 받고 있던 부당한 대우의 해소 필요성도 인식되었다. 여성개화와 관련된 논의는 1896년에 발행된 독립신문의 논설에서 본격적으로 다루어진다. 이 글에서 미국 유학파인 서재필은 "세상에서 가장 불쌍한 것이 조선의 아녀자들이다"라고 한탄하였으며, 서구에서는 국가의 발전이 여성교육에 달려 있을 정도로 중시되고 있음을 예로 들어 우리나라에서도 남녀교육에 있어서의 기회균등이 실현되어야 함을 강조하였다. 한편 일본의 개화파 영향을 받은 박영효는 유교적 남존여비를 비판하면서 남녀동등사상과 여성교육의 중요성을 알리는 데 기여하였다. 박영효는 왕에게 상소문을 올려서 축첩제의 악습을 비난함과 동시에 여성의 자유를 구속하고 여성을 억누르고 있던 갖가지 사회적 폐습의 철폐를 요청하였다(이효재, 1996).

2) 일제하의 여성운동

일제시대의 여성운동은 3·1 만세운동을 전후로 상당히 다르게 나타난다. 3·1 운동 이전에는 구국활동이 주를 이루어서 민족해방운동에 동참한 형태를 띤 반면, 3·1 운동 이후의 시기에는 세계적 흐름 속에 신여성운동을 전개하는 등 새로운 시대를 이끌어 나가는 여성들이 생겨난 점에서 뚜렷한 차이를 보인다.

(1) 3·1 운동 이전의 시기

우리나라에서 최초로 설립된 여권운동단체는 1898년 9월에 조직된 찬양회이다. 찬양회는 여성개화의 시급함을 인식하고 여학교설립을 위한 후원회를 만든다는 취지로 북촌에 사는 양반층 부인들이 주도하여 만들어진 모임이다. 이 조직은 설립 즉시 모든 신분의 여성에게 개방되었고 머지않아 회원을 500여 명까지 충원했을 정도로 참여도가 높았다(박용옥, 1984). 이때 회원이 되는 조건은 자신들이 설립하고자 하는 여학교를 위한 후원 회비를 내는 것이었다. 1899년에는 드디어 서울에 한국인이 자주적으로 만든 첫 여학교인 순성여학교가 정식으로 발족되었다. 하지만 이 학교는 재정부족으로 인하여 오래 지속되지 못하였다.

보호조약이 체결되고 일제의 수탈이 본격화된 1905년 이후 여성운동은 항일의 성격이 더욱 짙어져서 애국계몽운동으로서 여성교육의 중요성이 강조된다. 당시에 신채호는 여성을 위한 역사교육의 필요성을 강조하면서, 국민의 절반을 차지하는 여성이 애국 국민으로 발돋움해야 함을 주장하였다(신채호, 1972). 1906년에는 여성교육기관의 필요성이 다시금 대두되었다. 사립여학교의 설립과 운영을 지원하고자 하는 목적으로 5월에 여성교육회가 설립되었고, 6월에는 여학교 양규의숙이 문을 열었다. 여기에 참여한 이들은 대부분 개화인사들과 고관출신 의 부인으로 280명의 '귀부인'에 의해 조직되었다는 기록이 남아 있다(박용옥, 1984). 그러나 이 학교마저도 6개월 남짓 지속되다가 그 해 12월에 폐교되었다. 게다가 여자교육회도 내분과 재정압박으로 인하여 1908년 후반부터는 조직활동 을 중단하게 되었다.

이외에도 친일대신의 부인들로 구성된 대한여성흥학회나, 이와는 대조적으 로 친일단체에 반발한 여성들로 조직되어서 첩의 신분에 있던 신소당이 회장직 을 맡은 진명부인회도 모두 여성계몽과 교육차원에서 운동을 전개하던 단체들 이다. 또한 국채보상운동을 위한 여성들의 구국운동은 대대적인 여성운동의 시 발점으로 기록될 수 있다. 국채보상운동이란 대한제국정부가 일본에서 빌려 쓴 돈을 국민들이 모금해 갚아 나가자는 취지를 지닌 운동이다. 진명부인회가 주축 이 되어서 국채보상부인회를 조직하고 여성들이 앞장서서 근검절약하는 생활로 모범을 보이자고 결의하였다. 국채보상운동은 1907년 2월부터 전국 각지에서 동 시에 일어났다. 대구의 부인들은 패물을 헌납하는 운동을 전개하고, 서울과 부 산에서는 감찬회를 조직하여서 쌀과 반찬을 아껴서 돈을 모으는 방법을 활용했 다. 이 운동은 양반, 관료층 부인, 기생, 첩, 기독교 여성, 교육받은 여성, 상인 등 각계각층의 여성들이 대거 참여한 대대적인 여성운동으로 기억된다.

1908년에는 여성을 위한 첫 계몽잡지인 「여자지남」이 간행되는데, 이 잡지 에 글을 기고한 여성들은 한국여성의 의식전환과 개화교육의 필요성을 강조하 였다. 특히 글을 기고한 여성들이 여자라는 용어 대신 '인민'을 사용할 것을 주 장한다. '인민'이라는 용어에는 남녀구분이 없으므로, 당시와 같이 내외법에 얽 매여서 여성들이 열등하게 대우받거나 자유롭지 못한 상황에서 벗어날 수 있는 방법이 되리라는 희망을 표출하였다(이효재, 1996).

이상 살펴본 바와 같이 당시 애국계몽운동이나 구국운동에 참여한 여성들 의 모습에서도 가부장제의 구속에서 벗어나고자 하는 노력이 일부 엿보이기도 한다. 비록 초보적인 성격을 띠고는 있지만, 국가의 주권회복이라는 커다란 목 표 속에 여성의 위치나 지위에 대한 자각이 첨가된 여권운동의 일환으로 받아들 일 수 있다.

(2) 3·1 운동 이후의 시기

1919년의 만세시위에는 전국적으로 1만 명 이상의 여학생이 가담할 정도로 여학생의 참여가 높았으며, 시위에 참가한 다수는 교회여신도들과 기독계 여학생들이었다. 평양지역에서는 기독교 여학생들로 조직된 송죽회가 비밀결사대로서 독립운동에 참여했다. 3·1 운동 직후에는 평양의 장로교와 감리교 여신도들이 합동하여 대한애국부인회를 조직하여 군자금을 모금하고 통신연락책을 담당하는 등의 역할을 맡았다. 하지만 이들은 독립운동에 가담했다는 이유로 체포되어 고문을 당하고 감옥살이를 하게 된다. 그 이후 교회에 대한 탄압도 극심해져서, 심지어는 교인을 총칼로 위협하여 교회당 안으로 몰아넣고는 불을 지를 정도로 일본인이 저지른 만행은 끔찍하였다.

대한애국부인회가 좌절되자 그 이후에는 기독교 여성을 중심으로 여자절제회, 기독교여자청년회(YWCA)를 조직하여서 여성계몽과 생활개선을 위한 단체활동을 전개해 나갔다. 1920년대에는 여성교육과 독립운동에 참여하는 수많은 여성단체들이 전국적으로 생겨났다. 이 중에서 가장 많은 수를 차지한 것이 교육계몽단체였다. 당시의 여성운동은 신여성운동으로 칭해질 정도로 근대교육을 받기 시작한 여성들이 주축이 되고 여성노동자와 여성농민들이 합세한 결과 이루어진 운동이다. 일제하의 신여성운동은 자유연애, 자유혼의 실천, 축첩제의 반대 및 여성의식계몽과 아울러 여성의 사회진출 확대로 인한 여성지위 향상까지를 모토(motto)로 내세웠다.

3·1 운동에의 참여경험은 여성들에게 자신감을 얻게 하는 중요한 계기가 되었다. 당시 공장에서 일하는 여성들이 겪는 수모와 박해는 말할 수 없이 심하였으므로 이들 여성들에게는 노동계급으로서의 의식이 싹트게 되었다. 여성노동자 중에는 10대 소녀의 비율이 높았으며, 이들이 받는 임금은 일본인 남성 노동자의 4분의 1 정도로 매우 열악하였다. 방직공업분야에서는 장시간 노동을 강요하였으며, 최악의 노동조건 속에서 어린 여공들은 과로와 영양실조로 쓰러지기도 하였고 감독관에 의한 학대와 수모에 시달리는 일도 많았다. 그 결과, 파업의 수가 늘어나고 노동쟁의가 빈번해졌다. 여공들은 파업 중에 직공조합을 조직하는 등 상당히 조직적으로 대응하였고, 비로소 1923년에는 여성만으로 구성된 최초의 노동조합이 조직되었다. 당시의 여성운동은 1927년 4월 27일 근우회의 발

족으로 절정에 이르렀고 일제식민지와 봉건적 질서하에서의 여성억압을 보다 체계적으로 폭로하게 된다(박용옥, 1987).

근우회는 여성노동의 임금차별철폐, 야업폐지, 위험노동철폐 및 산전산후 임금지불 등을 행동강령으로 채택하였다. 또한 여자직업소개기관을 설치하여서 여성근로자의 취업을 활성화하고 여공조합의 조직을 주선하는 등 여성노동활동에 많은 관심을 보였다. 하지만 1929년 말 여학생운동을 적극 지도하는 과정에서 일제로부터 타격을 입게 되고 근우회운동은 점차 퇴색하게 된다. 1930년부터 사회주의 계열에서 근우회가 소부르주아적이라는 이유로 비난을 가하게 되자 단지 성차별만을 다루는 여성운동은 필요 없다는 이유로 해체론이 대두되고 1933년에는 유명무실한 조직이 되고 만다.

당시 운동의 성격은 여성의 문맹퇴치, 계몽, 보건, 위생, 근검절약정신, 생활 개선 등이 주된 교육의 내용이었다. 보수적 성격의 여성관이 강조된 시기로 근대적 가정에서 여성이 주부로서 어머니로서의 역할을 얼마나 잘 수행해 나갈 수 있는지와 직결되어 있는 여성 계몽운동이 주류를 이루었다고 볼 수 있다. 근우회는 충분히 여성해방적인 성격을 내포하고 있었음에도 불구하고 소멸됨으로써 우리의 여성운동을 진일보 발전시키지 못했다는 점에서 커다란 아쉬움을 남긴다.

3) 해방 이후

해방과 남한 단독정부의 수립으로 인하여 새로운 국가건설이라는 커다란 목표를 설정하게 된다. 또한 식민정부에 대한 대응이라는 민족적 피지배자로서의 여성운동으로부터 전면적으로 궤도를 수정할 수 있는 계기가 마련되었다. 하지만 해방의 기쁨도 잠시일 뿐, 미군정통치와 남북분단으로 인하여 좌익성격을 띤 단체들은 폐쇄되었고 친정부적인 우익단체들만 인정되는 보수적 시기를 맞게 된다. 이러한 시대적 상황을 반영하듯 1950년대의 우익 여성조직은 정부에 들러리 쓰는 역할을 자청함으로써 가부장적 질서를 유지·존속시키는 데 일조를 가하게 된다.

1960년대와 1970년대는 고도 경제성장정책으로 인하여 양적인 팽창에 주력하던 시기였다. 여성들의 인권이나 작업환경은 고려되지 않은 채 짧은 시간에

경제적 실적을 올리는 데 급급하였다. 이와 같은 문제점에도 불구하고, 1970년
대는 점진적으로 제도를 개선해 나가기 시작한 시기이므로 부분적으로나마 의
의를 부여할 수 있다. 법적·교육적 차원에서 여성의 지위를 높이고자 하는 노력
이 일어났으며, 여성노동자들을 중심으로 산발적으로 일어난 민주화에 대한 요
구는 여성운동을 촉진하는 디딤돌이 되었다.

　　이에 비해 1980년대의 여성운동은 민중운동으로 칭송될 정도로 높이 평가
된다. 여성노동자들을 중심으로 일어난 1970년대의 투쟁과 노조운동은 1980년
에 들어서 비로소 민주화를 향한 변혁 여성운동의 새로운 장을 열게 된다. 하지
만 1990년대 들어서는 이러한 진보적 운동에 대한 열기가 식으면서 여성운동이
방향성을 상실했다는 우려가 일기도 했다(이승희, 1994). 그러나 이러한 우려에도
불구하고, 소수의 여성들이 자신들의 경험을 솔직하게 토로하거나, 자신들의 요
구를 주장하고 자신이 선 자리에서 철저하게 운동을 전개해 나가는 방식으로 이
익집단화되고 다양한 목소리를 내기 시작함으로써 일상의 정치를 바꾸는 힘을
발휘하기 시작하였다. 이제 각 시기별로 진행된 여성운동의 흐름에 대해 차례차
례 간략히 살펴보기로 하자.

(1) 1940년대와 1950년대

　　1945년 9월 7일 한반도에 상륙한 미군정은 질서유지를 기치로 내걸며 보수
적 경향을 다져 나갔다. 친일세력이 주요 세력으로 부상하였으며, 다수의 친일
파가 여성단체의 지도층자리를 계속 차지하게 되었다. 하지만 미국식 민주주의
를 다소 받아들이는 계기도 되어서 1946년 5월 17일에 미군정은 '부녀자의 매매
또는 그 매매계약의 금지' 법령에 이어 1948년 2월에는 공창제폐지법령을 공포
하게 되었다. 이 시기에 여성단체들은 결혼과 가족 및 노동을 포함한 모든 분야
에서 민주적 입법을 촉구하고 나섰다. 1945년 9월에 창설된 여자국민당은 건의
안 중에 간통죄에 관한 쌍벌제, 부인의 독립재산권을 인정하는 부부결산제, 축
첩 및 중혼금지안을 포함시키기도 하였다. 이들의 요구는 상당 부분 수용되고
1948년 7월 17일에 공포된 대한민국헌법에 수렴되어서 남녀평등권이 법적으로
보장되었다.

　　하지만 남한단독정부 수립과정에서 좌익단체들을 모두 불법으로 금지시켰
으므로, 기존의 우익단체들만 통폐합한 결과 대한부인회가 결성되었다. 1950년

대 여성단체들은 이승만 대통령의 장기집권을 지지하는 입장이었다. 3대 대통령 선거 때에는 대한부인회를 비롯한 41개의 애국단체들이 이 대통령을 추대하는 성명서를 발표하기도 하였다. 당시의 여성단체들은 어용으로 남아 있지 않으면 활동하기가 어려워서 봉사와 친목 차원에서 모임을 유지하는 정도에 그쳤다.

분단시대가 시작된 후 가부장적인 보수성은 그대로 유지되었는데, 이는 신민법에 포함된 가족법 개정만 보더라도 여실히 드러난다. 1953년 이후 신민법이 입안되는 과정에서 대한부인회와 YWCA 등의 여성단체들이 청원서를 제출하였으나 보수적 가족제도 유지를 완강히 주장하는 유림들로 인하여 여성단체의 요구는 극히 일부분만 수용될 정도로 가부장제도의 유지·존속이 중시되었다. 하지만 이태영 씨를 비롯한 YWCA 지도자들은 이에 굴하지 않고 1958년부터는 여성들을 상대로 혼인신고권장운동을 전개하였다. 1959년에는 대한약사회, 중앙부인회, 여성문제연구회, 대한어머니회 등 기존의 여성단체들이 여성단체협의회('여협')로 연대함에 따라 여성단체의 사회적 기능이 강화되었다.

(2) 1960년대와 1970년대

1960년대에 들어서는 새로운 여성단체들이 대거 생겨나기 시작하였으나, 이들 단체들은 오래 존속되지 못했다. 이 단체들의 성격은 보수적이며, 비교적 안이한 활동들로 일관되어서 대부분 여성의 교양에 치중하였고 회원 간의 친목 도모에 기반을 두고 있었다. 또한 정부가 주도하는 반공 이데올로기를 적극 수용하여서 사상적으로도 보수성을 드러내고 있었다. 당시의 주목할 만한 활동으로는 가정법원의 설립과 혼인신고운동을 주도한 점을 꼽을 수 있다. 특히 '여협'은 한국여성의 단체활동을 주도해 온 점에서는 역사적 의의가 크지만 때로는 지나치게 친정부적인 입장을 표명했다는 비판을 받기도 했다.

1970년대는 여성해방을 요구하는 여성운동이 서구에서 활발히 전개된 시기였다. 국내의 여성단체들도 이러한 국제적 흐름에 영향을 받아서 여성의 지위향상을 위한 운동을 전개하게 된다. 유신정권에 반대한 학생운동에 여대생들도 합세하여 민주주의 회복을 요구하는 시위에 동참하였다. 여대생들은 한국교회여성연합회와 힘을 합쳐서 일본관광객을 상대로 '매춘관광'을 장려하고 있는 정부에 대항하여서 김포공항 앞에서 피켓을 들고 반대시위를 할 뿐만 아니라 이에 대한 실태조사를 실시하였다. 뿐만 아니라 여대생들은 기자들의 자유언론실천운동을 지원하면서 언론과 집회의 자유를 요구하는 운동에 동참하였고 여성노동자들의 생존권보장을 위한 노조운동을 돕는 데도 적극적이었다.

1970년대는 정부가 경제성장 제일주의를 기치로 내걸고 외국기업의 자본을 유치하기 위하여 주력하던 때이다. 노동쟁의 억제정책을 강하게 집행할 뿐만 아니라 저임금정책을 유지하였다. 이 시기에는 기업이 임금을 체불하는 경우가 빈번하여서 나쁜 노동조건과 임금수준에 반대한 여성노동자들의 시위가 산발적이긴 하나 자주 일어났다. 특히 전태일 분신자살 사건의 영향으로 동일방직, YH무역회사, 버스안내양들의 국내노조뿐만 아니라 모토로라, 콘트롤데이타 등 외자기업에 대한 여성의 투쟁은 모두 대표적인 1970년대 노동운동의 예로 꼽을 수 있다.

또한 1970년대에는 교회연합회를 중심으로 긴급조치 위반으로 구속된 학생 및 구속자 가족협의회를 돕는 활동을 전개해 나갔다. 뿐만 아니라 여성단체들이 소비문제에 주력하여서 소비생활 협동화를 꾀하고 소비자운동에 주력하게 되었다. 그러나 정부에 의해 보조금을 지불받고 감독받음으로써 관주도적인 형태의 소비자보호활동을 면할 수 없게 되었다. 정부의 보수적인 대응에도 불구하고, 젊은 여성들을 중심으로 여성문제에 대한 열기가 일어나기도 하였다. 1973년 크리스천 아카데미에서 의식화교육이 시작되었으며, 이화여대에서는 여성학연구위원회가 조직되어서 여성학강좌 개설을 위한 준비 작업에 돌입하였다. 이러한 노력의 결실로 1977년에는 한국 최초로 이화여대에서 교양 여성학강좌가 개설되었다.

간략히 요약하자면, 1960년대와 1970년대 여성운동은 관변단체로서의 성격을 띤 여성단체들의 보수성과 지도자의 비주체성이 노골적으로 드러난 시기이기도 했다. 가부장적인 색채로 일관된 지도자중심의 여성운동은 1970년대 와서 어느 정도 여성노동운동을 중심으로 주체적인 성격을 띠기 시작했으나, 운동 자체가 산발적으로 행해지는 수준에 머물렀으므로 큰 실효를 거두지 못했다.

(3) 1980년대와 1990년대

1980년대에는 민주민중운동의 성장 속에서 여성운동도 뚜렷한 변화를 보이게 된다. 사회변혁운동 형태로 민주화의 열기를 꽃 피운 이 시기에는 여성들도 가부장제에 정면으로 도전하기 시작하였다. 사회민주화 물결과 맞물려서, 진보적 지식인들도 가세하여 민중여성의 생존권과 노동권을 확보하기 위해서 집결된 목소리를 드높였다.

1980년 5월의 광주민중항쟁에 여성들이 대거 참여하였으며, 1983년에는 지식층 여성들을 중심으로 여성평우회가 출범하여서 여성운동의 새로운 지평을 열게 되었다. 여성평우회는 1987년부터는 여성민우회로 개편된 후 지역활동, 사무직 여성노동, 주부운동 등에 적극 참여하고, 직장여성을 위한 모성보호운동을 포괄적으로 전개하였다. 1987년 2월에는 21개 회원단체로 구성된 한국여성단체연합('여연')이 출범하여서 전국의 여러 지역에 지부를 둔 거대한 여성조직으로 발돋움하게 되었다(한국여성단체연합, 1998). '여연'에서는 군부종식을 위한 여성유권자대회와 민주시민대동제를 개최하고 최루탄추방운동과 화염병처벌법 입법반대투쟁 등과 같은 반정부민주화투쟁에도 적극적으로 참여하였다. 이외에도 평화위원회를 신설하고 인신매매 및 매춘문제특별위원회를 구성하는 등 여성의 인권을 수호하기 위한 노력을 체계화시켜 나갔다. 그 해 3월에는 여성노동자회가 조직됨으로써 노동운동을 위한 제도적 기반을 공고히 하였다. 또한 1980년대는 정부산하의 한국여성개발원과 정무장관(제2)실이 출범한 시기로 정부의 예산으로 여성의 이익을 보호하고 대변하며, 여성의 삶과 요구에 대해서 연구할 수 있는 제도적 기반이 마련된 점이 특기할 만하다.

1990년대에는 1980년대에 나타난 민중민주운동과 같은 강력한 풀뿌리 정치의식을 더 이상 기대할 수는 없다. 그럼에도 불구하고 제도권 내에서는 여성들의 정치적 역량이 다소 증대되는 시기로 꼽을 수 있다. 한국여성정치연구소와 여성정치문화연구소가 생겨나서 여성후보를 발굴하고 지원하며 여성유권자 교육을 실시하여 여성의 정치의식을 드높이는 데 주력할 뿐만 아니라, 선거법개정운동을 통하여 여성이 당면하고 있는 차별을 제도적 차원에서 줄이고자 노력해왔다. 여성단체들이 의정감시활동 모임을 정기적으로 가지며, 여성신문과 협력하여서 여성정책 시안을 마련하고 대선후보의 여성의식과 여성정책안을 평가하는 심포지엄을 개최하는 등 두드러진 여성의 정치력 향상을 과시해 왔다. 그 결과 여성정치인의 수적 열세는 여전하지만, 지방의회를 중심으로 여성의 정치참여가 지속적으로 늘어나는 쪽으로 긍정적인 변화양상을 보이기 시작했다.

요약하자면, 1980년대는 풀뿌리 여성운동이 결실을 맺고 체계화되는 시기였다. 1980년대 후반부터는 분야별 전문화가 두드러지는 한편 연합체의 조직으로 연대성을 확대함으로써, 1990년대에 여성단체를 중심으로 여성의 정치적 요구를 가시화하는 데 기여하게 되었다. 비록 1990년대에 들어서는 1980년대와 같이 여성의 집결된 힘을 과시하는 분출구를 기대하기는 어렵지만, 여성운동의 저변확대로 인하여 다양한 문제에 관심이 모아지기 시작하였다.

(4) 21세기

21세기 한국의 여성운동은 "개인적인 것이 정치적인 것이다."라는 이념을 실현하기 위한 여러 차원의 노력이 형성되어 '일상에서의 여성차별 드러내기'나 국가의 여성정책을 성인지적 차원에서 체계적으로 검토하기 시작하였다. 여성의 경험을 개인적인 것으로 치부하고 사소화 시켰던 과거의 전통에서 벗어나, 공적으로 이슈화하고 정책적 관심을 갖기 시작한 것이다. 특히 호주제 폐지를 위한 여성단체들의 조직적 운동의 결과 2005년에 호주제의 헌법불일치 판결을 이끌어냄으로써 오랜 기간 지속되어 온 가부장적 가족 제도에서 탈피하여 민주적 가족과 젠더 관계에 대한 새로운 도전이 가능케 되었다.

2000년대에는 청와대 직속 여성특별위원회의 기능이 정부 부처로 신설된 여성부로 이전되어 현재의 여성가족부로 계승되고 있다. 여성의 인권과 지위에 대한 관심을 여성부에서 전담한 이후 국제적 차원에서의 여성 지위에 대해서도 중요하게 다루기 시작하였다. 우리나라는 1996년 말에 '경제협력개발기구(OECD)'에 가입하였으나 뒤이은 외환위기와 IMF 경제신탁통치로 인해 여성지위를 높이기 위한 노력이 실효성을 거두지 못하다가 2000년대에 들어서는 여성의 정치적 지위와 제도권에의 진출 및 국가 페미니즘의 주요 이슈들에도 관심을 보이기 시작했다. 1995년 북경 세계여성대회의 행동강령에 따라 한국에서도 관심을 두게 된 '성주류화(gender mainstreaming)' 정책으로 여성의 동등한 참여와 의사결정권에 대한 관심을 비롯하여 성별 감수성을 강조함으로써 여성의 안전 문제나 공중화장실 정비 등 시설에도 주목하게 되었다. 또한 성인지력 향상, 성 인지 예산, 성별분리통계 등으로 구체화해서 정부와 지자체 정책의 젠더 분석에도 치중하게 되었다.

또한 서로의 다름이나 차이를 인정하는 방향으로 운동을 전개해 나가고 있는 것이 최근 여성운동의 특징이라고 할 수 있다. 21세기 한국 사회에서는 소비

자본주의 특징이 강해지고 개인화 경향이 강화됨에 따라 여성운동에 대한 요구와 이슈도 다변화되었다(박기남, 2012). 이러한 방향전환의 선상에서 저소득층 여성들의 문제뿐만 아니라 중산층 여성들의 문제, 사랑과 성, 여성과 몸, 성희롱과 성폭력, 소비자문제, 환경 등 관심영역이 다양해지고 여성의식의 저변이 확대되고 있다. 특히 한국여성민우회를 중심으로 일상생활에서의 여성차별 드러내기, 한부모 및 미혼모에 대한 관심, 명절문화 개선, 생협운동 등 대중여성운동을 지향하는 활동 및 주부운동이 확산되어 왔다. 또한 문화운동으로는 외모지상주의에 저항하여 '안티 미스코리아 페스티벌'이 열리고 대학가에서 매년 열리는 '월경 축제'와 다양한 여성주의 퍼포먼스 등을 예로 들 수 있다. 특히 과거에는 전혀 노출되지 않았던 동성애자의 인권문제, 일본군 위안부여성들의 과거폭로 등이 기존의 여성문제에 첨가되면서 소수여성들의 경험을 이해하고 이들과 함께 운동에 가세하는 여성의 수가 늘어났다. 일본군 위안부 여성의 문제를 이슈화하기 위해 1992년 1월 8일 미야자와 전 일본 총리의 한국 방문일에 맞춰 시작된 '수요 집회'는 세계에서 가장 오래 지속된 시위라는 이유로 2016년 2월에는 기네스북에 올랐으며, 2017년 1월에는 제25주년을 맞게 된 최장기 집회이기도 하다.

따라서 최근의 여성운동은 이데올로기적 경향에 있어서는 다소 주춤해졌지만, 나름대로 구체적인 문제에 주력하여서 해결방안을 찾는 측면에서 여성의 관심은 더욱 폭넓어졌다고 볼 수 있다. 21세기에 들어서는 지난 세기에 비해서는 여성의 제도적 기반이 서서히 구축되기 시작하는 시기로 과거에 비해 여성의 요구를 정책에 반영시키는 데 효율성을 발휘하고 있다는 점에 대해서는 긍정적인 평가를 내리게 된다. 또한 한국여성의 문제를 다른 아시아지역과 연계해서 '아시아 페미니즘'으로 확장시키려는 노력이 가해져서 여성운동에 대한 글로벌한 인식이 확대되고 있다.

4 여성운동의 과제와 전망

이 장에서는 한 세기에 걸쳐 한국여성의 의식과 실천이 어떠한 방향으로 변천해 왔는지를 여성운동을 중심으로 고찰해 보았다. 암울한 시대적 배경으로 인하여 여성의 이익을 앞세우기에는 민족적 아픔이 너무나 컸던 식민지시대와 비교해서 현재의 상황은 무척 달라졌음이 자명하다. 21세기를 맞이한 지금 여성운동의 발전을 위해서 어떠한 측면에 주안점을 두어야 할지를 생각해 보기로 하자. 특히 아래의 다섯 가지 사항에 주목할 필요가 있다.

첫째, 앞으로의 여성운동은 소수의 지도자나 선각자중심의 운동차원에 머물러서는 안 된다. 공동의 문제의식을 갖고 있거나 같은 상황에 놓여 있는 여성들이 스스로의 요구와 관심을 토대로 지속적으로 연구하고 실천하는 모임들이 다각도로 활성화되어져야 할 것이다. 구체적 문제를 중심으로 여성들이 주체적으로 자신의 목소리를 내고 풀뿌리의식에 기반을 둔 운동을 지속적으로 전개해 나감으로써 보다 실효성 있는 결과를 만들어 낼 수 있을 것이다.

둘째, 여성의 다양한 요구에 주목하고 상호이해의 폭을 넓히는 것이 중요하다. 여성들은 자신이 처해 있는 분야에서의 여성차별과 불평등에 대해서 의식을 첨예화함과 동시에 다른 입장에 있는 여성문제에 대한 관심과 협조가 필요하다.

셋째, 여성의 주류화와 정치세력화를 위한 전략으로 여성단체와 여성모임들의 연대가 요구된다. 여성운동의 대중적 기반을 확보함과 동시에 이들 단체들이 상호협조하고 공존할 수 있도록 체계적인 조직기반을 마련할 것이 요청된다.

넷째, 여성운동의 단기적 목표는 여성과 남성 사이에 존재하는 불평등 해소에 있지만, 여성과 남성이 공히 인간답게 살 수 있는 사회를 구현하는 것이 여성운동이 궁극적으로 추구하는 바이다. 그러므로 남성의 문제에도 관심을 기울이고, 보다 많은 남성들이 여성단체에 회원으로 가입하여서 여성운동의 발전과 남성의 삶의 질 향상이 병행할 수 있는 기반을 다져 나가야 할 것이다.

다섯째, 여성운동의 결과가 성불평등 사회의 개혁에 그치지 않고 시민사회의 발전과 민주화를 이루는 데도 기여할 수 있도록 노력해야 한다. 우리 사회는 분단구조와 반공 이데올로기로 인해 정치적 보수성과 가부장적 사회분위기를 확고하게 유지해 왔다. 이제는 남녀관계에 있어서뿐만 아니라, 가정과 사회 전반에 걸친 민주화실현을 위해서도 주력할 때이다. 따라서 공공부문을 위시해서 학교, 군대, 기업 등 사회 각 부문에서의 개혁과 민주화가 요청된다.

이상 제시한 바와 같이 다변화되고 있는 여성의 관심을 인정하되, 집결된 목소리를 형성함으로써 여성문제에 대한 의식을 높이고 여성운동을 보다 효율적으로 실천해 나가는 방향을 모색하는 것이 절실하다. 그러기 위해서는 여성이

처해 있는 상황에 대한 정확한 분석이 요구된다. 모든 개인적 및 구조적 원인을 계속 규명하여 이를 극복하는 방향으로 여성운동을 확대시키고 민주적 역량을 지속적으로 증대시켜야 한다. 결국 여성운동은 여성의 요구가 구체화되고, 여성에 의해 주도되며, 강력한 실천의지를 표현할 때에만 성공적으로 이루어질 수 있을 것이다.

토론 및 연구 과제

1. 우리나라에서 전개되어 온 여성운동은 서구의 여성운동과 비교하여서 어떠한 차이점을 지니고 있는지 토론해 보자.
2. 우리나라의 근대여성운동은 시기별로 어떠한 변천을 경험해 왔는지를 시대상황과 연결 지어서 생각해 보자.
3. 여성운동을 영역별로 나누어 보고, 각 부문에서 자신이 참여할 수 있는 방안에 대하여 구체적으로 생각해 보자.
4. 본인이 관심 있는 분야의 활동을 담당하고 있는 여성단체를 방문해서 업무담당자와 면담한 결과를 중심으로 수업시간에 토론해 보자.

참고문헌

김은실(1994), "민족담론과 여성,"「한국여성학」, 제10집, 한국여성학회, 18－52.

김지해(1987),「세계 여성운동 1: 사회주의 여성운동편」, 동녘.

 (1988),「세계 여성운동 2: 민족해방여성운동편」, 동녘.

박기남(2012), "개인화 시대의 여성운동 방향 탐색,"「페미니즘연구」, 제12권 1호, 한국여성연구소, 73－116.

박용옥(1984),「한국근대여성운동사」, 한국정신문화연구원.

 (1987), "근우회의 여성운동과 민족운동,"「한국근대 민족주의 운동사 연구」, 일조각.

박현옥(1994), "여성, 민족, 계급,"「한국여성학」, 제10집, 한국여성학회, 53－85.

손승영(1994), "여성연구의 경향과 과제," 여성한국사회연구회 편,「여성과 한국사회」개정판, 사회문화연구소.

_____(1997), "기업과 남성," 여성한국사회연구회 편,「남성과 한국사회」, 사회문화연구소.

신영숙(1994), "여성운동의 역사적 고찰," 여성한국사회연구회 편,「여성과 한국사회」개정판, 사회문화연구소.

신채효(1972), "역사와 애국심과의 관계,"「단제 신채호전집」, 을유문화사.

윤택림(1994), "민족주의 담론과 여성: 여성주의 여성학에 대한 시론,"「한국여성학」, 제10집, 한국여성학회, 86－119.

이승희(1994), "현대 한국 여성운동 이론에 관한 연구: 1980년대 여성운동론과 마르크스주의 페미니즘," 한국여성학회 10주년 기념 춘계 학술대회 발표 논문집.

이효재(1996),「한국의 여성운동—어제와 오늘」증보판, 정우사.

장미경(1995),「오늘의 페미니즘, 세계 여성운동」, 문원.

한국여성단체연합(1998),「열린 희망: 한국여성단체연합 10년사」, 동덕여자대학교 한국여성연구소.

Andersen, M.(1988), Thinking About Women: Sociological Perspectives on Sex and Gender,(2nd ed.), N.Y.: Macmillan.

Freeman, Jo.(1989), Women: A Feminist Perspective,(4nd ed.), CA.: Mayfield Publishing Company.

Mills, J. S.(1970), The Subjugation of Women, N.Y.: Source Book Press.

제 4 부

여성과 일상문화

우리는 매일 보고, 듣고, 느끼고, 경험하는 일상적인 문화에 익숙해짐으로써 그 속에 담긴 성차별을 간과하기 쉽다. 낭만적 사랑의 연애문화나 대중문화 등도 예외가 아니다. 즉 우리가 당연하다고 여기고 갈망하는 이성과의 낭만적 사랑도 성적 불평등을 유지하는 데 기여한다. 낭만적 사랑에 대해 상상하고, 연애를 통해 그것을 실천하고, 결혼을 통해 실현하는 것은 철저히 기존의 '여성다움'과 '남성다움'의 이상적인 이미지를 재생산하는 주요한 기제가 된다. 제10장에서는 이성애적 낭만적 사랑을 통해 여성이 여성으로서의 성정체성을 형성해 가는 방식을 검토하고, 사랑, 낭만, 성으로 중재되는 남녀관계가 성차별적으로 이미지화되고, 표현되며 행동화되는 방식을 살펴본다. 또한 이성애중심주의가 억압하고 있는 동성애에 대해 살펴봄으로써 성과 사랑에 대한 다원주의적 가치관을 이해하도록 한다.

여성들은 고학력화와 공적영역에서의 괄목할만한 성취를 통해 그 지위와 위상이 매우 높아졌다. 그러나 디지털미디어를 포함한 다양한 매체들의 등장으로 여성의 몸은 더욱 가시화되고 획일적인 평가의 대상이 되고 있다. 몸을 꾸미고 관리하는 것은 개인의 문제일 수 있으나, 여성의 외모나 몸에 대한 사회적인 담론과 기준은 사회적으로 구성되는 것이다. 여성의 외모에 대한 강조가 더욱 심해지는 현재 몸의 다양성에 대한 존중이 성평등에 도달하기 위한 주요 아젠다가 되고 있다. 제11장에서는 가부장제 사회에서 '여성의 몸'이 이해되고 평가되는 다양한 맥락을 드러내고, 여성주의적 시각에서 여성의 몸에 대한 다양한 관점을 제시한다.

제12장은 대중문화에 대한 여성주의적 시각에 관한 것이다. 여성주의 문화연구를 다루고 있는 본장에서는 1960년대 후반 여성운동과 더불어 시작된 여성 이미지에 관한 비평에서 시작하여 1970, 1980년대 이후에 여성주의 시각에서 본 문화연구에 대해 논의한다. 여성학자들은 여성과 남성에 대한 편파적인 이미지를 생산하고 성차별을 지속시키는 대중문화를 비판하고 그 메커니즘을 해석함으로써, 실천적인 여성운동에 참가해 왔다. 최근 여성주의 문화연구는 발생할 의미를 미리 통합하여 생산되는 과정에 대한 연구 즉 '이미지 상품으로서의 여성 그리고 남성'에 대한 질문을 제기하고 있다. 이 장에서는 이미지 상품 생산과정의 사례로 한국 연기자 지망생 및 신인의 성형 경험과 이들의 주체성을 소개한다. 또한 이에 개입하는 새로운 여성주의 문화연구의 방향에 대해 고민해본다.

일상의 성과 사랑

1 사랑 이데올로기

결혼제도를 통해 남성과 여성의 결합을 이상화하는 대부분의 사회에서 낭만적 사랑을 추구하고자 하는 욕망은 보편적인 현상이다. 사람들은 이성에게 특별한 사람이 되고 싶어하고 성적 매력을 지닌 존재로 보이고 싶어한다. 호쉬차일드(Hochschild)는 사랑을 문화적 이데올로기의 한 형태로 규정한다. 사랑 이데올로기란 일반적으로 잡지, 영화, TV 등의 영상매체를 통해 재현되는 문화적 상징시스템을 통해 형성되는 관념이다. 이런 대중매체들은 남녀 간의 사랑은 무엇이고 어떠한 모습일 수 있는가에 대한 일련의 개념과 이미지를 공급해 준다. 이러한 문화적 상징시스템은 사랑에 대한 다양한 버전을 생산해내고, 다양한 방식으로 우리가 경험할 수 있는 '사랑'의 가능성을 제시한다. 예를 들어 남성이 여성에게 구애하는 방식이나 여성이 남성에게 특별한 존재로 보여지기 위해 보여주는 제스처 등등에서뿐만 아니라, 우리가 속한 사회에서 '가능하고', '바람직한' 결혼의 형태는 무엇이고 사회적으로 인정받을 수 없는 남녀 간의 만남은 무엇인가를 규정한다. 우리는 TV드라마나, 로맨스 소설, 순정만화나 웹툰, 대중가요 등을 접하면서, 남녀 간의 사랑을 현실적인 조건에서 가능한 것보다 훨씬 더 낭만적인 이미지로 그려내기 쉽다.

그런데 사랑은 행동이나 관계 자체, 또는 무의식적인 과정이 아니라, 행위자에 의해 구성되는 의식적인 경험이다. 사랑은 사랑의 경험에 관한 일군의 공통적인 관념인 사랑 이데올로기와는 구별되는 개념이다. 인간은 사고체계로서의 공유된 개념과, 그런 개념을 실행시키고 강화시키는 사회구조와 상호작용을 하면서 결국은 '감정의 구조물'로서의 자아개념을 형성하게 된다. 그러므로 낭만적 사랑에 대해 상상하고, 연애를 통해 그것을 실천하는 일은 불가피하게 특정 사회의 문화적 관념과 연결될 뿐 아니라 '자아 정체성'에 영향을 준다. 사랑을 한다는 것은 그 사회의 특정한 사랑 이데올로기와, 성차별적인 결혼제도와 사랑을 경험하는 개인의 자아와의 삼중적 관계 안에서 이해된다.

그렇다면 한 개인은 어떠한 방식으로 사랑 이데올로기를 통해 자아를 형성하고, 일종의 불확실한 감정을 '사랑'이라고 규정하고 정의 내리게 될까? 왜 일반적으로 여성들은 남성보다 그들의 사랑의 경험에 주의를 더 기울이고 다른 감정 중에서 사랑의 감정을 식별해내며, 세밀하게 이해한다고 믿어질까? 남성은 왜 자신을 표현하거나 감정을 드러내는 일을 하지 못하게 되었으며 이는 남녀가 사회에서 행하는 성역할과 어떠한 연관성이 있을까? 실제 여성은 사랑의 감별사로서 권위를 획득하지만 또한 그 사랑의 피해자로 이해된다. 사랑이라는 사회적 행위는 남성, 여성에게 어떠한 영향을 행사하는지와 감정경험에 작용하는 사회구조와 문화의 영향력은 무엇인가에 대한 고찰이 필요하다.

2 사랑의 문화적 모델: 대학문화의 사례를 중심으로

요즈음 여대생들은 모든 면에서 '프로'(professionals)가 되기를 기대받고, 되고 싶어한다. 그들은 좋은 직업과 세련된 이미지와 멋진 파트너와의 열애는 동시에 획득되고 유지되어질 수 있다고 믿는다. 결혼을 위해 직업을 포기하거나, 육아를 위해 취업을 유보하는 것은 어리석은 일이라 주장하며, 자신감을 보인다. 2000년대 이후 한국의 대학은 의존적이며 수동적인 여성의 이미지로부터 탈피하여 좀 더 주체적인 인간이 되기를 주장하는 이런 여대생들로 가득하다. 그럼에도 불구하고 여전히 남자 친구를 '오빠'라고 부르고, 막연하고 끊임없는 호의를 기대하는 여학생들 또한 존재한다. 캠퍼스를 주눅들지 않고 걸어다니기 위해 아침에 1시간 30분 가량을 치장하고 나온다는 여학생의 유행에 대한 민감도는 그를 수업 시간 내내 매어 두는 좁고 낡은 교실 의자의 낙후도와 묘한 대조를 이룬다. 그들은 누군가의 '시선'을 의식하며, 그 시선의 결과가 낭만적 사랑으로 그들을 이끌 것이라 믿는 듯하다. 많은 사람들이 이성에게 특별한 사람이 되고 싶어하는 욕구를 지니고 있다. 그러기 위해서는 이성에게 특별한 호감을 얻어낼 수 있는 육체적 매력을 갖추거나, 바람직하다고 여겨지는 여성성·남성성의 이상에 도달하기 위해 노력해야 한다고 느낀다. 성적 매력의 우위에 서기 위해 동성 간의 경쟁도 필수적이 된다.

여성들은 이러한 로맨스를 통해 자신의 성적 정체성을 확립하는 경우가 많다. 즉 자신의 여성적 매력을 통해 남성들에게 선택되어야 비로소 자신의 가치를 주변사람으로부터 인정받게 된다는 것을 주입받게 된다. 멋진 남성을 찾고, 지키고, 적절하게 다루기 위해 여성은 자신의 성적인 매력을 끊임없이 보여 주여야 한다고 생각하며 그러기 위해 자신의 외모를 가꾸는 데 시간을 아끼지 않게 된다. 여성들이 자신의 사회적 성취보다는 남성들과의 관계를 통해 자신을 평가하고 자신의 위치를 정하게 되는 것은 이러한 낭만적 사랑의 신화을 통해서이다. 즉 낭만적 사랑의 문화적 이데올로기는 여성의 종속을 유지시키는 기제로 작용하기도 한다.

미국대학의 사례연구인 "낭만을 가르치는 대학"(Educated in Romance)이란 책은 미국의 대학문화와 성 정체성(gender identity)의 문제를 다룬 민족지이다. 이 책은 가부장적 성관계(gender relations)의 문화가 어떠한 방식으로 일상적 삶을 규정해 나가는가에 대한 논의를 대학이라는 공간을 중심으로 살펴보려는 시도이므로 한국대학의 낭만적 문화를 이해하는 데 시사하는 바가 크다.

이 책의 저자인 도로시홀랜드와 마가렛 아이젠하트는 미국남부에 위치한 두 개의 대학—백인이 다수인 남부대학(Southern University, SU, 가명)과 흑인이 거의 대부분을 차지하는 브래드훠드대학(Bradford, 가명)—에서의 참여관찰과 23명 여학생들의 면접조사를 통해, 대학에 입학한 여성들이 대학문화에 적응해 가는 과정을 추적하고, 그들이 대학을 졸업한 후 어떠한 직업을 얻게 되는가를 연구했다. 이를 위해 두 학자는 1979년부터 1981년에 신입생이었던 여학생들을 면접조사하고 면접 대상자들이 졸업할 즈음인 1983년과 그들이 사회에 진출하여 정착할 즈음인 1987년까지 약 9년간의 장기적 현지조사를 했다. 그들의 연구결과가 입증하는 것은, 불행하게도, 입학 당시 최상의 성적을 얻었고, 미래에 대한 포부를 가지고 대학에 입학했던 여학생들이 결국 이성애적 연애관계에 집중하여 자신의 기대를 낮추어 주변화된 직업을 갖게 된다는 것이다. 이들이 임금이 상대적으로 낮고, 결정권이 없는 하위직으로 취업하거나 결혼에 만족하는 것은 왜일까? 그들은 대학이 성차별적 문화(gendered culture)를 재생산하는 공간임을 주장한다.

그들은 대학의 행정적인 측면보다는, 대학의 일상문화, 즉 이성애를 중시하고 성적 매력(sexual attractiveness)을 순위 매김 하는 동년배 사이의 문화적 모형에서 답을 찾는다. 그들이 낭만적 사랑의 문화모형(the Cultural Model of Romance)이라 부른 대학가의 문화는 고향을 떠나와서 주로 기숙사 생활을 하는 미국의 남녀대학생들에게 지배적으로 자리잡게 되는 구체적 행위유형과 인식체제를 지칭한다. 이 모형에 의하면, 여대생들에게 있어 성적 매력은 최상의 가치이며 추구해야 할 목표가 된다. 왜냐하면, 여대생들에 있어 성적 매력이란 그에 걸맞은 멋진 남자친구를 얻을 수 있는 '성취'를 가능하게 하는 자원이다. 매력적인 남자친구를 얻게 되면, 그때야 비로소 여학생들은 동년배 집단 사이에서 '지위'(prestige)를 얻게 되고, 자신의 가치를 확인시킬 수 있게 된다. 즉 남성 '구매자'에게 선택되어야 비로소 여성으로서의 자신의 가치를 주위사람으로부터 인정받게 된다. 남자친구에게 좋은 대우를 받을수록 여성의 서열은 올라가게 되고, 남자친구로부터 부당한 대우를 받은 여성(데이트 강간이나 폭력조차도)은 그녀의 성적 매력이 남성이 지닌 매력에 비해서 뒤떨어지기 때문이라고 이해되기도 한다.

낭만적 사랑의 문화적 모형은 정형화된 등급체계도 없고 평가의 권위도 없지만 대학생들의 일상의 삶 속에서 힘을 발휘한다. 저자들은 "학문적 성취를 측정하는 공식적인 평가제도(official grading of academic attainment)에 대해 성적인 매력을 평가하는 또래집단 사이의 비공식적 제도(unofficial grading of sexual attractiveness)가 대비되어 강조되는 양상"을 보여 준다. 낭만적 사랑의 문화적 모형에서 결국 여성들은 '남성 구매자'에 의해 선택되어야 비로소 자신의 가치를 주변사람에게 인정받게 됨으로써, '성적 경매 대상'(sexual auction block)으로 존재하게 된다. 여성의 성적 매력은 멋진 남성들에 의해 선택되어, 그들로부터 좋은 대우를 받게 될 때, 가치를 발휘하는 상징적 자원(symbolic capital)이 된다. 즉 여성적 매력은 한 개인에게는 필수적 자원이며, 다른 사람들에게 영향력을 발휘할 수 있게 해 주고, 지위와 권력을 가져다 준다. 이러한 낭만적 사랑의 문화적 모형이 동년배들 사이에 주요한 인식과 행위양식이 되면, 학업과 미래에 대한 포부들은 지극히 개인적인 선택으로 치부되어 동년배들 사이에서 주요한 관심의 대상이 될 수 없게 된다. 전공을 선택하거나 학문적인 관심을 나누는 데 있어서도 동년배 집단은 별로 도움을 주지 못하고, 대학의 학구적 문화(academic culture)도 실제 학생들의 일상적인 삶이나 태도에 별 영향력을 발휘하지 못한다.

　이러한 낭만적 사랑의 문화적 모형은 남성과 여성 모두가 그것을 내재화하고 참여함으로써 유지되기 때문에 '평등'적인 것처럼 보이지만, 실제로 성에 따라 다른 효과와 영향을 주기 때문에 성차별적인 지위체제(gender differentiated prestige system)이다. 우선, 매력의 척도가 여성에게는 주로 외모에 의해 평가되는 반면, 남성들은 스포츠나, 학업 등 공적인 영역에서의 성취가 그들을 매력적으로 만들어 준다. 즉 남성에게는 멋진 여자친구를 얻고 지위을 얻는 것과 공적인 영역에서의 성공을 이루는 것은 모순적이지 않다. 여성은 이에 반해, 남성으로부터 받는 관심의 정도에 따라 자신의 지위가 자리매김됨으로써, 멋진 남성을 찾고, 지키고, 적절하게 다루기 위해 자신의 외모를 가꾸는 데 시간과 에너지를 낭비하게 된다. 일단 커플이 되면, 남자 친구의 엄청난 요구에 자신의 스케줄을 조정하게 되어, 학업에 소홀하거나 전공을 선택하고 미래의 커리어를 추구하는 데 있어 남자친구의 영향을 받게 된다. 즉 낭만적 사랑의 모형이 유지되는 것은 남성적 특권을 지속시키는 결과를 낳게 된다. 여성은 남성들과의 관계를 통해 자신을 평가하고 자신의 사회적 위치를 정해야 하므로 자율성을 유지하고 살기가 어렵다.

이러한 문화적 유형에도 순응과 저항이 동시에 공존한다. 낭만적 사랑의 문화적 모델에 저항하는 일부는 "대학이란 대가(Master)에게 지식을 전수 받는 곳"이라고 여기기 때문에 자신들이 학문적으로 높은 성취를 못 얻는 경우에, 곧 흥미를 잃고 쉽게 낭만적 연애관계에 집중하지는 않는다. 그들은 아직 완벽한 지식단계에 도달하지 않았다고 여기면서 더욱 학구적인 것에 집중한다. 일부 여학생들은 자신들이 남자친구가 있는 체하며, 동년배 집단의 압력에서 벗어나고, 몇몇 여대생들은 여자친구와의 관계를 공고히 함으로써, 이성애적 연애유형에 저항하려 한다.

하지만 저자들은 여학생들이 이러한 연애문화의 성차별성에 대해 저항적 문화를 형성하는 집단적 움직임을 찾기 어려웠다고 주장한다. 왜냐하면, 이러한 낭만적 사랑의 문화유형은 구조적 억압으로 인식되지 않기 때문에 그것에 저항하는 집단적 아이덴티티를 형성하기도 어렵고 억압의 근원도 애매하기 때문이라는 것이다. 여학생들은 자신을 진지한 학생으로 취급하지 않고 성적 대상으로 바라보는 남자 교수들에게도 개인적 불만을 표시할 뿐, 집단적 움직임을 보이지 않았고 대학의 남성중심성에 대해서도 민감하게 도전하지 않았다.

대학은 자율적 인간을 기르는 장이며, 문화적 성향이 다른 개인들이 다양한 실험을 할 수 있는 열린 공간임을 자부해 왔다. 이 두 학자의 민족지는 약 15년 전의 미국대학의 문화를 다루었기 때문에 시대적으로 뒤진 감은 있지만, 동년배들에 의해 유지되고 전수되는 집단적 문화유형의 성적 측면(gendered aspect)을 이해하는 데 도움을 준다. 일단 대학에 들어 온 학생들은 동년배 문화 내에서 자신의 정체성을 확보하고 소외됨을 피하기 위해 자연스럽게 낭만적 이성관계에로의 참여로 유도된다. 결국 이러한 문화는 새로운 성원의 참여가 강제되고, 그 성원이 다른 성원들을 끌어들임으로써 반복·지속된다. 결국 낭만적 문화유형에서 이상화된 여성성과 남성성의 개념을 바꾸는 일은 개개인 여대생들이 다양한 실험을 가능하게 하는 대학문화를 창출하는 일이 중요하다.

또한 대학 연애문화의 성차별성을 단순히 동료집단에서 내재화된 지위체계에서 모든 답을 찾는 것은 무리가 있다. 대중매체나 가족의 영향, 대학행정의 가부장성과 노동시장의 성차별성 등에 대한 경험적 해석이 동시에 이루어져야 한다. 특히 성관계(gender relations)를 다루는 데 있어, 남학생들은 어떠한 방식으로 이러한 문화를 내재화해 나가거나, 저항하는지에 대한 심층조사가 동시에 이루어져야 한다(김현미, 1996).

이러한 낭만적 사랑의 문화 모형은 대학에만 들어가면, 연애를 할 수 있는 '특권'을 부여받은 것처럼 미팅과 소개팅으로 많은 시간을 보내는 한국의 대학생들에게도 적용된다. 하지만 우리 사회에서 대학의 일상문화는 여학생의 성 정체성 형성의 면에서는 어쩌면 더 심각한 수준에 있다고 볼 수 있다. 우리 사회에 만연된 성차별적인 지위체계는 캠퍼스의 일상적 문화를 규정하는 데 중요한 역할을 한다. 예를 들어, 학업성취욕구가 높은 여학생에게 "그 얼굴에 공부밖엔 할 게 뭐있겠냐"는 식의 학업성취와 외모를 연결시키는 언어적 희롱이 존재할 뿐 아니라, 신입생 환영회나 동아리 모임, 조인트 MT 등에서 보여지는 '여성비하'의 문화는 여학생들을 자율적인 인격체로 서는 데 어려움을 겪게 한다. 술자리에서 "여자가 있어야 분위기나 난다"며 여자후배를 옆에 앉혀 술을 따르게 하거나, "여학우가 적기 때문에 특별히 부각시킬 필요가 있다"는 이유로 끊임없이 여학생을 성희롱하는 데 남녀 모두가 여전히 익숙해 있다. 또한 주위사람들의 눈살을 찌푸리게 하면서 친근감 형성이라는 구실하에 대학생들 사이에 행해지는 '게임' 문화 또한 여전히 존재한다. 최근에는 카톡 등 디지털 메신저를 이용한 동료 여성에 대한 성적 대상화가 사회적 논란이 되었다. 이렇게 여성의 성적 대상화가 집단적 즐거움과 단합의 모티브로 이용되는 상황에서, 여성은 '동지'도 되었다가, 한없는 돌봄을 요구받는 모성적 존재, 또는 성적 매력을 발휘하는 섹시한 여성으로 둔갑해 주어야 한다.

끊임없이 일상적 담론을 통해, 여학생의 사회적 가치와 지위는 여성적 매력이 작동되는 것에 따라 부여된다. 그러므로 자신의 여성적 매력은 민감한 사항이 되고, 항상 주변동료들과 교수들에게 '규정'당하고, 자신의 가치가 '위치 매겨진다'는 인식은 여학생들을 심리적으로 위축되게 한다. 무엇이 중요한 가치로 선정되며, 그것의 유무에 따라 인정을 받고 받지 못한다는 사실은 여학생들이 공식적 영역의 평가제도하에서 높은 평가를 받더라도 자기 긍정적인 자아 정체감을 획득할 수 없게 만든다. 이러한 일상적 캠퍼스문화에서 여학생들은 과장되게 자신의 여성적 매력을 과시하거나, 그러한 남성중심적 또래문화에 순응하거나 침묵함으로써 그나마 '여성'으로서 대우를 받게 된다.

이런 상황에서 여학생들은 개인적인 방식으로 자신의 커리어를 준비하게 된다. 그들은 아직도 공식적이고 객관적인 평가제도에서 인정을 받는 것이 유일하게 경쟁에서 이기는 길이라는 믿음을 갖는다. 사회적인 역할을 수행하기 위해 그들은 영어를 잘하고 컴퓨터를 잘하고, 취업 전에 인터뷰에서 좋은 인상을 받기 위해 매너교육을 받거나 외모를 가꾼다. 그러나 이렇게 도구적인 지식에만 몰두하는 학생들이 기업이라는 조직체 속에서 환경적응적인 노동자가 된다는 것은 의심할 여지가 많다. 왜냐하면 여학생들에게 '성취'는 어떤 객관화된 지식 평가제도에서의 고득점 획득이라는 편협화된 방식으로 이해되기 쉽기 때문에 사회가 요구하는 복잡한 역할규정에 자신감 있게 대처할 수 없고, 그러므로 그들은 사회와의 접목지점에서 더 많은 갈등을 경험하게 된다. 그들은 학교에서 느꼈던 불안정한 위치와 자기갈등을 또 한번 경험하게 된다.

여학생들은 자신이 커리어 우먼이 되고 싶다면, 먼저 대학에 만연된 여성 비하의 문화에 저항하고, 공적인 영역에서 더 많은 두각을 나타내야 할 것이다. 마찬가지로 남학생들도 여학우들과 폭넓은 상호작용을 했다고 확신하고 여자를 다 안다고 자부하지만, 남성중심의 관점에서 일방적으로 이루어진 것이기 때문에 기업이나 사회에 진출해서 많은 시행착오와 몰이해를 경험할 수밖엔 없다. 왜냐하면, 한국사회의 남성중심적 문화에 길들여진 남학생들이 자신보다 또는 자신만큼 능력 있는 전문직 여성을 동료나 협상자로서 편안한 마음으로 대우하는 훈련을 받지 못했기 때문이다. 대학문화를 성평등적으로 변화시키는 것은 개개인 남성과 여성의 의지와 실천에 달려 있으며, 이는 또한 자신들이 사회에서 노동을 통해 정당한 대가를 요구하는 '일하는 사람'으로서의 기본적인 자질을 계발하는 것과 직접적으로 연결된다는 것을 이해해야 한다.

3 사랑의 여성화

우리는 흔히 사랑은 역사적 변화와는 관계 없이 영구적이며, 인간으로서 누리는 당연한 경험이라고 생각하기 쉽다. 하지만 사랑은 특정 역사적 맥락에서 여성다움과 남성다움의 정의가 달라짐에 따라 다른 방식으로 경험된다. 즉 남녀 간의 삶의 조건과 역할 및 지위의 차이가 남성과 여성이 '사랑'에 대해 상상하고, 실천하는 방식을 다르게 만든다(이영자, 1991). 흔히 여성이 남성보다 '감상적'이며 '낭만'을 추구한다는 것은 여성들의 본질적인 속성이라기보다는 사회적으로 요구되는 여성의 성역할과 이상적인 여성성과 관련된, 사회문화적으로 구성된 것이다. 타브리스(Tavris)는 그의 저서인 '여성과 남성이 다르지도 똑같지도 않은 이유,'(또하나의 출판사)(Mismeasure of Woman)에서 사랑이 점점 여성적인 것으로 연결되는 맥락을 분석한다. 그가 지적한 사랑의 여성화(feminization of love)는 사랑이 왜 여성성과 연관되고, 이러한 연결이 강화될 경우, 사랑은 남성과 여성을 결합시키기보다, 상대방에 대한 몰이해와 애증을 가져올 수밖엔 없는가에 대한 심리적 분석을 한다. 그에 따르면, 감정의 규칙들은 임의적인 것이 아니고 사회적으로 배열되어진 것이다. 다음에서 우리는 산업사회의 남녀 성역할 규정의 강화가 어떠한 방식으로 공식적인 노동시장에서 여성을 배제하며, 이것이 낭만적 사랑과 어떤 연관을 갖는지 분석한다.

산업화 이전에 공사영역의 분리가 일어나기 전에는 사랑의 문제에 있어 남녀 간의 큰 차이가 없었다. 산업사회가 도래하면서 노동의 성적 분화는 여성을 감정노동의 책임자로, 남성을 생산노동의 담당자로 규정하게 된다. 자본주의 사회에서 남성 자본가와 노동자 간의 계약은 '가족 임금제'라는 독특한 제도의 출현을 가져오게 된다. 즉 개인 남성이 대표적인 노동자가 되어 노동력을 팔고 임금을 얻게 되고 그는 가족의 생계부양자로서의 의무를 실현하는 것이다. 산업자본주의 사회에서는 낭만적 연애에 의해 한 여성을 선택하여 결혼하고 일부일처제를 유지하면서 아이를 낳아 핵가족을 이루는 것이 이상적인 삶의 형태로 자리잡게 된다. 산업사회에서의 이상적인 남성성은 바로 이러한 부양자의 윤리를 실현한 남성이며, 그가 공적 영역에서 얼마나 성실하게 업무를 수행하고 경쟁에서 이겨내느냐가 주요한 삶의 목표이며 가치관이 된다. 그런데 남성이 가족을 부양할 임금을 받을 수 있는 대표 노동자로서의 지위를 유지하기 위해서 여성의 가치는 새롭게 규정된다. 즉 여성은 남성과 공적 영역에서 똑같은 가족임금을 받을 수 없으며 남성의 '감성적 동반자로서 가사노동과 육아의 독점적 책임을 지게 됨을 의미한다. 감정적이고, 인간적이며, 사적인 영역과 냉정하고 합리적인 공적인 영역이라는 분리는 성에 따른 노동의 분업으로 사회적 의미를 갖게 된다. 여성이 원래 더욱 감정적이거나 남을 돌보는 역할에 적합하다는 믿음은 남성중심적 사회에서 여성에 대한 규정이며 범주였지만, 이러한 성차에 대한 결정론적 개념은 산업사회라는 새로운 생산양식과 결합을 이루어냄으로써 더욱 강화된다.

사랑, 감정, 가족 등으로 연결된 '여성화'된 영역과 경쟁, 성취, 이성 등으로 연결된 '남성화'된 공식적 영역과의 분리가 일어난다. 가정과 가정 밖의 세상과의 차이는 과장되고 이러한 극단적 이분화는 성적인 차이를 통해 가시화된다. 두 성의 생물학적으로 결정된 기질과 인성차이가 마치 여성은 사적 영역에 적합한 따듯함, 돌봄, 감성을 가진 존재이므로 성취나 경쟁이 요구되는 공적 영역에는 적합지 않은 것으로 언설화된다. 이에 반해 남성은 일에 있어서의 성공과 물질적 성취를 공급해 주는 데 적합하므로 감정적인 것에 집착할 수 없는 존재로 이해된다. 남성이 '남자다워진다'는 의미는 자기통제를 통해 감정에 빠지지 않고 자신의 감정을 드러내지 않는 것이다.

이러한 생산양식에서 여성은 문화적인 규정성에 의해 그러한 '감정노동'의 영역으로 흡수되어진 것이다. 감정노동과 생산노동의 분리가 여성과 남성의 노동분업을 통해 이루어지고 이는 다시 이상적인 여성성과 남성성을 규정하는 문화적 힘을 갖게 된다. 이는 여성의 생물학적 특질 때문에 생겨나는 자연스러운 여성성의 발현을 통해 이루어질 수 있는 것이 아니므로, 일종의 강요된 노동이 된다. 여성에게 할당되고 기대되는 이러한 감정적인 역할을 하지 않는 여성은 그 여성이 아무리 공적 노동을 훌륭하게 완수한다 하더라도, 늘 비난받을 위치에 놓이게 된다. 여성에게는 감정노동에 포함되는 모든 행위를 책임감 있게 수행해야 할 의무가 지워지고 가장 전문적으로 이런 일을 할 수 있도록 교육을 받고 사회화된다. 결혼과 돌봄은 여성의 분야이며, 여성의 전문지식이 발휘되어야 할 영역이 된다. 그의 직업은 다른 사람의 감정을 살피고 문제가 일어나지 않도록 신경쓰는 일이며 여성은 끊임없이 감정에 대해 말을 하고 관계가 제대도 돌아가게 하기 위해 개입하여야 한다. '사랑의 전문가'로서 역할을 부여받은 여성은 자신과 사람들의 경험을 분석하고, 설명하고, 이해하고, 해결하는 일을 통해 '사랑'을 일상적 경험으로 실천한다. 여성이 이런 분야의 '감정노동'을 하고 있지 않는다면, 그 여성은 이상적인 여성성에 위반되므로 사회적 비난을 받게 된다.

그러므로 산업자본주의 사회의 도래와 함께 구성된 낭만적 사랑의 영역은 자아실현과 연결되고 여성은 사랑을 이루고, 관리하고, 사랑에 힘쓰는 것을 주요한 '성취'로 받아들이게 된다. 자연스럽게 '감정'은 여성적인 것으로 이해되고, 남성은 '감정'이 있더라도 적절하게 그것을 드러내고 표현하는 방식에 대해 교육받지 못한다. 남성은 여성과는 다른 방식으로 '사랑'을 경험하고 표현하도록 사회화되는데, 결국 감정과 언어를 통해 사랑을 구체화하기보다는 말없는 행동과 임무의 완수를 통해 사랑하고 있음을 충분히 보여 주고 있다고 확신하게 된다. 자연스럽게 남성은 감정노동의 영역에서 배제되고 사랑은 그 시대의 물적 조건과는 상관 없는 모든 여성들이 지닌 '신비한 힘'으로 이해된다. 공적 영역에 진출한 많은 여성들은 여전히 공적 노동과 감정노동의 이중적 짐을 지게 되고 사회적 비난의 대상이 될 가능성에 더 많이 노출되게 된다. 왜냐하면 결혼의 지속, 부부관계의 유지, 자식들의 건강한 상태 등이 모두 여성의 가치를 판단하고 그의 감정노동의 질을 평가하는 척도가 되기 때문이다.

이렇게 사회화된 두 개인 남녀가 '연애'를 통해 관계를 맺거나 결혼을 하게 될 때, 그들은 모순적인 상황에 빠지게 된다. 즉 여성은 사회적으로 이상화된 남성성을 보여 주는 조금은 과묵하고 지나치게 감정적이지 않은 남성을 선택하지만, 둘 간의 사적 관계에 있어서는 언어로 좀 더 친밀하고 감성적인 사랑을 표현하기를 요구하게 된다. 그렇지만 한편으로 남성이 지나치게 감성적인 면을 보이거나 사랑하고 있음을 언어화해내면, 그 남성이 '여자 같고 왠지 약해 보여서' 싫어질까봐 두려워한다. 결국 여성들은 강하고 과묵하면서도 감성적인 인물을 기대하고 이러한 환상은 남성은 말로 표현하지는 않지만 여성의 감정을 헤아리고 있다는 증명되지 않는 믿음을 통해 유지된다.

사회적으로 남성답지 못하다고 여겨지는 감성적인 일면을 드러내기를 요구받게 되면 남성은 더욱 침묵으로 일관하거나, 농담으로 일관하거나 회피하면서 둘 사이의 관계를 분석하고 평가하는 일을 하지 않는다. 결국 남녀는 '사랑'이라는 매개체를 통해 사회가 규정한 성역할을 실행하고 이상적인 남성성/여성성에 도달하려고 노력하지만 그것의 결과는 원활한 의사소통을 할 수 없는 상태로 되고 만다. 결국 시간이 갈수록 자신의 파트너에 대한 원망과 섭섭함만 늘어나게 된다. 즉 감정노동과 생산노동 사이의 성적 분업은 불가피하게 개인들을 사랑이라는 환상에서 깨어나게 만든다. 여성-감정노동, 남성-생산노동이라는 배타적 성역할의 고정관념은 실제로 결혼이라는 제도를 통해 자신들의 낭만적 사랑을 사회적으로 공표했던 두 남녀를 얼마 지나지 않아 상대에게 소외당하고 이해받고 있지 못하다는 느낌을 갖게 하는 상황에 놓이게 한다. 즉 이성 간의 사랑의 갈등은 성 불평등한 역할규정과 사회구조의 모순과 연결되어 있다는 것이다(이 영자, 1991).

여기서 중요한 것은 단순히 남성이 감정을 보여 주지 않고 침묵하는 것은, 단순히 훈련되지 않았기 때문이라기보다 그가 현재의 남녀관계에서 어떤 변화도 이루어낼 필요가 없음을 느끼기 때문에 문제이다. 즉 이는 남성이 갖는 권력의 한 형태이다. 여성이 남녀관계가 어긋날 때 사회적 비난을 더 많이 받는 상황과 달리, 남성은 일에 함몰하거나 혼외정사나 술, 폭력을 통해 사태를 해결하는 도망자의 입장을 취한다. 여성이 감정노동의 전담자로 자리잡게 되면서 여성은 자신이 남들에게 보여 주는 돌봄과 베풂으로 사회적 인정을 받게 된다. 자원의 불균형한 분배 때문에 여성은 자신을 완성된 노동자로 보기보다는 남성에 의해 '발견되고,' 관계의 유지를 위해 '감정 노동을 수행하기를 요구받는' 존재로 인식하게 된다. 낭만적 사랑은 자연스럽고 본능적이므로, 어떠한 분석도 필요없다는 생각은 결국 관계에 대한 성찰성을 갖지 못하게 함으로써, 서로에게 소외감을 가중시키는 결과를 낳게 한다.

현재의 후기 산업사회의 맥락에서 남녀 모두 저성상시대의 고실업 구조에서 사랑의 여성화 현상은 전보다 희석되었다. 전형적인 성역할 구도는 더 이상 여성들이 희망하는 자리가 아닐 뿐 아니라 남녀 모두 평등과 상호 배려에서 오는 친밀성과 소통을 욕망하기 때문이다.

4 사랑과 섹슈얼리티

자본주의 사회에서 남성은 대표 노동자로서의 지위를 확보하기 위해 여성에게 가사노동과 육아의 독점적 책임을 지우고 생산영역으로부터 배제시킨다. 여성의 섹슈얼리티는 결혼이라는 공적 승인제도를 통해 한 남성에게 소유되기 이전에는 '순결'이라는 관념으로 일원화되고, 결혼 전후로는 임신과 출산을 통해 자신의 재생산을 조절해야 하는 것을 의미하게 된다. 즉 자본주의적 가부장제 사회에서 여성 섹슈얼리티가 인정되는 것은 '모성'과 동일한 의미로 이해되므로, 재생산이 가능한 '이성애적' 성교만이 인간의 성성(sexuality)이 구현되는 유일하고도 합법적인 장으로 정당화된다. 그러므로 성성과 연관된 남녀관계의 복잡한 측면, 즉 권력, 강제, 쾌락 등의 이슈들을 간과한다.

성차(gender)가 문화적으로 형성된 여성다움과 남성다움을 지칭하는 용어라면, 좁은 의미에서 성성(sexuality)은 성애적 욕망과 관련된 감정이나 행위 등을 의미한다. 성성과 관련된 문제는 늘 여성운동과 여성학의 주요 쟁점이 되어 왔다. 예를 들어, 남성이 어떠한 방식으로 여성의 성성을 정의하고 통제해 왔는지를 역사적으로 고찰하거나, 여성의 성적 대상화를 분석·비판하고, 여성과 약자에게 가해지는 성폭력을 근절하려는 운동을 벌여 왔다. 이렇게 성성은 여성에게 있어 잠재적인 위험을 내포하고 억압과 통제의 원인이 될 수 있지만 또한 즐거움을 가져다 주기도 한다. 여기서는 조금 더 범위를 한정하여, 구체적인 '남녀 간의 성적 행위'에 따른 다양한 측면을 살펴본다.

'인격적' 또는 '인간적' 관계는 남성과 여성에게 각각 어떠한 의미로 다가오는가? 여성과 남성의 섹슈얼리티에 대한 탐구는 이제까지 남성의 성적욕망에 대해 여성이 책임을 져야 한다는 문화적 전제들을 정당화해 왔다. 즉 여성만이 임신이 가능하기 때문에 수태자로서의 남성의 성성의 발현은 일시적 사건으로 취급되고 여성은 성행위부터의 모든 과정과 결과에 대해 책임을 지는 존재로 이해되어 실제로 여성은 자신의 성적 실천과 행위의 책임을 질 뿐만 아니라, 자신과 관계를 맺고 있는 남성의 성성도 책임져야 하는 의무를 부여받아 왔다. 여성은 남성의 쾌락을 완성시켜주기 위해 위장된 쾌락을 연출해 보이거나, 남성의 이해관계에 따라 성행위는 재생산만을 위해 존재하거나, 또는 재생산과는 아무런 관련이 없는 행위인 것처럼 보이게 만들어야 했다(김현미, 1997).

밴스(Vance, 1984)는 성의 정치학을 '쾌락(pleasure)과 위험(danger)'으로 의미화한다. 그는 이제까지 여성학자들이 여성들이 일상적으로 당하는 모욕, 강제적 근친상간이나 강간 등의 형태로 드러난 폭력, 잔인함, 강제 등을 강조함으로써, 여성들이 누릴 수 있는 쾌락의 권리를 상대적으로 소외시켜 왔다고 주장한다. 여성들의 쾌락은 때때로는 비이성적이고 무의식적인 상태에서 자신의 몸에 대한 호기심과 탐색, 성적인 매력에 대한 구현, 성적 친근감, 흥분 등의 성성의 가능한 영역들을 확장시키는 행위들로 나타나고, 이런 일들은 여성들에게 의미 있는 일이며, 삶의 에너지를 공급해 준다고 설명한다. 다음에서는 구체적인 성과 연관된 권력·쾌락·폭력의 문제를 다룬다.

1) 성의 정치학: 권력의 장으로서의 성

"성차별적이고 폭력적인 사회에서 '성적이다(to be sexual)'는 것은 어렵고 때로는 고통스러운 일일 수 있다"(The Boston Women's Health Book Collective 1992: 225). 성관계는 관계를 맺는 개인들에게는 동등한 것처럼 느끼고 보이더라도, 두 개인 사이에 일어나는 관계는 아니다. The Boston Women's Health Book Collective의 성교육 자료집은 성의 정치학(the politics of sex)이란 주제하에 남녀 간의 권력차가 이성애적 성관계에 영향을 미치는 방식을 다음과 같이 분석한다.

개인적으로 여성은 자신의 남편, 애인, 동료, 친구와 동등하다고 느끼더라도, 남성들은 집단으로 권력을 가진 존재들이다. 남성을 더 가치 있는 존재로 평가하는 성차별주의가 실제 성관계에서는 남성의 쾌락을 위해, 여성은 피임을 책임지거나, 항상 성관계에 들어 갈 준비가 된 사람처럼 보여지거나, 상대방 남성이 얼마나 훌륭한 애인인가를 확인시켜 주기 위해 오르가즘을 '가져야만' 한다. 성교를 하지 않는 경우에도 오랄 섹스나 자위를 통해 남성의 성적 긴장을 해소시켜 주어야 한다(225).

결국 성행위는 여성 위주의 피임과 남성중심의 쾌락이라는 불평등한 거래를 하게 만든다(임순영, 한국성폭력상담소 1992: 138). 특히 한국 사회처럼 남성 성기에 극대화된 의미가 부여되고 '가시화'되는 문화에서는 남성의 자아가 '성기'의 사이즈로 평가되고 '성교'는 의사소통이 아닌, 하나의 과시적 행위로 언어화돼왔다. 또한 성을 둘러싼 고정된 성역할 규정은 '남성은 성적 충동이 강한 존재이며 통제가 힘들다'의 이슈로 귀결되는데, 문제는 남성은 그들의 감정을 성교 이외의 방식으로 표현하는 것을 배우지 못하고 자라 났다는 것을 의미한다.

한국의 남성 성문화를 연구한 장필화와 조형(1991)은 조사응답자의 77.5%의 남성들이 '성충동은 자제할 수 있다'로 대답함으로써, 그들의 자아인식과 사회적으로 허용된 발화행위에 대한 차이를 보여 주었다. 즉 개인 남성은 자신의 경험상 성은 충분히 자제될 수 있다는 것을 알면서도, 여성을 '정복'하는 것에 대한 허용적 분위기를 이용하고 있다. 개인 남성들의 자성적 성찰을 이끌어내는 것이 여성이 당하는 성적 폭력을 줄이는 일과 밀접하게 관련되어 있다. 또한 한국 사회에서 성행위가 적지 않은 경우, 준비되고 동의되지 않은 상태에서 급작스럽게 이루어지기 때문에, 남·여 모두 성적경험에 대한 성찰성이 부족하다. 단순히 '했다', '안했다'가 중요한 것이 아니라, 성행위의 과정과 결과들에 대해 자신들이 얼마나 성숙한 방식으로 처리할 수 있느냐가 중요하다. 술이 취한 상태에서 의도적이지만 우발적인 것으로 위장된 빈번하게 이루어지는 성적 행위가 '정상'인 것처럼 받아들여져서는 안된다.

남녀 간의 성의 정치학은 '시선'의 권력성과 또한 밀접한 관련을 맺는다. 미디어에서 보여지는 이상화된 여성의 몸은 여성에게 성적 자신감을 상실케 한다. 또한 성은 여성을 지배하는 무기로 쓰여지는데, 직접적인 폭력과 '영상물'을 통한 간접적 폭력을 통해서이다. 여성을 비하하고 여성에게 폭력을 행사하는 포르노 비디오나 디지털 포르노를 포함한 영상매체들은 명시적으로 가해행위를 자세하게 보여 준다. 여성은 그러한 영상물을 통해 자기 몸에 대한 권리의 일부인 자기 존중권을 침해받고 있다. 여성의 몸은 성의 상품화와 더불어 더욱 '노골적으로 가시화'되고 있지만, 여성의 성적 경험에 대한 대안적 해석들은 거의 이루어지지 못하는 실정이다. 남성들은 "노련하고 경험 많은 구경꾼"으로 여성의 몸을 평가하는 위치에 있음으로써 여성을 통제한다. 이에 반해 여성들은 '이상화된 여성들의 몸'을 보면서, 자기 자신을 비하하거나 통제한다. 이러한 사회적 관계들은 개인 여성과 남성의 성적 관계에서 권력의 차이를 더욱 드러내고, 여성의 성적 권리획득의 중요성을 간과한다.

2) 여성의 성적 쾌락

여성이 성을 통해 쾌락을 얻는다는 의미는 남성중심의 성행위와 쾌락의 개념에 대한 문제제기와 여성적 쾌락의 가능성을 확장시키는 일로 이해되어진다.

성행위는 남녀를 동등하게 포함시키는 행위라고 인식되어 왔다. 성교육을 위한 시각자료나 그림에도 '재생산'에 관여하는 여성과 남성의 성기는 '조화'를 이루며 완벽하게 재현된다. 하지만 실제 성행위를 시작하고, 진행하고, 완성하는 것은 남성의 생물학이다. 성행위를 구성하는 중심서사는 남성의 반응을 따라 구성된다. 남성의 오르가즘은 성교의 설명방식에 따르면, 전희라는 가벼운 행위를 통해, 대단한 일로 보여지는 성교로 완성된다. 여성은 남성의 성적 만족을 위해서는 필요하지만, 또 다른 동등한 행위의 주체자로서 보여지지는 않는다. 여성이 성적인 존재로 보여지는 것은 여성의 재생산 능력을 어떻게 실행(perform)하느냐로 평가되기 때문이다. 여성학자들은 여러 가지 방식으로 성행위가 단순히 남성중심적 쾌락의 이미지로 이해되는 것에 대해 도전해 왔다.

첫째로, 여성은 성적 행위에 관여하지만 쾌락이 남성과 동시적으로 일어나지 않는다는 사실과 쾌락의 원천이 남성 성기의 자극을 통한 질만을 통해 이루어지는 것이 아니라, 음핵을 통해서도 이루어진다는 사실을 지적해 왔다(김정희, 1992; 황은자, 1992; 구성애, 1996 Bell, 1988; Slone, 1985). 남성의 성경험이 흥분기─고조기─오르가슴기─해소기(회복기)의 규정된 사이클로 이루어지지만, 여성의 오르가즘은 계속적인 자극에 의해 유지될 수 있으므로(황은자, 한국성폭력상담소 1992: 200) 순간적이며 찰나적인 쾌락을 추구할 필요가 없다. 추애주(1991)는 여성이 남성 성기가 삽입된 질 차제가 아니라 음핵의 자극을 통해서 성적 쾌감을 얻는다는 사실은 여성의 성적 권리를 되찾게 해 주며, 가부장제에 대한 도전이 된다라고 주장한다.

또한 남성의 성교행위가 전희─발기─사정의 과정으로 이야기되는 것에 대해 전희란 용어를 사용하는 것을 회피해 왔다. '전희'(foreplay)에 포함된 키스라든가 만짐 등도 나름대로의 오르가슴에 도달할 수 있는 '충분히 성적인 행위'이므로 반드시 성교가 유일한 성행위가 될 수 없다. 또한 남성의 성적 쾌감의 완성으로 이해되는 '사정'은 여성에겐 쾌감을 극대화하기 위해 반드시 필요한 부분은 아니다. 오히려 임신이나 낙태와 같은 '재생산'에 관계된 단계이므로, 몸에 대한 결정권이 관여되는 단계이다. 남성에게 자연스러운 성교의 한 부분이 여성에게는 인위적이며 중대한 결정을 하는 사회적인 부분이다. 특히 한국사회에서 낙태가 피임의 주요 수단이 되는 상황에서, '생명의 중요성'과 '자신의 몸에 대한 결정권'에 대한 고려가 이루어져야 하는 단계이다. 남성 성기중심적 성교가 '전희─발기─사정'이라는 규정된 사이클을 밟아 나가야만 하는 것으로 이해될 때 남성은 자신의 성적 완성에만 몰두하게 되고, 다른 방식의 쾌락이나 상대방의 이해관계에 대해서는 무심할 수 있다. 여성은 이러한 '자연스러운 흐름'이 이루어지는 각각의 상태에서 '결정'을 내려야만 하므로 남성적 성교와는 다른 이해관계를 지닌다. 여성의 자기 몸에 대한 결정권도 남성의 쾌락과 성적인 완성과 동등한 가치를 부여받아야 한다.

여성은 자신이 누릴 수 있는 성적 쾌락에 대한 상상력이 있는가? 여성에게는 자위나 그밖의 방식에 의한 성적 쾌락에 대해 아는 것과 이야기하는 것에 대해 두려움을 느껴왔다. 자위나 몽정 등 남성의 성적 환상과 실험들에 대해서는 '자연적인 현상'이거나 '정상적인 일이므로 수치심을 느낄 필요가 없다'는 말로 끊임없는 사회적 승인을 부여하지만 여성들의 성적 환상은 존재하지 않는 것으로 취급한다. 이런 상황에서 여성이 자신의 성성을 드러내는 일은 그 행위만으로도 지극히 '비정상적'이다. 여성은 성적 쾌락이 무엇인지 알아내기 위해, 끊임없이 남성을 기다리고, 언제나 '준비된' 존재로 있어야 하는가?

여성은 충분히 다양한 방식으로 성적일 수 있으며, 그런 의미에서 여성의 자위나 동성애에 대해서도 이야기되어져야 한다. 여성주의자들이 정상과 비정상을 구별하는 가치판단들을 가부장적 질서에 의존할 필요는 없다. 여성이 단순히 남성욕망의 수용자로서 창조된 것이 아니라면, 여성은 자신의 이성애적 로맨스를 평등한 방식으로 표현해 낼 수 있거나, 여성의 성성에 대한 새로운 해석을 확장시켜야만 한다. 그러기 위해서는 성성을 둘러싼 현재의 권력관계를 드러내는 것으로부터 출발해야 한다.

3) 데이트 강간

여성주의자들에 의해 성적 폭행이 범죄행위로 규정되기 이전에는 남성들은 여성이 원하든 원하지 않든 여성과 성행위를 하는 것은 남성의 권리인 것처럼 생각했다. 여기서 우리들은 성폭행이 정확히 무엇을 의미하는지를 이해하는 것이 중요하다. 린다 레드래이(1995)는 성폭행은 "성적 만족을 위한 행위라기보다는 다른 사람을 지배하고자 하는, 격앙되고 파격한 욕구의 표현이다"라고 정의한다. 즉 성폭행은 사람들이 흔히 이해하듯이 성욕을 주체하지 못해서 일어나는 정욕죄(crime of passion)가 아니며, '성'을 무기로 자신의 분노와 지배력을 표현한 폭력죄(crime of violence)이다. 성폭력은 감정적이며 육체적인 상해를 주는 폭력

행위이다. 성폭행이라고 할 때 우리에게 가장 쉽게 떠오르는 것은 낯선 사람에 의해 일어나는 성폭행이다. 하지만 실제로 성폭행은 '아는 사람'에 의해 저질러진 경우가 더 많다.

데이트 성폭행은 데이트를 하는 사이의 사람들 사이에 일어난 성적 학대의 형태이다. 그럼에도 불구하고 둘 사이의 어느 정도 친근감이 있다는 것을 전제로 한 상태에서 일어난 행위이므로 성폭행이라고 생각하지 않기 쉽다. 데이트 강간은 남성이 성행위를 요구할 때 여성측에서 거부할 경우 남성이 말이나 완력으로 위협을 하거나 공포감을 조성하여 이루어진 성적 행위를 지칭한다. 예를 들어 우리나라 남성들이 흔히 사용하는 '나를 조금이라도 사랑한다면, 그것을 증명해 봐'라든가의 언어적 표현 등은 상대방에게 심리적 위압감을 주어 성적 욕구를 만족시키는 방법이다. 또한 상대방에게 결혼을 암시하며, '결국 결혼할 사이인데 뭐가 문제냐'며 원치 않는 성행위를 요구하는 것은 불확실한 미래를 담보로 자신의 욕구만 채우려는 행위이다.

데이트 강간은 많은 경우 고정된 성역할 규정과 강한 연관이 있다. 데이트 상황에서 존재하는 남녀 간의 기대되는 성역할 중 하나가 남성이 데이트 비용을 지불하고 여성은 서비스를 받는 입장에 서는 것이다. 이를 가장 이상적이고 낭만적인 데이트 방식이라고 믿는 것이다. 그러나 계속적으로 남성이 비용을 지불하고, 여성에게 '봉사'를 하게 되면, 여성들은 보답으로 뭔가 갚아야 할 것이 있는 것 같은 느낌을 갖게 되고, 남성은 자연스럽게 여성의 몸에 대한 접근을 시도하고 허락을 받아낸다. 흔히 데이트 중인 여성이 성행위를 원치 않는다는 의사를 표시하면, 남성들은 그것이 '여성 본래의 부끄러움'이나 '내숭'으로 이해하여 여성의 "아니오"라는 말을 무시할 때가 많다. 또한 신체적인 완력을 사용해서라도 여성을 굴복시키는 것이 남성적인 매력이나 남성성의 표현이라고 착각하기도 한다.

데이트 강간의 경우에는 어느 정도 여성이 남성에게 끌렸기 때문에 그때 그 장소에 있었던 것이므로, 모든 책임을 여성에게 전가하는 경우가 많다. 여성은 피해자이면서도 그런 상황을 초래한 원인제공자로서 사회적 비난을 받게 된다. 여성이 그때 어떤 분위기를 유도했으며, 어떤 옷을 입었는가 또는 남성을 왜 집으로 초대했는가 등등의 질문을 받게 되고 결국 여성들은 도덕적 문책을 당하는 상황에 자신을 놓이게 하고 싶지 않기 때문에 제대로 신고를 하지 않는다. 남녀 간의 문제에서 일어난 일에 대해 '여성 비난하기'가 익숙한 해결책이 된 남성중심적인 사회에서 여성은 피해자가 되어도 가해자를 처벌할 엄두를 내지 못하게 된다.

　실제로 아는 사이나 친근한 관계에 있던 사람에게 강간 등의 성폭행을 당한 경우 피해자의 정신적 상처는 더 깊다는 보고가 나오고 있다. 피해자는 자신이 가해자를 알고 있기 때문에 신고를 하거나 고소를 할 엄두를 내지 못한다. 왜냐하면 자신이 도움을 청해도 주변인들 중 아무도 이 사실을 믿어 주지 않으려하거나, 대수롭지 않은 둘 사이에서 해결할 '애정' 문제로 취급해 버릴 것이라는 생각이 지배적이기 때문이다. 무엇보다도 큰 상처는 상대방에 대한 자신의 신뢰와 믿음이 완전히 깨져버린 것에서 오는 자기환멸이다. 또한 피해자가 자신을 성폭행한 가해자와 계속해서 만날 수 있는 상황에 놓이기 때문에 계속적으로 강간의 공포와 수치심에 시달릴 수 있다.

　이러한 데이트 강간을 줄이는 방법 중 하나는 '자신의 직감을 믿으라'는 것이다. 이 말은 자신이 조금이라도 불편한 상황에 놓이면, 침착하게 이 상황에서 벗어날 방법을 생각하라는 평범한 충고이다. 그러나 이것은 여성들이 마음 편치 않은 상황을 참아내면서 얻을 수 있는 것은 아무것도 없다는 것을 알아야 한다는 것을 일깨운다. 그럼에도 불구하고 성에 관련하여 자신의 의사를 드러내는 방식에 대해 훈련을 받아 본 적이 없는 여성들이 '폭력'과 '강제'의 가능성이 늘 수반되는 권력 불평등적인 성관계에서 어떻게 "좋다/싫다"의 감정을 '언어화'해 낼 수 있을까? 여성들은 호감이 가는 남성의 요구를 거절했을 때, 그 이후 그와의 관계에 대한 지속성에 대해 확신을 가질 수 있을 것인가? 남성들은 성관계를 요구할 때, "여성들이 단 한 번도 '좋아'하면서 응하는 일이 없기 때문에, 여성의 '싫다'는 커다란 의미로 전달되지 않는다"고 고백한다. 성이라는 것으로 매개되는 두 명의 개인은 또한 남녀 간의 권력관계뿐만 아니라, 나이, 계층적 위치, 문화적 스타일, 성적 지향성, 인종 등등의 다양한 '차이'에서 나오는 권력관계와 얽혀지기 때문에, 성 행위는 낭만적이며 평등한 상태에서의 결정이라기 보다는 사회적 관계를 표현하게 된다. 여성들은 낭만적 사랑의 환상에만 빠지지 말고, 이러한 다양한 상황에 대한 맥락화와 남녀의 민주적 의사소통을 위해, 자신들의 경험을 자신들의 입장에서 풀어내야 한다.

　무엇보다도 중요한 것은 지금 바로 이 순간에 '내가 원하고 원하지 않는 것'이 무엇인지 정확히 밝힐 수 있는 의사표현의 능력이다. 자신이 원하지 않은 방식으로 성적 접촉이 일어날 경우에 여성들은 아주 명확하고 큰 소리로 '싫다'라고 말함으로써 자신이 독립적인 '의지'가 있는 인격체임을 스스로 인정해야 한다.

　동시에 성성이 다른 사람의 이윤을 위해 이용되거나(매매춘, 포르노그래피 등), 지배를 위한 수단이 되는 것에 반대하고 우리 자신과 다른 사람을 사랑하는 데 도움이 되도록 노력해야 한다.

　이제 남녀 간의 에로티시즘은 낭만적 사랑이 이상화했던 배타적 결속을 통해 이루어지고 있지 않는다. 성의 상품화는 에로틱을 포르노그래픽 이미지를 통해 생산해낸다. 포르노그래픽 이미지는 권력의 차이를 에로틱화한다. 성은 자연스러운 욕망이고 행위이므로 여성이 남성의 욕망을 실현시키기 위해 묶여지고, 폭력을 당하고, 집단강간을 당해도, 그것은 일종의 성적 에너지의 발현을 통한 성적 교환의 한 형태로 이해된다. 이러한 포르노그래피에서는 여성도 또한 과도하고 변태적인 성욕을 가진 존재로 왜곡되게 그려진다. 산업사회의 사랑 이데올로기가 여성을 감정노동의 영역으로 종속시킴으로써 여성의 주변적 위치를 강화했다면, 후기자본주의 사회는 여성의 몸을 남성적 권력이 집행되고 잉여가 생산되는 원천으로 식민화시킴으로써, 두 성 간의 감정적이며 정치적인 타협을 더욱 어렵게 만들고 있다.

　20세기는 낭만적이며 에로틱한 결혼관계에 대한 과대화된 신화를 생산해 왔다. 이러한 신화의 현실적 체험은 사랑한다는 남녀를 가장 위선적인 형태로 결속시키고, 그들의 사랑의 확인은 의사소통이 없는 정기적 결합을 통해 명맥을 유지해 왔다. 친밀성은 두 다른 개인 간에 애정과 권력과 존경의 면에서 동등성을 회복할 때 생겨나는 지속적인 감정임은 두말할 나위도 없다. 엔소니 기든스(Giddens, 1996)가 말한 것처럼 '합류적 사랑'이란 이름으로 남녀 모두가 감정적 자아정체성의 회복을 통해, 개방성과 독립성을 지닌 친밀성을 지녀야 한다.

5 동성애에 대한 이해

가장 단순한 의미에서 동성애는 이성이 아닌 동성에게 지속적으로 사랑의 감정을 느끼고 성적친밀성을 느끼는 것을 의미한다. 동성애는 이성애나 양성애와 마찬가지로 인류가 수행해 온 섹슈얼리티의 한 형태로 그 역사 또한 장구하다(한국성소수자연구회 2016에서 요약). 섹슈얼리티는 다음과 같은 세 가지 의미로 이해될 수 있다(조영미 2007). 첫째는 인간이 가진 성적욕망(erotic desire)과 정서를 말한다. 즉, 성적욕망과 이와 관련된 심리, 판타지, 성적매력 등을 포함하는 의미다. 둘째로 성과 관련된 자기규정이나 성적인 삶의 스타일을 포함하는 성적 정체성(sexual identity)을 의미한다. 세 번째로는 성적지위(sexual status)의 의미로 사회적으로 특정한 성적정체성이나 관행, 욕망에 부여되는 지위, 성과 관련된 위계와 차별화된 지위를 의미한다.

이성애는 이성에게 성적욕망과 정서를 갖고 이성애자로 인지하면서 자신의 성적 지위를 인정받는다. 동성애는 동성에게 정서적 끌림과 성적친밀감을 갖고, 양성애는 남성과 여성 양쪽 모두에게 정서적 끌림과 성적친밀감을 갖는 것을 의미한다. 이성애자 혹은 동성애자로서의 성적 정체성을 획득해가는 과정은 다양하다. 어떤 사람은 인생의 생애경로에서 성적 지향성이 달라지는 경험을 하기도 하고 어떤 사람은 자신의 사랑, 성적욕망, 판타지 등에 대해 매우 확정적인 생각과 태도를 가지기도 한다. 그렇기 때문에 동성애가 선천적이니 후천적으로 획득된 것인가 하는 논란이나 이성애자인 사람이 평생 이성애만 한다는 전제 또한 인간의 다양한 성적 정체성의 인지 및 획득 과정을 포괄하지 못한다.

사실 동성애를 경험했다고 해서 모든 사람이 자신을 동성애자로 인정하는 것은 아니다.

2014년 미국 정부에서 처음 실시한 서베이에 의하면, 1.6퍼센트의 응답자는 자신을 게이나 레즈비언, 0.7퍼센트는 양성애자로 인지한다고 응답했다. 2011년의 윌리암스 연구소가 갤럽을 통해 조사한 결과에 의하면 미국 성인의 3.8퍼센트는 자신을 게이, 레즈비언, 양성애자, 트렌스젠더라고 말했다. 반면에 8.2퍼센트는 동성애적 행동을 한 경험이 있고, 11퍼센트는 동성에게 성적으로 끌린다고 응답했다.[1] 이를 보더라도 성적욕망과 행위, 성적 친밀성의 대상이 동성이라도 자신의 정체성을 동성애자로 규정하는 것 사이에는 간극이 존재한다. 동성애와 동성애적 성적 정체성을 갖는 것은 다른 문제일 수 있다. 동성애자는 사회적으로 자신을 드러낼 경우 모욕과 차별을 받았기 때문에 동성애적 정체성을 드러내는 것 자체가 억압되어왔다.

인간 섹슈얼리티의 다양한 형태는 역사적으로 공존해왔지만, 사회적 승인 여부에 따라 위계적으로 배열되어왔다. 즉, 성적 욕망은 지극히 개인적인 것이지만, 이런 성적 욕망을 실현시키는 것은 사회적인 문제이기 때문이다. 동성에게 매력과 사랑을 느끼는 사람이 자신을 얼마만큼 성적으로 매력적이고(sexy), 어떤 맥락에서 어떤 정도로 성적욕망을 드러낼 수 있는지는 개인적 선택의 영역이다. 하지만 많은 사회에서는 동성애의 경우 이런 개인적 자유를 허용하지 않는다. 어떤 사회는 동성애를 드러내는 것을 '금기'시하거나 제재하고 처벌하기까지 한다. 동성애자가 자신의 성적 아이덴티티를 어떻게 인지하는가의 문제는 개인적 차원이 아닌 사회적 문제나 논란의 대상이 된다.

이성에 대한 낭만적 감정을 갖고 성적 욕망을 실천하고, 사회적으로 승인된 사회적, 성적, 경제적 제도인 결혼을 통해 안정된 이성애적 정체성을 수행하면 사회적 지위와 승인을 획득한다. 이성애를 통한 성적 욕망, 성적 정체성의 구성, 출산 및 양육의 과정이 보편적이고 자연스러운 인간 삶의 형태라 간주되기 때문에 이들 사이에 간극이나 모순은 없는 것으로 전제된다. 많은 사회가 재생산과 생산의 기초단위로 이성애를 기반으로 한 가족을 중시하기 때문에 이성애 이외의 인간 섹슈얼리티는 '예외적'인 것으로 간주된다. 이성애만이 본질적이고 정상적이며 종교적 섭리라 믿는 이성애중심주의(heterosexism) 사회에서는 다른 형태의 섹슈얼리티를 실천하는 모든 존재들을 '희생양'으로 만들면서 이성애의 독보적 지위를 구성해왔다. 즉, 이성애중심사회에서 '동성애자'를 다루는 방식은 처벌이나 격리 등의 강압적 제제를 통해 억압하는 것이다. 동성애자를 '과잉 성애화된 존재'로 보며 이성애자와의 문화적, 도덕적 차이를 부각하고, 이들의 성교를 병리적으로 담론화하며 사회적 위험인물로 부각하는 것이다. 또한 사회적으로 배제될 존재로 규정하여 정신병원이나 감옥에 격리 수용하는 것이다. 또 다

---

1) LGBT demographics of the United States. http://en.wikipedia.org/wiki/LGBT_demographics_of_the_United_States.

른 방식은 동성애자의 존재를 부정할 수 없지만, 동성애는 '유전적으로 결정'된 것이라 간주하여 동성애를 '포섭'하는 것이다. '동성애자는 원래 그렇게 태어난다'로 생각하면 받아들이기 쉽다는 식이다.

이 때문에 동성에게 감정을 갖고, 성적 판타지의 대상으로 동성을 상상하고, 자신을 동성에게 매력적인 존재로 보일 수 있게 노력한다는 것 자체부터 '문제적인 것'으로 간주된다. 몇몇 국가의 경우를 제외하고는 동성 간의 사랑을 '결혼' 같은 안정적인 제도로 구현할 수 있는 길도 없다. 이성애중심사회에서 동성애는 인간 섹슈얼리티의 위계의 하위에 존재한다. 동성애자는 단순히 수적으로 소수이기 때문이 아니라, 이성애 중심사회에서 조직적으로 억압되기 때문에 무권력 상황에 놓이게 된다.

최근 성정체성을 인지하기 시작하면서 자괴감과 무시, 차별을 내면화해야 하는 동성애자를 비롯한 성소수자들은 LGBTI, 즉, 레즈비언, 게이, 양성애자, 트랜스젠더, 퀘스쳐너리의 이니셜로 성소수자의 집단적 정체성을 사회적으로 드러내고 긍정하는 운동을 통해 무권력 상태에서 벗어나고자 한다. 또한 동성애자를 비롯한 성소수자를 문화적 다양성을 가진 동등한 존재로 인정하면서 '다문화주의' 관점으로 승인하여 시민권을 보장해주는 국가들도 늘어나고 있다. 이런 변화는 LGBTI 운동의 결과로 획득한 것이다. 이들은 낙인된 타자로 규정당해 온 억압의 역사에서 벗어나 '스스로를 대표'하면서 인간 섹슈얼리티의 다양성에 대한 인정과 공존을 주장하는 운동을 벌여나갔다. LGBTI의 존재를 긍정적인 사회 구성원으로 인정하는 것이 민주주의를 확산하는 것이라 믿는 신념 때문이다. 즉 성적 박해를 용인하고 방관하는 사회는 민주주의적 가치를 옹호하는 사회라는 대외적 인정을 받을 수 없기 때문이다. 예를 들어, 흑인 지도자인 넬슨 만델라는 1994년 대통령 취임사에서 동성애자 인권에 대해 언급했고 남아프리카 공화국은 성적지향을 근거로 차별받지 않을 권리를 헌법에 명시한 세계 최초의 국가가 되었다(바네사 베어드, 2007). 이성애자와 마찬가지로 동성애자 또한 친밀성과 신뢰를 바탕으로 지속적인 관계를 이어가기를 원하며 이런 관계가 '결혼'이나 '파트너십'과 같은 사회적 인정의 제도화된 통로를 갖기를 원한다. 이 때문에 유럽을 포함한 여러 국가에서는 동성결혼을 성적 자기결정권이라는 권리의 형태로 보장해준다. 한국 또한 포괄적 차별금지법을 통해 다원주의라는 민주주의의 원칙과 보편적 인권 보호라는 측면에서 성소수자의 시민권을 보장해야 한다.

토론 및 연구 과제

1. 연애를 하는 것이 특권이나 당연한 의무로 생각되는 연애중심사회가 왜 여성의 주변적 위치를 강화시키는지, '연애문화'를 분석하고, 이것이 왜 성차별적인 위계를 형성하는지 토론해 보자.

2. 성폭행은 그것의 원인을 '성욕'에 의한 죄로 보느냐 또는 권력에 의한 '폭력'의 문제로 보느냐 등의 관점의 차이에 따라 해결책이 달라질 수 있다. 성폭행에 대한 이러한 관점의 차이가 (1) 피해자와 가해자가 취해야 할 태도와 행위 (2) 법적 해결 (3) 주변사람들의 도움 등의 면에서 어떠한 해석상의 차이를 가져올 수 있는지에 대해 분석해 보자.

3. 성에 대해 자율성과 책임감을 지닌다는 것은 무슨 의미인지, 성을 섹슈얼리티의 다양성, 권력, 재생산, 쾌락, 강제, 의사소통 등의 문제와 연결시켜 설명해 보자.

참고문헌

김현미(1997), "여성주의 성교육을 위한 모색", 「한국여성학」, 제13권 2호.

_____(1996), "낭만을 가르치는 대학: 대학문화와 여성의 사회적 성취," 서평 Holland Dorothy, and Eisenhart, Margaret(1990) 지음, Educated In Romance: Women, Achievement, and College Culture, The University of Chicago Press, Chicago & London, 「한국 문화인류학」, 29집 2호.

바네사 베어드 지음, 김고연주 옮김(2007). 「성적다양성, 두렵거나 혹은 모르거나」. 서울: 이후, 54 – 55쪽(원서출판 2007)

이영자(1991), "성과 사랑," 한국여성연구회 지음, 「여성학 강의」, 서울: 동녘.

린다 레드래이(1995), 「나의 몸 나의 길: 성폭력의 예방과 극복」, 서울: 이화여자대학교 출판부.

장필화·조형(1991), "한국의 성문화: 남성 성문화를 중심으로," 「여성학논집」, 제8집.

추애주(1991), "여성이 자신의 몸에 대한 권리를 소유하는 것이 가능한가?" 「새로쓰는 성 이야기」, 서울: 또하나의 문화 출판사.

조영미 (2007), 섹슈얼리티: 욕망과 위험사이, 「여성학」, 서울: 미래 M&B.

한국성소수자연구회 (2016), "동성애란 무엇인가?" 한국성소수자연구회 엮음, 「혐오의 시 대에 맞서는 성소수자에 대한 12가지 질문」. 비매품.

한국성폭력상담소 편(1992), 「일그러진 성문화, 새로보는 성」, 서울: 동아일보사.

앤소니 기든스(1996), 「현대 사회의 성, 사랑, 에로티시즘」, 배은경·황정미 편역, 서울: 새물결.

Jackson, Stevi et al(eds)(1993), Women's Studies: A Reader, New York: Harvester/ Wheatsheaf.

캐롤 타브리스(2002), 「여성과 남성이 다르지도 똑같지도 않은 이유」, 히스테리아 번역, 서울: 또 하나의 문화출판사.

Vance, Carole S,(ed.)(1984), Pleasure and Danger: exploring female sexuality, Boston: Routledge & Kegan Paul.

제11장

몸과 여성 체험

1 여성 몸에 대한 가부장적 인식

몸은 '문화적 텍스트'이다. 이 말은 자신의 몸에 대한 느낌이나 몸에 대해 부여하는 이미지들이 특정 사회의 문화와 가치관을 반영하고 있다는 의미이다. 특정 사회를 설명하는 문화적 텍스트로서의 몸은 그 사회에서 젠더 차이를 생산해내는 구체적인 지점이 되기도 한다. 장애와 비장애, 날씬한 몸과 뚱뚱한 몸, S라인, V라인, 여신 몸매 등 사람들이 갖는 몸에 대한 인식과 그에 따른 평가는 사회적 담론에 의해 구성된다. 여성과 남성의 몸의 이미지에 관한 사회적 요구들이 각각 다르게 나타나고, 또한 개인 여성이나 남성들도 자신의 몸을 그러한 이미지에 맞게 변화시킨다는 의미이다(김은실, 1997). 그러므로 한 사회에서 여성의 몸이 언어화되거나, 평가되는 방식을 분석하고, 여성의 몸이 가시화되는 맥락을 살펴보면, 그 사회에서 규정하는 여성성과 남성성을 해석할 수 있을 뿐만 아니라 이러한 것들이 어떠한 방식으로 여성의 종속을 재생산하고 있는지를 이해할 수 있다.

　여성의 몸에 대한 부정적인 평가를 구성해왔던 가부장제 담론을 살펴보자. 여성에 관한 생물학은 과학이라기보다는 사회적이고 정치적인 구성물이라는 이야기가 있다. 즉 여성이 생물학적으로 어떤 특징을 지니고 있으며 이러한 신체적 특성이 여성의 본성을 형성한다고 믿는 것은 여성에 관한 편견이나 이미지를 반영하는 경우가 많다. 여성의 신체적인 특성은 많은 경우 여성의 사회적 역할을 제한하거나 자녀양육 등의 영역에서 여성에게 과도한 역할을 지우는 것을 정당화시켜 왔다. 여성의 사회적 역할로서 '모성'은 찬양되고 낭만화되는 반면에 여성이 임신능력을 지니고 있다는 사실은 여성이 공적인 업무를 수행하는 데 부적격한 이유로 거론되어 왔다. 19세기에 서구의 생물학자와 의사들은 "여성의 두뇌는 남자의 그것보다 크기가 작으며, 여성의 난소와 자궁은 그 기능을 적절하게 수행하기 위해서는 많은 에너지와 충분한 휴식이 필요하다"고 주장했다. 그러므로 "소녀들이 일단 월경을 시작하면 학교나 대학을 다니지 말아야 한다"는 것이다(하바드, 1990). 이렇게 19세기 서구의 과학자들은 왜 여성의 몸이 고등교육을 받기에 적합하지 않은가를 과학적으로 증명하려 했다. 그들에 의하면, "월경이 여성의 몸에 긴장을 가져오게 되는데, 여성이 공부를 하는 데 필요한 뇌의 운동이 여성의 몸에 부담을 가중시키게 되면 건강을 해치게 된다"는 식의 논의를 벌였다(장필화, 1992). 이렇게 여성의 몸은 여성의 열등함을 설명하거나 성별분업을 정당화하는 원인으로 간주되어 왔다. 현대산업사회에서도 여성의 생물학적 특성을 남녀를 차별적으로 채용하는 관행을 정당화하는 데 사용한다.

　물론 여성과 남성은 신체적으로 다른 부분이 있다. 이러한 신체적 차이가 평등한 '차이'로 인식되지 않고 좋고 나쁨, 우등과 열등함, 정결과 오염 등으로 구별하여 사회적 차별화가 이루어진다. 이러한 상징체계는 인간육체의 생리적 기능과 결합된 성 이데올로기로서, 남성과 여성 사이의 위계질서를 형성한다. 문제는 여성의 몸이 기능적으로나 생리적으로 열등하다기보다는 여성의 몸에 대한 사회·문화적 평가가 여성을 남성보다 열등한 위치에 위치시킨다는 것이다.

오트너(2008)는 여성의 종속은 남녀 간에 존재하는 생물학적인 차이로 인한 보편적인 현상이 아니라, 문화적으로 규정된 가치체계를 통해 이루어진다고 설명한다. 즉 문화적으로 가치가 덜한 것은 여성적인 것과 연관을 시키고 남성성은 그 사회에서 가치가 있다고 여겨지는 것들과 상징적인 관계를 이루게 된다. 상징적 위계질서는 이렇게 성적 대립의 이미지를 통하여 강화된다. 여성이 월경을 하거나 아기를 낳을 수 있다는 등의 여성 특유의 생물학적 특징은 특정한 상징적 위계질서 안에서 '열등한 것'으로 이해되고 상대적으로 남성의 정액이나 성기관은 그 사회에서 가치 있는 것으로 이해된다.

여성의 몸과 관련하여 이러한 상징적 위계질서가 가장 잘 드러난 것은 여성과 관련한 '오염' 신화다. '오염' 신화란 여성의 몸의 특수한 기능인 월경이나 출산 등을 '오염을 일으키는' 또는 '오염된' 것으로 규정하여 각종 터부나 금기규정을 부여하는 것이다. 이를 통해 여성을 남성과 격리시키거나 사회적으로 배척하는 것을 의미한다. 월경하는 여성이나 출산 직후의 여성이 지나간 주변은 오염되었기 때문에 그 주변의 물을 먹으면 탈이 난다는 멜라네시아 사람들의 믿음이나, 대사를 앞두고 남성의 신성성을 강화하기 위해 '여성'을 멀리해야 한다는 것 등과 같은 '남성중심적 관점'의 상식들은 다 여성과 오염을 연결시킨 남성사회의 신화들이다. 특히 한국사회에서 '오염' 신화는 여성과 관련된 것들을 '부정 탄다'라는 이름으로 오명을 붙이고 각종의 금기를 가하는 것이다(김진명, 1996). '오염' 신화는 단순히 여성의 신체적 특징에만 한정된 것이 아니라 '여성'과 관련된 모든 사회적 행위와 관계 등에 적용됨으로써 여성을 '열등한' 위치에 머물게 한다. 예를 들어 여성의 출생지나 친정이 있는 지역을 비하하는 것과 같다. 전통적으로 결혼한 여성이 아이를 데리고 친정에 다녀오면 배가 아프거나 탈이 난다고 해서 외가에 가기 전에 '부정타지 말라'고 아이의 얼굴에 숯검댕이를 바르게 하는 풍습은 여성의 출생지로부터 오는 '액'을 막기 위해 행해졌다. 비근한 예로 여성이 제사나 의례 등의 행사에 참가하는 것을 금지하는 것도 여성은 오염시킬 수 있는 존재이므로 정결함이 요구되는 의례에 참여해서는 안 된다는 것을 의미한다. 또한 여성의 육체는 결혼한 남성 집안에 아이를 낳게 해 주는 '출산'의 도구로 이해됨으로써, 여성의 섹슈얼리티가 공공적인 장소에게 드러나는 것은 철저히 금지됐다. 전통적인 마을에서는 아직도 여성이 집 밖의 공공장소에서 단순히 웃었다는 이유로 '헤픈 여자'라 이름 붙여지고 따돌림을 당하는 사례도 있다(김진명, 1996). 여성을 '흉조'나 '부정'의 의미로 연결시키는 것은 바로 여성이 지닌 '몸'에 대한 문화적 편견 때문이다.

또한 거의 모든 여성이 경험하는 월경에 대한 이해는 '과학적'이라기보다 '이데올로기적'이라고 할 수 있다. 우리의 일상 속에서 월경은 어떻게 이해되고 경험되는지를 보자. 많은 사회에서 이차성징 전의 어린이들은 '순수한' 이미지로 범주화한다. 그런데 이차성징 이후의 여성과 남성의 몸은 각각 다른 문화적 평가를 받게 된다. 소녀가 월경을 함과 동시에 그 이전의 깨끗하고 순수한 이미지에서 벗어나 '성적인 존재'로 인식되기 시작한다. 월경을 시작한 소녀들이 듣는 최초의 말은, "이제 몸조심 해라"라는 어머니와 주변사람들의 경계와 훈계이다.

또한 월경에 부착된 '오염'의 문화적 이미지들은 여성을 공적인 영역에서 배제시키고, 고립화시키는 근거를 제공한다. 산업화된 사회에서도 월경은 여성의 공적인 일과 연관되어, 특별한 '휴가'가 보장되거나, 평소와는 다른 작업태도를 보이는 여성들의 정서적 불안을 설명해내거나, 도벽과 같은 범죄행위를 설명하는 원인으로 이해되기도 한다(김현미, 1997). 이렇듯 월경은 남성들에 의해 이미 타자화된 여성의 '비정상성'을 강화시키는 기제로 언어화된다. 소위 과학적 중립성을 기반으로 한 것처럼 보이는 의료지식체계도 여성의 신체적 현상에 대한 남성중심적 편견을 반영한다. 의료지식체계는 임신을 여성의 재생산의 '완성'이라는 관점에서 이해하여, 월경은 '실패'(failure), '소멸과 용해'(dissolution)의 언어로 정의되어 왔다(Martin, 1987). 여성들은 그들이 어떤 재생산의 욕구의 단계에 있는지에 따라, 월경에 대해 다양한 감정을 보이므로, 월경에 대한 이미지는 일관적이지 않다. 또한 월경에 따르는 육체적 고통의 정도도 여성마다 다르기 때문에 어떤 여성은 절대적인 휴식이 필요하고 어떤 여성은 변화를 거의 느끼지 않는다. 여성의 다양한 경험이 아닌, 남성적 상상력이 헤게모니적 지식을 형성할 때, 여성의 월경은 '피'의 과다한 방출이나, 통제할 수 없는 여성만의 현상이므로 남성, 여성 모두에게 공포심을 주거나 여성을 희화화하는 근거로 사용된다.

대부분의 여성에겐 임신은 일생에 몇 번 일어나거나, 혹은 일어나지 않을 수도 있는 '특별한' 사건이고, 월경은 일상적인 경험이다. 그러므로 여성들은 자신들의 생물학적 특성 때문에 생겨나는 '정상적인' 현상인 월경에 대해 사회가 부여하는 부정적인 이미지들에 저항하여야 한다. 왜냐하면 이러한 상징적 이미지들이 '여성' 비하와 여성 배제 등을 합리화하는 근거로 사용되기 때문이다.

　우리는 월경을 '재생산'의 실패나 '오염', '부정한 것'과는 다른 방식으로 언어화할 필요가 있다. 몇몇 여성주의 학자들은 월경을 '파괴'가 아닌 '창조'와 '치유'의 힘으로 이해하고 월경을 하는 여성들은 특별한 힘이 있는 존재로 언어화한다. 그들은 월경에 내재화된 은유체계를 바꿈으로써 의미의 전복을 꾀한다. 월경과 관련한 여성의 수치심이나 불편함을 극복하기 위해 한국의 여성운동은 '월경페스티발'이란 축제를 개최하기도 했다.

　여성이 자신의 여성적 신체에 대해 긍정적인 의미를 부여하는 것은 여성의 성 정체성 형성에 영향을 주므로, 어떤 방식의 새로운 언어와 이미지들을 만들어 내는가는 여성학의 주요한 과제가 되고 있다. 그러므로 월경은 여성의 재생산 능력이 건강하게 유지되고 있다는 것을 보여주는 긍정적인 사건으로 언어화된다. 여성학자들은 월경이 '핏덩어리'의 방출로 이해되어 공포와 오염으로 도식화되는 것을 막기 위해 월경은 '조직막, 점액, 피의 혼합물'이며, 그것이 핏덩어리처럼 보이는 것은 '피가 섞여 있기 때문이다'라는 점을 강조하기도 한다(Bell et al, 1988). 남성중심적 관점에서 월경을 단순히 여성신체의 열등함이나 '오염'의 상징으로 규정하는 것은 월경을 하지 않는 여성에게도 호의적이지 않다. 월경을 여성의 재생산성과 맞물림으로써, 폐경기(최근에는 폐경을 '완경'으로 부른다)의 여성은 '여성성'을 잃은 여성으로 규정당한다. 월경이 오염으로 정의된다면, 폐경을 경험한 여성은 '오염'으로부터 벗어난 '정결한', '공식적으로 하자가 없는' 여성이어야 한다. 그럼에도 불구하고 그들이 다시 '완전치 못한' 또는 '소모되어 가치가 없는' 여성으로 이미지화됨으로써, 남성적 의료지식체계에서는 그들을 '환자'로 규정하고 의료적 간섭을 한다. 여성의 몸은 다시 한번 통제되고, 의료시스템의 수입을 올려주는 경제적 잉여의 원천이 된다. 이렇듯 여성의 '정상적인 육체의 경험'은 곧잘 가부장적 상징체계 내에서 배제돼야 하거나, 의료체계 내에서 '질병'으로 취급됨으로써 여성의 수동성과 복종심을 강화하는 문화적 논리로 이용되어 왔다.

　여성의 몸에 부착된 오염, 부정, 액의 문화적 의미와는 대조적으로 남성의 몸은 항상 긍정적인 방식으로 이해된다. 특히 남성의 성기에 대한 신화적인 의미부여는 한국의 특수한 남성중심 문화를 반영한다. 전통적으로 한국의 성문화는 남성 '성기' 중심의 문화라고 표현할 수 있다. 남성 성기중심의 문화는 혈연중심주의와 아들선호사상의 외부적 표현이며, '남근숭배'(phallicism)의 주술종교적 행위로 의례화되어 왔다. '남성의 성기'는 힘과 지위, 신통력의 상징으로써 일상적 영역에서 '드러냄'을 정당하게 인정받아 왔다. 남자아이의 성기노출을 당연시하거나, 남성이라면 어린아이든 성인이든 관계없이 노상방뇨가 자연스럽게 사회적으로 수용된 것도 이러한 맥락에서 이해될 수 있다. 또한 전통적으로 남자아이의 생산과 번식을 빌었던 상징물인 남근석의 존재들이 여전히 신통력을 가진 것으로 추앙의 대상이 되었다. 반대로 여성기의 신앙형태는 여자성기로부터의 회피를 위한 행위이거나 여성성기와의 접촉으로 인해 생길 수 있는 사태를 미연에 방지하기 위한 수단으로 의례화되었다(문화재연구소, 1994). 또한 남성성기의 사회문화적 의미부여의 극대화는 항상 여성을 '결핍', '수동성', '열등성' '불완전하지만(남성쾌락)을 위한 보완물'으로 형상화해 왔다. 현대에서 남성 성기중심의 성문화는 성산업의 확장이나 성폭력의 형태로 지속되고 있다.

2 사회화된 육체

몸에 대한 인식은 사회적 담론에 의해 구성되는 경우가 많다. 푸코는 권력이 행사되는 지점으로서의 '몸'에 관심을 갖고 순응적인 신체를 만들어 내는 과정에 주목한다. 몸에 부여된 기대와 강제는 여성다움과 남성다움을 실현시키는 권력의 지점이 되고 있다. 즉 개인들은 자신의 자발적인 선택에 의해 자신의 몸을 가꾸거나 다이어트를 한다고 느끼지만 그것은 사회적 요구가 반영된 경우가 많다. 여성은 이러한 사회적 기대를 자신의 삶의 이상으로 내재화하면서 자신을 통제하게 된다. 여성들이 자신의 몸을 그러한 요구에 순응하기 위해 어떠한 방식으로 다듬고, 통제하고, 가꾸는지에 대해 이해를 해야 한다.

한국사회는 여성의 성적 결정권을 허용하지 않는 다양한 법적, 제도적 제제를 가지고 있지만, 한편으로 여성이 '성적으로 매력적인 대상'이 되도록 지속적으로 요구하고 부추긴다. 현대사회에서 '섹시하다'는 말은 칭찬이 되고 있다. 하지만 여성의 자신의 성적 매력을 드러내면 맥락에 따라 비난의 대상이 될 수 있다. 이 때문에 여성들은 성적으로 매력적인 것이 무엇인지에 대한 의미의 혼란을 경험하면서도 자신의 외모와 몸을 가꾸는 노력을 게을리하지 말아야 한다는 이중적인 메시지를 받는다. 여성, 남성 모두 성적인 존재로서 자신을 인식하기 시작하면서 성적으로 매력적인 '몸'을 만드는 과정에 참여하게 된다.

'섹슈얼라이제이션'은 소녀들이 성인여성으로 사회화되는 것을 의미하며, 육체나 육체의 일부가 성적 의미를 띠고 성의 대상으로 되어 가는 과정을 지칭한다(프리가 하우그 외 1997). 여성들은 육체를 매개로 사회적 질서에 자신을 이입시켜 가는 과정에서 여성으로서의 정체성을 획득하고, 그러한 종속의 대가로 기존 질서로부터의 지지와 안정을 획득한다. 즉 여성이 자신이 성적인 매력을 갖고 있다고 느끼며, 자신의 육체에 성적인 의미를 부여하여 몸을 단련해 가는 과정을 섹슈얼라이제이션이라 부른다. 육체의 섹슈얼라이제이션은 육체 전반을 지배하는 자기 관리를 해나가는 것을 의미한다. 몸을 어느 정도 말려야 하고, 배의 모양은 어떠해야 하고 다리는 어떻게 벌려야 하고, 옷은 어떤 스타일을 입어야 하고 머리는 뒤로 넘기는 것이 좋은지 등등 우리의 몸에 관여된 모든 분야에 치밀하게 연관된다.

여성이 자신의 육체를 어떻게 생각하고, 어떠한 노력을 통해 육체를 다듬고, 가꾸는가의 문제는 그 여성이 세상을 어떻게 보는가와 깊은 연관을 맺는다. 그러나 여성들은 이것은 누구의 강요에 의해서 하는 것이 아니라, 자신이 원해서 자기가 소유한 몸을 자기 맘대로 변화시키는 것이므로 자발적인 일로 이해한다. 하우그는 이것을 여성의 '강압적 자발' 또는 '자발적 종속'이라 이야기한다. 여성들이 이렇게 자신의 육체에 집중하는 것은 여성 몸이 가진 다양한 역할과 기능을 무시하고 미적 대상으로만 취급하는 것이므로, 여성들의 사회적 생산성은 상대적으로 낮아진다고 주장한다. 즉 여성들이 자신의 육체를 가꾸어 여성적 매력으로 힘을 발휘하는 데 너무 치중하는 것은 "여성들의 세계를 편협한 부분으로 국지화시키고 특정한 방식으로만 세상을 대하게 만든다"(하우그 외 33). 몸에 대한 과도한 관심이 '여성 전용'의 일로 이해되고, 궁극적으로 여성의 에너지와 창의력을 뺏음으로써 비생산적인 일임에도 불구하고 점점 더 많은 여성이 몸을 치장하는 일에 열중인 현상은 어떻게 이해할까? 한국사회의 외모중심주의와 소비사회에서의 여성육체의 상품화과정을 살펴보자.

3 외모주의와 여성억압

　　우리는 자라면서, 중요한 것은 정신이며, 우리의 몸은 의지로 통제할 수 있는 것이라는 이야기를 들어왔다. 남에게 즉각적으로 보여지는 부분으로서의 몸보다는 보이지 않는 의식의 작용을 통해 자신의 인격을 형성하는 것은 중요하다는 것이다. 몸은 늘 욕망과 연결되어 있고 다양한 욕망의 발현들을 조정하고 통제하는 것은 정신이므로, 정신은 늘 신체보다는 우위의 개념으로 이해되어 왔다. 하지만 최근에 우리 사회에서 몸에 대한 관심의 증폭은 더 이상 정신과 몸의 이분법적 틀로서는 이해할 수 없는 현상이 되고 있다. 모든 개인은 몸의 이미지를 만들어내는 데 더 많은 시간과 에너지, 돈을 투자하는 것에 주저하지 않을 뿐 아니라, 바로 이렇게 '치장'과 '관리'를 통해 생산된 몸이 바로 자신이 어떤 사람인가를 보여 주는 주요한 수단이 된다고 느낀다(김은실, 1997). 즉 몸에 대한 이미지관리를 통해 개인들은 자신의 정체성을 형성하고 다른 사람과 관계를 맺게 된다. 소비사회에서는 몸은 변화될 수 없는 부여된 것이 아니라, 기술의 도움을 얻거나 일정한 투자를 통해 변화시켜낼 수 있고 새롭게 만들어 낼 수 있다는 믿음이 지배적이다. 성형은 단순히 얼굴이나 신체의 일부분을 변형하는 것이 아니라 지속적으로 수행하는 장기적인 몸 관리를 의미한다(태희원, 2015).

　　외모와 몸에 대한 열광적인 관심은 외모가 현대사회에서 인간의 가치를 평가하는 주요한 기준이 되어 가고 있기 때문이다. 어떤 사람이 날씬한가, 아닌가, 키가 큰가 아닌가, 얼굴이 잘 생겼는가 아닌가 등이 그 사람의 사회적 가치를 평가하는 데 중요하게 작용하는 기준이 되고 있다. 또한 '젊어보이는 것'이 최고의 가치가 되면서 나이듦은 추함, 무관심, 무능력 등으로 동일시되기 때문에 중장년층 또한 성형과 시술을 통한 '젊게 보이는 기술'에 돈을 쓴다. 한국 사회의 외모 열풍은 그만큼 한국 사회가 다양성의 존중을 통한 민주주의의 형성과는 거리가 먼 사회라는 점을 보여주는 것이다. 즉, 외모에 따라, 혹은 외모를 꾸민 정도에 따라, 어떤 사람은 특혜를 받고 어떤 사람은 불이익을 경험하게 되는 경우가 많고, 사람들은 그것이 부당하다고 느끼면서도, 자신도 그런 일반화된 기준으로 타인을 평가하는 데 점점 익숙해지고 있다. 외모가 자신에게 이익과 불이익을 갖다 준다고 느껴지면, 사람들은 외모관리에 집착하게 된다. 특히 여성에게 '외모'는 성공의 한 조건처럼 요구되고, 여성이 자신의 외모를 치장하는 일은 여성으로서의 마땅한 의무처럼 이해된다.

1) '미'의 신화와 여성억압

왜 여성은 비난과 찬사를 동시에 받으며 외모를 가꾸어야 하는가? 왜 남성보다는 여성에게 외모가 더 중요하며, 이것이 어떻게 여성억압의 기제로서 오랜 기간 작용하는지를 고석주와 정진경(1992)의 논문을 통해 분석해보자. 여성의 사회적 지위를 결정하는 데 외모가 큰 비중을 차지하는 데는 사회가 남성위주로 유지되어 왔다는 사실과 관련이 있다. 여성에게 공평한 사회적 진출의 기회가 주어지지 않는 상황에서 여성들은 사회적 권력에 접근한 남성을 얻기 위한 경쟁을 하게 되었고 이런 과정에서 남성의 성적 시선이 여성을 외모에 따라 차등화하는 기제로 작용하게 된다. 여성의 신체적 매력이 사회권력에 접근할 수 있는 주요길이 되었다. 산업화 이전의 단계에선 여성의 생식능력이 우선시되었지만, 산업화 이후 여성의 자리가 철저하게 생산영역에서 분리된 가정으로 고정되면서 중산층 여성들 사이에 아름다움에 대한 강조가 두드러지게 된다. 그 이후 여성의 아름다움이 '사회적으로 경제적으로 필요한 자원이 된다'라는 문화적 관념을 통해 여성들이 자신들의 외모를 가꾸는 데 대한 자발적인 순응을 유도해낸다. 원래 미인이란 개념은 다면적이고, 매우 모호하여 객관적인 평가가 불가능하기 때문에 주관적인 평가에 의해 좌우되는 불확실한 개념이다. 또한 아름다움의 기준이 끊임없이 변화하고, 미의 개념은 실존이라기보다는 '이상형'이기 때문에 그 둘의 괴리 속에서 여성들은 갈등을 겪는다.

외모에 대한 문화적 관념은 가장 이상적이고 도달하기 어려운 기준에 의해 규정되는 관념과 그것과 상호 모순을 이룬다고 할 수 있는 대응관념도 함께 존재하면서, 불확실한 상태에 있다. 즉 '아름다운 외모는 타고난다'는 관념과 대응해서 '여성의 아름다움은 꾸미기 나름'이란 관념이 존재하고 또 이 둘을 종합한 '아름다움이란 인위적으로 추구할 수 있되 자연스러워야 한다'는 관념까지 있다. 두 번째로 '아름다움은 절대적·본질적인 것이다'라는 관념이 있는가 하면 이에 대응해서 '아름답다는 것 역시 유행이며 아름다움은 인위적인 것으로 규정된다'라는 관념이 있다. 세 번째로 '아름다움은 좋은 것으로 순진함, 덕과 같이 존재한다'는 관념으로 이의 대응은 '미인은 사악하고 파괴적이다'라는 관념이다. 마지막으로 '아름다움은 강력한 힘을 가진다'라는 관념인데, 이는 미인은 원하는 것을 쉽게 손에 넣는 강력한 힘의 소유자라는 생각이다. 이에 대응 관념은 '아름다운 여자가 갖는 힘은 다른 사람을 통해서만 발휘되므로 무력함보다 더 형편없는 힘'이다라는 것이다. 이러한 것은 진실이라기보다는 '집합적 믿음'이다. 아름다움에 대한 불확실하고 허구적인 관념들이 동시에 존재하고 아름다움이 여성에게만 강조되어지고 여성이 그에 자발적으로 순응하게 되면서, 외모는 점점 여성억압의 기제로서 작용하게 된다.

이러한 외모에 대한 문화적 관념과 여성억압과는 어떠한 관련이 있을까? 미와 관련된 다양한 산업들이 생겨나면서, '아름다움'이란 것이 외부적인 미로 한정되기 시작한다. 또한 그것은 돈을 주고 살 수 있다는 믿음이 강해지면서 여성들이 자신의 외모에 쏟아 붓는 에너지, 시간, 돈은 엄청나게 늘어나게 된다. 남성들이 주로 '힘'과 '활동력'의 차원에서 자신의 몸을 파악하는 것에 반해 여성들은 자신의 몸을 너무도 주관적이고 불확실한 '신체적 매력'에 의해 파악하게 된다. 즉 남성이 자신의 신체를 기능적인 면에서 보는 반면 여성은 자신의 신체를 상품가치로 판단하여 '평가'적 차원에서 파악한다. 우리가 아무 생각 없이 하는 말 중, '이렇게 예쁜데 왜 아직 애인이 없나'라든가 '그냥 두기 아깝다'라는 말 등은 여성의 대상화를 더욱 가속화시키는 말들이다. 그러므로 여성에게 신체적 매력, 즉 외모는 자아개념과 중요한 연관을 맺게 된다. 그래서 여성들에게 있어 미모에 대한 자기인식과 전반적인 자신감, 일과 삶을 대하는 태도는 밀접한 관련성을 갖게 된다. 그리고 여성들이 불확실한 아름다움을 추구하기 위해 서로 비교·경쟁함으로써 다른 여성과 결속을 하기가 어렵게 되기도 한다.

남성중심 사회에서 여성이 힘을 얻는 길은 권력을 갖고 있는 남성을 차지하는 길이고 그러기 위해서는 남성의 시선에 의해 선택을 받는 일이 중요해진다. 또한 직장에 취직을 하거나 일상적으로 일어나는 대인관계에서 있어서도 미인이란 대단히 중요한 평가기준이 되기 때문에 여성들은 '아름다움'과 '성공'을 동의어로 이해하게 된다. 그래서 더욱 꾸미고 가꾸게 된다. 물론 한국사회처럼 외모중시 사회에서 남성들도 자신의 외모를 가꾸는 데 점점 더 많은 노력을 들이고 있다. 문제는 남성이 공적 성취 없이 외모만 내세울 경우 다소 냉소적인 시선을 받게 되는 반면, 공적인 성취를 이룬 여성이 외모를 가꾸지 않거나 외모가 부족하다고 느껴지면, 부정적인 평가를 받게 될 때가 많다.

　　현대사회에서 여성은 공적인 영역에서 자신의 능력만 있으면 재능을 발휘하고 직업을 얻을 수 있다는 기회균등의 원칙에 고무되어 독립적인 노동자로서의 삶을 살아가기를 원한다. 그럼에도 불구하고 동시에 여성이 사회에서 생존하기 위해서는 '여성 본연의 미'가 더욱 강조되고 있는 상황을 어떻게 이해할 수 있을까? 남성지배 구조 속에서 외모가 여성이 가진 유일한 자원이 된다고 믿는 것은 여성에게 외모는 그 자체가 추구할 만한 대상이 되고 맹목성을 띠게 된다. 사회가 변하고 여성해방운동이 확산되면서, 또한 여성의 사회진출 영역이 확장되면서 외모가 여성의 자아개념에 미치는 중요성이 상대적으로 줄어들었다고 볼 수 도 있지만 다른 한편으로는 성공한 여성은 아름답기도 하고 똑똑하기도 해야 한다는 더 어려운 목표가 부과되고 있는 것이 사실이다. 여성이 자신의 외부적 조건인 '몸' 그 자체로 평가되고 있다는 사실은 여성이 얼마나 무력한 존재인가를 증거하는 것이다.

　　여성의 아름다움이란 여성의 본능적 습성도 아니며, 사회권력적 차원에서 남성이라는 기득권층이 여성을 관리하기 위한 수단에 불과한 것이다. 우리 사회는 여성이 젊은 시절 일시적인 시기에 보여 줄 수 있는 미를 유일한 '여성의 가치'로 언어화시킨다. 이것은 여성으로 하여금 미모가 자신들만이 갖게 될 수 있는 독점적인 권력영역으로 착각하게 만들면서 여성의 열등한 위치를 유지시키고 있다. 이러한 관념을 내재화한 남성이나 여성들은 '예쁜 여자를 좋아하는 것은 남성의 본성이며 여자들이 자신의 마음에 맞는 남자를 선택하기 위해서는 외모를 가꾸는 수밖엔 없다'라고 흔히 말한다. 이러한 논리가 절대불변의 보편성을 띠는 것처럼 당연시되는 것은 우리 사회가 집단적인 성희롱이 만연된 사회이기 때문이다. 민주사회의 최소한의 원칙은 기회균등이다. 남성만이 자원을 독점하고 자신의 시각적, 성적 욕망을 만족시키는 것을 당연한 권리라고 이야기하는 사회에서 여성들은 일을 갖고 독립적인 자아를 형성하기 위해 외모주의에서 벗어나서 자신을 성찰하는 일이 시급하다.

2) 여성과 비만

역사적으로나 문화적으로 여성은 큰 몸에 대해 자부심을 느껴왔다. 뚱뚱하다는 것은 다산과 번영의 상징이며 생존할 수 있는 능력을 보여 주는 표시였다. 특히 식량의 확보가 어려운 사회에서 '지방'(fat)은 사회적 특권의 문화적 상징이며 건강의 지표로서 바람직한 것으로 추구되었다(피터 브라운, 1998). 뚱뚱함에 대한 해석은 사회·문화마다 달랐고 뚱뚱한 여성에 대한 평가도 달랐다. 예를 들어 북부 멕시코의 타라후라 지역에서 '미인'의 기준을 아름답고, 통통한 허벅지에 둔다든가 남부 아프리카 뱀바족은 여성에게 구애하기 위해 '나와 같이 있으면 당신(여성)은 아주 뚱뚱해지리라'는 노래를 부르는 것처럼 사랑을 통해 여성을 살찌게 하는 것을 바람직한 남편의 역할로 받아들인다. 사회가 물질적으로 풍부하고 여성의 출산율이 낮아지면서 일반적으로 뚱뚱함에 대한 해석도 달라지게 된다. 19세기 계층문화가 자리잡게 된 유럽에서는 뚱뚱한 여성은 자기관리를 못하거나, 게으르고 빈곤한 것으로 낮게 평가되었다.

현대산업사회의 의학과 광고에서는 비만은 위험하고 보기에도 아름답지 못한 것으로 언설화되고, 몸이 큰 여성이나 살이 찐 여성은 알게 모르게 무시와 차별을 당하기까지 한다. 그런데 여기서 유의해야 할 것은 일반적으로 비만의 범주에 속하는 남성들이 여성들보다 훨씬 많으나 다이어트는 왜 압도적으로 여성에 의해 실천되는지에 관한 것이다. 많은 여성들이 실제 자신의 몸무게가 얼마인지와는 상관없이 '뚱뚱하다'고 느끼고, 먹을 때마다 음식의 칼로리를 계산하고, 먹게 되면 얼마나 지방이 많이 늘어날까에 대한 걱정을 하는 데 귀중한 시간을 소비한다. 인간에게 먹는 일은 가장 일상적이며 반복적인 행위이다. 먹을 때마다 비만에 대해 신경을 쓰는 여성들이 그들의 몸과 음식에 쏟아 붓는 관심도와 시간의 양을 계산해 보면 엄청날 것이다. 이러한 기름 공포증의 사회에서 '잘먹는' 여성 또한 "그렇게 먹는데 왜 살이 안찌냐," "몰래 운동하는 것 아니냐" 등의 의심과 질시로부터 시작해서, "그렇게 먹으니까 찌지," "배 좀 봐라, 살 좀 빼야겠다" 등등의 비난까지, 다양한 방식으로 자신의 몸에 대해 의식을 해야 한다. 여성들의 사회진출이 확대되고 경제적으로나 심리적으로 독립적인 삶을 살고 있는 현대한국사회에서 여성은 왜 여전히 먹는 것에 대해 자신에게나 사회에 대해 죄책감을 느껴야 하는가? 이런 사회에서 뚱뚱한 여성들은 자신의 현재모습을 사랑하도록 하라는 격려대신 다이어트 좀 하라는 이야기를 들으며 자신의 몸에 대해 부정적인 이미지만을 갖게 된다. 여성운동가인 비비안 마이어(Vivian Mayer)는 "여성들이 집단적으로 굶고 있는 것은 중국의 전족이나 입술 찢어 벌리기와 같은 여성학대의 현대적 형태이다"라고 말한다(Sanford, 1992). 이상적인 여성다움에 대해 여성들의 의식은 어떤 것이며, 어떠한 방식으로 변화를 이루어낼 수 있을지 고찰해야 한다. 많은 연구들에 따르면, 계속적으로 저칼로리 다이어트를 하게 되면 결국 살이 빠지는 것이 아니라 건강이 나빠지는 주요 요인이 될 뿐이라고 한다(Sanford, 1992).

남성들에게 요구되는 이상적 몸에 대한 기준은 상당히 추상적인 반면 여성들에게 요구되는 것은 매우 구체적이다. 여성들이 다이어트를 통해 자신의 외모를 가꿔야만, 자신감을 얻고 사회적 지위도 얻게 된다고 믿는 것은 여성을 하나의 '육체적'인 존재로 환원시킴으로써 성차별 구조를 더욱 공고히 하게 만든다. 결국 여성의 사회진출이 많아지고 여성들의 능력이 다양한 분야에서 폭넓게 발휘되고 있는 이 시기에 이러한 '외모' 열풍이 여성을 다시금 육체적 아름다움에 의한 서열화로 내모는 것은 여성지위의 후퇴를 가속화시킬 수 있다.

4 소비사회에서의 여성의 몸

현대소비문화의 중심은 몸의 이미지에 있다. 이는 여성의 몸이 상품에 대한 구매욕망을 촉진시키는 데 적극적으로 사용된다는 것과 관련이 있다. 시각적 이미지에 의해 지배를 받는 현대사회에서 시선과 욕망은 밀접한 관련성을 갖게 된다. 새로운 욕망들을 끊임없이 창출해내는 기제로서의 광고들은 상품을 갖고 싶다는 욕구뿐만 아니라 그 상품과 연관된 이미지를 판매한다. 즉 사람들은 더 이상 절대적인 필요에 의해 물건을 구입하는 것이 아니라, 그 물건을 구매함으로써 얻어질 것처럼 보여지는 스타일을 갖기 원한다. 후기자본주의 사회의 소비문화는 상품을 구매하면, 육체의 욕망과 필요를 충족하고 해결할 수 있다는 믿음을 갖게 하는 데 그 위력이 있다. 또한 한 개인의 가치는 젊음, 건강, 날씬함, 섹시함 등의 대중적인 여성성·남성성에 도달했느냐에 따라 평가된다. 이것은 여성들이 특정 화장품을 바르거나, 인터넷, 광고나 TV를 통해 선전하는 옷을 구매하고, 다이어트 상품을 구매함으로써 도달될 수 있다는 생각을 갖게 된다. 그러므로 실질적인 경험 이외에도 문화적 이미지를 통해 자신이 어떤 사람인가를 확인하는 자아정체성을 형성하게 된다.

여성의 육체는 또한 '찬미하고 가꾸어져야 할 대상'이 되므로 그것과 연관된 다양한 산업이 생겨나면서, 소비문화와 밀접하게 연결된다. 다이어트, 식이요법, 성형수술 등의 주고객은 여성이고 여성을 생산적 주체로보다 소비적 주체로 형성시킨다(이영자, 1996).

또한 여성의 몸은 '에로틱 경제'와 연결된다(이영자, 1996). 에로틱 경제란 "주로 여성의 성의 상업적 관리를 주요 과제로 삼아 각종 성상품들, 성적 장치, 성적 서비스들을 증식시키는 데 전념하는" 소비산업을 의미한다. 즉 여성의 몸을 상품가치화하는 광고나 포르노그래피, 또는 매춘산업 등은 성적 요구를 성상품으로 둔갑시켜 여성의 몸을 '살 수 있는' 대상으로 만든다. 이러한 소비산업사회에서, 여성의 몸은 이미 자기 것이 아니며, 공중을 위한 눈요기와 성적 욕구의 대상으로 변화된다. 이런 상황에서 여성들은 자신의 외모와 몸에 대해 만족하기보다는 다른 사람의 시선으로 인식하게 되고 뭔가 문제가 있는 상태로 보는 경향이 강하다. 여성의 외모가 더 많이 찬양되고, 전시되고, 상품화될수록 여성은 자신의 몸에 대한 증폭된 불안감에 시달리게 된다.

5 여성의 눈으로 보는 몸

외모를 통한 자기인식은 비교를 통해서 이루어지게 된다. 여기서 비교의 대상은 실질적으로 존재하는 주변의 여성들뿐만 아니라, 인터넷, 광고, TV나 대중매체를 통해서 보여지는 이상적인 여성의 이미지들이다. 따라서 대중매체가 발달한 현대사회에서 개인들은 다 자신의 개성을 추구한다고 하지만, 비슷한 얼굴과 비슷한 옷차림의 몰개성적인 인간들을 양산하게 된다. 여성의 아름다운 몸만들기는 "남성의 시선을 따라가는 타자지향적 욕구의 경쟁"으로 분석할 수 있다(이영자, 1997). 그렇다면 여성이 자신의 시선으로 여성의 몸을 본다는 것은 무슨 의미인가? 여성 운동가 글로리아 스타이넘(1995)은 다음과 같이 말한다.

우리가 자신감을 얻기 위해서는 이제까지 우리가 기준으로 삼아왔던 소위 성형수술적인 스테레오타입의 완벽 이미지를 떨쳐버리고 우리의 다양한 현실을 직시하고 받아들여야 한다. 즉 예뻐지기 위해서는 '이런 얼굴이 되어야 한다'는 식의 우리 머릿속에 깊이 박힌 사고를 버려야 한다. 그러면 전에는 보이지 않았던 우리들의 다양한 아름다움을 볼 수 있을 것이다.

이러한 일이 가능하기 위해서 구체적으로 개인 여성들의 의지뿐만 아니라 집단적인 노력이 필요하다. 여성들이 자신의 몸에 대해 불만족하거나 학대하는 것에서 벗어나 보다 긍정적인 자아이미지를 갖기 위해서는 여성들이 같이 할 수 있는 일이 많다(Sanford, 1992). 예를 들어,

* 광고에서 어떤 방식으로 여성을 비하하고 '미'에 대한 편협한 생각을 조장하는지 비판하고 이러한 비판적인 생각을 광고회사측에 알리거나 미디어에 좀 더 다양하고 현실적인 여성의 이미지를 보기 원한다는 여성들의 생각을 알린다.

* 우리의 몸에 대해 바로 안다.

* 여성들을 외모를 기준으로 판단하거나, 선택하거나 무시하는 남성들에게 도전하는 방법을 함께 모색한다.

* 몸 크기의 차이 등 우리 안에 있는 다양성을 사랑하고 존중하는 모임이나 단체에 가입하거나, 다르다는 이유로 차별받지 않도록, 모든 공포와 스트레오 타입을 없애도록 함께 노력한다 등이다.

중요한 것은 모든 변화가 자신의 내부에서 먼저 일어나야 한다는 것이다. 여성들은 자신의 외모 때문에 어떤 억압을 받는다고 느끼면서도, 다른 여성의 외모에 대해 끊임없이 '평가'가 들어간 말들을 하며, 다른 여성들의 외모에 간섭한다. 무엇을 바르라, 먹어라, 입어라 등이 우정이나 관심, 배려가 될 경우도 있지만, 우리는 그 여성의 평가의 기준이 누구의 시선을 담고 있는지 생각해 보아야 한다. 최소한 여성들은 남성적 시선과 통제를 거부하기 위해 다른 여성을 정형화된 미의 기준에 맞추어 구별짓는 행위를 끝마쳐야 한다. 이러한 의식화의 과정에서 생겨나는 여성들 사이의 '자연스러운 연대의 경험'은 각각의 여성들이 지닌 아름다움을 새롭게 발견하고 그 가치를 서로 인정함으로써, 남성의 시선의 중심성을 해체시킬 수 있다. 그래야만 여성들도 자유로움과 편안함에서 배어나

는 생명력을 존중하는 성숙한 자아를 갖게 될 수 있다.

또한 여성들은 자신의 '몸에 대한 권리'가 무엇을 의미하는지 이해하여야 한다. 무엇보다도 중요한 것은 여성들이 자신의 몸에 대해 자기 확인의 과정을 갖는 것이다. 1970년대 이후 미국에서 번성했던 여성주의 건강운동(Feminist self-help health movement)은 자본주의적 의료체제가 여성을 자신의 육체적 기능으로부터 분리·소외시켜 온 것에 대한 저항으로 여성 개인과 여성들끼리의 적극적인 '몸에 대한 탐색'을 하도록 장려했다. 여성들이 새롭게 자신들의 몸과 경험을 다양한 방식으로 설명함으로써, 여성들을 동일한 범주로 규정하며 권력을 행사해 왔던 남성중심적 헤게모니에 도전했다. 여성들은 이제까지 '질병'으로 취급돼왔던 것들이 정상적인 현상이며 '정상'이란 범주 안에 수많은 다양성들이 존재할 수 있음을 깨닫게 된다. 여성이 자기 몸에 대한 권리와 책임을 갖는다는 것은 여성들의 다양한 경험을 언어화함으로써, 남성중심적인 관점에서 만들어진 '신화'의 허구성을 드러내고 그것의 구속으로부터 벗어나는 것이다. 일반적으로 우리들은 대중매체를 통해서나 과학이란 이름의 의학적 정보를 통해 자신들의 몸의 기능을 이해한다. 이러한 지식들은 여성의 몸에 대한 편견을 기반으로 하기 때문에 때로는 여성들을 더욱 허약하게 만들거나 여성들에게 공포감을 줄 수 있다. 여성의 신체를 재개념화하는 일은 여성 스스로의 경험을 해명해내는 작업을 통해 이루어질 수 있다(하바드, 1990). 여성들은 자신의 몸과 그에 따른 기능을 바로 이해하고 고마움을 알아야 한다.

토론 및 연구 과제

1. 우리말에 '부정 탄다' 또는 '재수없다'라는 말이 있다. 이런 말이 쓰이는 맥락을 이야기해 보고, 그 중에서 여성의 몸이나 성성과 관련된 것들을 찾아보자. 남성중심 사회에서는 여성을 오염된 존재로 규정하여 모든 공적인 활동(제사, 행사, 사업) 등에서 배제시키는 이유를 설명하고, 이러한 문화적 규정을 변화시키기 위해 어떤 일이 필요한지 토론해 보자.

2. 남의 외모에 대해 끊임없이 말을 하는 이유는 무엇이며, 왜 우리는 정형화되고 획일

화된 미를 스스로, 또는 남에게 강요하는지 토론해 보자.

3. 자신의 몸에 대한 존중권과 권리를 얻는다는 것은 어떠한 실천적인 일을 통해서 가능
   해지는 것인지 논의해 보자.

참고문헌

고석주 · 정진경(1992), "외모와 억압,"「한국여성학」, 제8집.

김은실(1997), "여성의 건강관리와 육체 이미지의 소비문화,"「한국인의 소비와 여가생활」, 서울: 한국 정신 문화 연구원.

김진명(1996), "공간, 육체, 그리고 성,"「한국문화인류학」, 제29집 2호.

김현미(1997), "여성주의 성교육을 위한 모색,"「한국여성학」, 제13권 2호.

문화재연구소(1994), 「한국의 성문화연구」, 서울: 한국문화재연구소.

셰리 오트너 (2008), "여성은 자연, 남성은 문화," 미셸 짐발리스트 로잘도, 루이스 램피어 엮음, 권숙인, 김현미 옮김 「여성 · 문화 · 사회」, 서울: 한길사.

이영자(1997), "이상화된 몸, 아름다운 몸을 위한 사투,"「사회비평」 17호.

_____ (1996), "소비사회와 여성문화,"「한국여성학」, 제12권 2호.

장필화(1992), "몸에 대한 여성학적 접근,"「한국여성학」, 제8집.

글로리아 스타이넘(1995), 「여성 망명정부에 대한 공상」, 곽동훈 역, 서울: 현실문화연구.

루스 허바드 지음(1990), 「생명과학에 대한 여성학적 비판」, 김미숙 옮김, 서울: 이화여자대학교 출판부.

태희원 (2015), 「성형: 성형은 어떻게 끝없는 자기완성 프로젝트가 되었나」, 서울: 이후.

프리가 하우그 외 지음(1997), 「마돈나의 이중적 의미」, 박영옥 옮김, 서울: 인간 사랑.

피터 브라운(1998), "비만에 대한 인류학적 시각," 한국문화인류학회 편, 「낯선 곳에서 나를 만나다」, 서울: 일조각.

Bell, Ruth et al(1988), Changing Bodies, Changing Lives, New York: Vintage Books.

Martin, Emily(1987), The Woman in the Body, Boston: Beacon Press.

Sanford, Wendy(1988), "Body Image," The Boston Women's Health Book Collective, (ed.), The New Our Bodies, Ourselves, New York: Touchstone.

제12장

여성주의 문화연구와 대중문화

---

1. '여성 이미지'에서 '이미지로서의 여성'으로
2. '이미지로서의 여성'에서 '이미지 상품으로서의 여성 그리고 남성'으로
3. 연기자 지망생 및 신인의 성형 경험과 '이미지 상품-주체'의 형성
4. 이미지 생산과정에 개입하는 새로운 여성주의 문화연구를 위하여

---

1 '여성 이미지'에서 '이미지로서의 여성'으로

'여성주의 문화연구'는 단일한 하나의 학제(discipline)라기보다 맥락화된 현실과 이론을 오가는 두 연구분야가 만나거나 혹은 경합하며 이론을 생산해내는 하나의 장(field)이라고 할 수 있다. 서구 여성주의 문화연구는 196~70년대 등장한 제2세대 여성운동이 미디어를 여성 사회와의 주요 기제로 지목하고 이에 드러난 여성 이미지 분석에 전면적으로 뛰어들면서 시작되었다.

초기 서구 여성주의 문화연구는 미디어를 사회적 현실을 그대로 반영하는 일종의 거울로 간주하거나 혹은 미디어가 전형적인 성별 역할과 행동을 가르치는 역할을 한다고 보았다. 이러한 연구들은 미디어 재현물을 일관된 주제의식을 갖고 만든 완결된 하나의 프로그램으로 보면서 여기에 등장한 성별 전형적인 역할과 이미지를 비판적으로 분석하는 것에 관심을 둔다. 이러한 연구들의 대안은

변화하는 여성 이미지 반영, 더 긍정적인 여성 이미지의 재현, 정부와 미디어 산업 관계자의 의식 변화에 초점을 둔다. 이는 196~70년대 이후 서구 미디어 연구, 그리고 1980년대 중·후반 한국 커뮤니케이션학에서 주요한 흐름으로 등장한 연구경향이다.

　　미디어 재현물을 일관되고 완결된 하나의 프로그램으로 본 것은 당시 미디어 프로그램의 생산 체제가 각각의 방송사를 중심으로 하나의 공장처럼 수직계열화되어 있었기 때문이다. 그런데 이런 관점은 미디어와 문화를 '사회의 투명한 반영'으로 다룸으로써 미디어 프로그램의 생산조건과 이를 가능하게 하는 가부장적 자본주의의 모순을 은폐한다. 더욱이 오늘날 미디어 재현물 생산의 현실 즉, 영상산업 노동 유연화 이후 다양하게 분화된 단위와 직군의 노동자들이 협업을 통해 생산하는 과정과 그 과정에서의 정치학은 관심의 대상이 되기 어렵다.

　　'변화하는 긍정적인 여성 이미지의 더 많은 재현'이라는 대안 또한 좀 더 생각해 보아야 한다. 오늘날 여성의 지위 향상을 기정 사실화하는 미디어 및 문화 장을 온통 뒤덮고 있는 것이 바로 여성의 이미지이다. 예컨대 최근 미디어를 점령한 소녀 아이돌들의 이미지를 생각해보자. 이들이 보여주는 소녀성(girlhood)이나 젊고 아름다운 여성 연예인의 이미지들은 미디어 산업의 자본 축적을 가능하게 하는 가장 중요한 상품들이라고 보아도 과언이 아니다. 그런데 이 이미지들은 능동성이나 파워풀함과 결합되는 경우가 많기 때문에 이를 남성적 시선에 포박된 대상화된 성적 이미지라고만 파악하기에는 무리가 있다. 그렇다고 해서 이것이 여성주의적으로 더 나은 상황이라고 보기도 어렵다. 즉, 대중문화에서 성적으로 파워풀하고 능동적인 여성들이 등장했다는 것은 그 자체로 긍정해야 할 현상이라기보다 여러 맥락에서 질문되어야 할 현상인 것이다.

　　이런 관점에서 분석의 초점은 반영된 '여성 이미지'가 아니라 '이미지로서의 여성'으로 이동한다. 이는 '특정 사회의 구체적인 맥락에서 성차(sexual difference)와 성적인 것(the sexual)의 의미 체계와 관련하여 재현된 여성 이미지가 어떠한 의미를 만들어내는가'라는 질문으로의 전환을 의미한다. 이러한 전환은 영화학 및 문화연구에서 알튀세의 '주체와 호명 그리고 이를 기능하게 하는 것으로서의 이데올로기론'이 부상하면서 가능해졌다(월터스, 1999).

　　우선 영화학에서 스타 현상을 '의미 작용'이라는 측면에서 다루는 방법론의 등장은, 스타가 생산되는 스타시스템의 인위성에 초점을 맞추었던 연구 경향에서 스타 소비의 이데올로기적 측면을 분석하는 것으로의 전환을 의미한다(다이어, 1995). 이에 따라 자본주의 사회의 이데올로기를 수행하는 스타의 역할로서 과시적 소비, 평범한 사람의 성공 신화, 사랑의 이미지가 거론된다. 그러나 다이어(Richard Dyer)와 같은 학자는 이를 전적으로 반동적인 것으로만 규정하기 어렵다고 결론내린다. 대안적이고 전복적인 유형의 스타들도 있으며, 여기에서 급진적 가능성을 읽어내는 것이 중요하다는 것이다. 그는 스타의 이미지를 하나의 텍스트로 삼아 분석하는데 이에 따르면 196~70년대 작가이자 반전운동가로도 활발하게 활동한 미국 여배우 제인 폰다의 이미지는 '급진주의와 여성주의를 미국적인 것과 화해'시키는 이데올로기적 작용을 한다.

　'여성 이미지'에서 '이미지로서의 여성' 연구에 큰 영향을 끼친 또 하나의 흐름은 영국 문화연구(Cultural Studies)다. 1965년 영국 버밍엄 대학 현대문화연구소(CCCS)에서 연원한 문화연구는 당시 맑스주의 정치경제학이 대중문화가 갖는 중요성을 간과하고 있다는 비판에서 시작되었다. 이들은 노동력의 착취가 수행됨으로써 가치증식의 비밀이 숨겨져 있다고 지적한 생산영역에 대한 과도한 강조가 사람들의 일상에서 큰 부분을 차지하고 있는 유통영역에 대한 간과를 낳았다고 보았다. 대표적인 학자 홀(Stuart Hall)이 보기에 시장이라는 유통영역은 생산영역을 은폐하는 허위의식의 장소가 아니라 부분적인 진실을 담고 있는 '부적합한 의식'의 영역이며, 사람들이 자신의 정체성과 사회에 대한 표상을 형성하는 중요한 장소이다(Hall, 1983). 따라서 대중문화가 생산되는 영역과 과정보다 이를 즐기고 해석하는 팬 중심의 대중문화 유통 영역이 주요한 분석의 대상이 된다. 그렇지만 남성 문화연구가들은 주로 계급에 초점을 맞추어 노동자계급의 문화 영위를 분석하였고 이런 연구들이 문화연구를 대표하게 되면서 문화 연구 전반의 젠더(gender)에 대한 관점 결여가 문제되었다. 이에 여성주의 문화연구가들은 노동자계급 소녀 문화 등 여성의 일상과 문화영위에 초점을 맞추면서 노동자계급의 가부장성에 질문을 제기했다(McRobbie, 1991). 또한 주로 미디어 재현물의 해석에 초점을 맞추었던 미국 여성주의 문화연구가들은 이에 영향을 받아 여성들의 문화재현물 해석 양상과 그 의미에 초점을 맞춘 연구들을 진행하였다(월터스, 1999).

1990년대 이후 전개된 한국의 여성주의 문화연구들 또한 이와 비슷한 관점을 취했다고 볼 수 있다. 소비 자본주의 사회로의 진입, 성의 상품화(commodification)와 상품의 성화(sexualization) 현상의 가속화, 여성의 성적 욕망과 성적 주체로서의 다양한 하위주체들의 부상이라는 맥락에서 대중문화 재현물들이 보여주는 성차와 성적인 것의 의미체계가 질문되기 시작한 것이다(김은실, 2001). 이러한 연구 경향은 이후 '대중문화를 향유하고 만들어내는 실제 여성들의 행위성(agency)에 대한 관심'으로 이어지면서 문화 영역에서 비규범적인 젠더와 섹슈얼리티가 구성될 가능성에 초점을 맞춘다. 미디어 연구 분야에서도 이러한 경향을 반영하듯 2000년 이후 미디어 이용 및 태도, 수용 및 해독, 생산적 소비에 대한 연구 비율이 높아졌다(백미숙, 2013).

그러나 최근에는 '이미지로서의 여성' 연구가 기반하고 있는 문화유통 및 소비에 대한 강조에 새로운 질문이 제기되기 시작했다. 이제 더 이상 상품의 유통과 소비과정에서만 의미가 발생하지 않으며, 발생을 의도하는 의미를 적극적으로 통합시키는 방식으로 생산과정이 변했다는 것이다. 캐나다의 저널리스트 클라인(Naomi Klein)은 제조업체들이 상품의 제조를 외주화하고 대신 브랜딩과 마케팅에 초점을 맞추게 되면서, 상품의 실제 용도보다 그것이 환기하는 이미지, 분위기, 서사가 구매에 중요한 영향을 미치게 된 작금의 상황을 '로고 자본주의'(logo capitalism)라고 불렀다(클라인, 2010). 따라서 여성주의 문화연구의 대상은 더 이상 소비에만 국한될 수 없으며, 문화의 생산과 소비가 결합하는 방식 그리고 그 의미가 새로운 질문의 대상으로 부상했다.

2 '이미지로서의 여성'에서 '이미지 상품으로서의 여성 그리고 남성'으로

이처럼 최근 한국 여성주의 문화연구는 문화의 소비뿐 아니라 문화가 설계, 촉진, 생산되는 과정에서의 젠더와 섹슈얼리티 양상을 문제삼기 시작했다(정민우·이나영, 2009; 김예란, 2014; 김현경, 2014). 이 글에서는 여성주의 문화연구의 맥락에서 현재 한국의 미디어산업이 규정하는 연기자상의 생산과정에 주목하면서

'이미지 상품'(image commodity)과 '이미지 상품−주체'(image commodity−subject)
라는 개념을 사용한다.

　　이미지 상품이란 배우로서의 전문적인 훈련보다는 시각적인 매력에 기반하
여 광고, 뮤직 비디오, 사이버상의 각종 프로모션 출연을 통해 인지도를 얻고,
그 이미지를 바탕으로 연기자나 가수, 리얼리티 쇼 출연자로 활동하며 파생 이
미지들을 쌓음으로써 문화 콘텐츠 제작의 중요 요소로 순환하는 오늘날의 연기
자 시스템을 의미한다(Lukács, 2010). 오늘날 문화 생산물은 '콘텐츠'라는 개념이
의미하듯 장르와 매체, 플랫폼을 넘나드는 '가변적 유연성(trans−versatile
flexibility)'을 지니기 때문에 연예인은 팬들에게 해석적 대상에 머물지 않고, '그
들이 실제로 행하면서 재생산할 수 있는 코드와 실천을 체현하는 대상'(김예란,
2014)이 된다. 연기자 이미지는 이에 적합한 방식으로 매체와 장르를 넘나들며
순환하게 되는 것이다. 이 때 연기자 지망생과 신인 연기자들은 순환할 수 있는
이미지를 획득해야 하는 '예비 상품(pre−commodity)'으로 위치지어진다. '이미지
상품−주체'라는 개념은 이처럼 연기 노동뿐 아니라 이미지 자체를 상품화해야
하는 이들이 자아와 맺는 관계를 의미한다. 소비자들에게 '이미지'는 욕망을 코
드화한 '비물질적인 것'으로 여겨지지만, 연예인들에게 이는 자신의 몸을 통해
체현해서 드러내야 하는 '실제적인 것'이다. 그러므로 오늘날의 문화산업에서 특
정 남녀 이미지가 설계, 촉진, 생산, 소비되는 사회적 실천들의 실제를 파악하기
위해서는 미디어 이미지뿐 아니라 이를 체현하는 실제 인간들의 몸과 감정 경험
에 주목할 필요가 있다.

　　우선 배우의 연기가 아니라 이미지 그 자체가 상품의 형태로 순환되기 시
작한 것은 미디어의 환경 변화와 관련이 깊다. 방송의 지위 변화는 연예인의 가
장 중요한 자질로서 시각적 매력에 기반한 외모를 더욱 심화시켰다. 방송이 국
가적 관리와 육성의 대상이었던 196~80년대에 일반 '국민'을 소구하는 프로그램
의 주역들이었던 연예인은 '대중 예능인'으로서 자리했다. 이 시기에 연기자에게 요
구된 것은 외모와 이미지뿐 아니라 연기를 통한 인기의 유지였다. 기본적으로는 시
각적 매체를 통해 연기를 선보여야 하므로 외모와 이미지가 중요하지 않았던 것은
아니지만, 지금과는 그 양상이 달랐다. 1980년대 말 이후 방송이 이윤 창출이 가장
중요한 '콘텐츠'라는 상품으로 변모한 이후, 방송의 소구 대상은 세대와 성별에 따

라 분화된 '소비자'가 되는데, 이 때 연예인에게 요구되는 외모와 이미지는 이전 시기 '대중 예능인'에게 요구된 것보다 명확하게 분화된 매력들의 조합으로 이루어져 모호하게 느껴진다. 예컨대 최근 젊은 여자 연기자들의 외모를 칭찬하는 말로 쓰이는 '베이글녀'란, 아이같은 얼굴(베이비)과 성숙한 몸매(글래머)의 조합어로서, 성애적이지 않은 것과 성애적인 것의 결합을 통해 재성애화되는 여성 외모를 일컫는다. 반면 가슴과 엉덩이가 거의 발달하지 않은 마른 몸매의 여자 연기자들이 '옷빨 잘 받고 시크한' 이미지로 젊은 여성 팬들의 롤모델로 부상하기도 한다. 남자 연기자의 경우, '옷태'가 나는 마르고 큰 키의 연기자가 샤워씬 등에서 남성다운 근육을 보여줄 수 있을 때, 위협적이지 않지만 보호자적이며 동시에 성애적인 모순적이고 복합적인 이미지로 대중에게 사랑받는다. 즉 최근 연기자들에게 가장 중요한 자질은 이러한 이미지를 구축할 수 있는 외모에 기반한 시각적 매력, 분위기 등이며 '연기 능력'은 필수 요소라기보다 이미지 구축을 위한 하나의 요소 정도로 자리한다.

두 번째로, 미디어 융복합(media convergence)은 이러한 상황을 더욱 심화시킨다. 방송 지위 변화로 인한 프로그램의 '콘텐츠화'는 디지털 기술을 매개로 다양한 매체를 넘나들며 이에 소비자의 힘이 복잡하게 얽힌 '컨버전스 미디어 정경'을 생성한다(젠킨스, 2008). 이제 연예인은 TV, 노트북, 스마트폰을 통해 도처에 편재하며 그들의 이미지는 광고, 영화, 드라마, 리얼리티 쇼, 가십, 패션, 노래 등을 순환하면서 하락과 상승을 반복하는 방식으로 쌓이게 된다. 이런 미디어 환경에서 심화되고 있는 글로벌 소녀 산업(global girl industry)은 '이미지 상품'으로서의 여배우 상과 맞물려 서로를 강화한다. '소녀를 대상으로 소녀에 의해, 생산되고 유포되는 문화 콘텐츠 및 그에 대한 실천 행위'인 '소녀산업'은 '미디어 테크놀로지와의 결합 속에서 형성, 계발, 촉진, 규율'된다(김예란, 2014). 특히 한국에서 소녀 산업은 걸 아이돌에 집중되어 있는데, 그녀들은 가수 활동뿐 아니라 광고, 드라마, 영화, 리얼리티 쇼, 심지어 국제 행사 및 정부 캠페인에 이르기까지 도처에 편재해있는 콘텐츠적 존재라고 할 수 있다. 이들은 특정한 여성 이미지를 바탕으로 한 기호가치를 창출한다(이수안, 2011).

최근 아이돌을 중심으로 한 국내외 한류 팬덤이 최대 수익처가 된 한국의 미디어 산업에서 애시당초 문화콘텐츠로의 호환이 가능하도록 구성된 아이돌의 연기활동 병행은 자연스러운 현상이다. 가수와 배우의 구분 자체가 무의미해져

가고 있는 것이다. 이러한 현상은 남녀 모두에게 해당되기에 남자 연기자들에게
도 '한류 시장에서 팔리는 특정 외모'가 중요시된다. 그러나 이들에게는 '연기파
배우'로서의 길이 없지 않기 때문에, 연기자의 이미지 유통 시장을 뜻하는 '연기
자 이미지 패러마켓(para-market)' 즉, 콘텐츠 소비자, 팬들의 기호, 이에 따른
제작 단위에서의 선호에서 여성 연기자들보다 좀 더 운신의 폭이 넓다고 할 수
있다(김현경, 2014).

3 연기자 지망생 및 신인의 성형 경험과 '이미지 상품-주체'의 형성[1]

여기에서는 이미지 상품인 연기자의 생산과정으로서 성형경험을 살펴보고
이들이 이 과정을 통해 획득하게 되는 자신에 대한 인식과 여성주의 문화연구적
함의를 고민한다.

1) 성형을 통한 획일적 외모의 직업 자질화

1-1) 카메라를 통해 재현되는 영상 이미지와 성형에의 압력

지망생 및 신인들의 경험에 의하면, 최근 연기자를 지망하거나 그 외 방송
출연을 희망하는 이들을 대상으로 한 대학 및 학원에서의 수업에서 '카메라 테
스트' 수업이 큰 비중을 차지하고 있는 것으로 보인다.

> (그 전에는 그런 생각 안 해 봤어요?) 네, 안 해 봤어요. 교정을 해야 되는
> 지도 몰랐어요. 그런데 교수님이 이제 교정을 해야겠다고. (그런 말씀은 어떻
> 게 하시는 거예요?) 카메라 테스트 수업이 많아요. 그럴 때 꿈을 물어봐요. 너
> 뭐 하고 싶니? 아, 저 기상 캐스터나 MC가 너무 하고 싶다고. 그러면 너는
> 교정부터 하라고. (20대 초반, 여, 고교시절 광고모델 활동, 연기 관련학과 재학 중)

> 저는 성형했어요 … 우린 아예 그런 수업도 있어요. 딱 이미지적으로, 화

---

1) 본장 3과 4의 내용은 2014년 <여성학논집> 제31집 2호에 실린 필자의 논문 "연예인 지망
   생 및 신인의 성형 경험과 '이미지 상품-주체'의 형성"을 바탕으로 수정하였음.

면 보면서 여긴 이랬으면 좋겠다, 여긴 이랬으면 좋겠다, 그런 노골적인 수업까지도 하거든요. (그런 수업은 어떤 종류의 수업인 거예요?) 이미지 수업이라고 해서, 화면에 비친 나의 모습, 나의 강점. (그럼 화면으로 딱 잡아서 당신은 눈이 어떻다, 이미지가 어땠으면 좋겠다 이렇게 얘길 해 주는 거예요?) 네. 클로즈업 해서 보면서 … 카메라 통해서 딱 보면 내 이미지가 어떻다는 걸 알게 되죠 … (그런데 사람의 이미지라는 건 표정에 따라 달라지잖아요) 그냥 딱 봤을 때 이미지. ○○○, 하면 청순한 이미지, 그런 거죠 … 저희는 아무래도 프로필 사진 찍으면 딱 봤을 때 이 사람한테 느껴지는 그 이미지가 중요해요 … 업체 쪽에서 필요한 이미지가 있으니까요. 또 대중한테 보여지는 직업이니까, 객관적인 그런 이미지. (20대 후반, 여, 드라마 보조출연 활동, 방송연기전문학원생)

카메라를 통해 재현되는 영상을 보면서 외모의 부족함을 지적하는 것은 위 지망생의 말처럼 '뭐 부정적으로 보겠다 그게 아니라 그게 직업인 사람들의 지적'으로 중립화되어 수용된다. 왜 그럴까. 연기자라는 직업은 카메라를 통해 재현된 영상을 통해 대중과 만나므로, 바로 이 '재현된 영상'이 자신이 만들어내야 하는 1차적인 이미지 상품이 된다. 광고 및 뮤직비디오 모델로 활동한 바 있는 또 한 명의 지망생은 광고 모델 경험을 통해 자신의 이미지가 '재수없다'고 악플 세례를 받은 경험이 있다고 했다. 즉, '카메라를 통해서 딱 보면 알게 되는 내 이미지'가 대중들과 접할 이미지이기 때문에 그에 대한 교사의 '단점' 지적은 '주관적'인 시선이 아니라, 대중을 대신해 지적하는 '객관적' 지적이 되는 것이다. 그러나 교사의 지적은 순전히 객관적 시선이라기보다 '여배우 ○○○은 청순한 이미지', '여배우 ○○○ 선배는 글래머러스한 이미지' 등 이미 존재하는 아름다움과 여성성에 관한 지배적인 표상을 더욱 강화해주는 또 하나의 요소가 된다. 이들의 진술은 대학과 전문학원이라는 제도화된 지식의 형태로, 교수와 전문 교사라는 지식 담지자의 권위를 통해, '카메라를 통해 만들어진 영상'에서 재현된 특정 이미지를 획득해야 한다는 압박이 형성되는 과정을 보여준다. 또한 이 과정을 통해 지망생들이 예전에는 필요하다고 생각하지 않았던 교정과 성형의 필요성을 자연스럽게 받아들이게 되는 과정도 살필 수 있다.

처음 인용한 면접 대상자의 경우 재학중인 연기 관련 학과의 수업에서 '카메라 테스트'를 통해 다소 고르지 않은 치아 교정을 권유받았고 교정과 코를 높이는 수술을 했다. 또 다른 지망생의 경우 기획사 관계자에 의해 전형적이지 않은 코가 영상에 이상하게 재현된다며, 코 수술을 권유받았다. 두 번째 인용한 면접 대상자는 방송연기학원의 수업을 통해 쌍커풀이 없어 작고 답답해 보이는 눈의 쌍커풀 수술, 낮아서 밋밋해 보이는 코 수술을 권유받고 수술을 했으며, 양악수술도 고려 중이었다. 또 다른 지망생은 평평한 이마와 살짝 나온 턱이 카메라에 잘 받지 않는다고 느끼면서 기획사 관계자가 볼록한 이마 만들기와 턱을 깎는 수술에 대한 성형외과 견적을 받아오라고 하여 의사와 상담을 하고 견적을 받은 적이 있다. 신인으로 활동중인 한 여성은 자신보다 상대적으로 눈이 크고, 코가 높은 여배우와 함께 얼굴만 재현된 영상을 보고 쌍커풀과 코 수술을 했다. 즉, 연기자 지망생과 신인들의 성형 경험은 '카메라에 잘 받는 얼굴'로의 변형으로 요약될 수 있다.

> 오히려 친구들은 잠깐 나오는데도 연락 안 오던 친구들도 야, 너 하면서 되게 알아보더라구요 … 아직 그, 여배우라 생각하면 이뻐야지. 사실 잘 안 나올 줄 알았어요, 왜냐하면 준비된 게 전혀 없으니까. 찍는다고 하면 완성된 얼굴로 해야 할 것 같고. 행여라도 내가 먼 훗날에 그게 남아 있으면 피해가 될 것 같고, ○○○ 옛날 얼굴. 그래서 사실 선생님이 (오디션을) 보라 그랬을 때, 하기 싫었는데 … 작은 역이지만 운이 좋게. 근데 첨엔 싫었거든요. 이런 거 나중에 남으면 행여라도 안 좋을 텐데. (20대 초반, 여, 영화 단역 배우로 활동중, 연기 관련학과 재학 중)

위에 인용한 면접 대상자는 연기 재능을 높이 산 담당 교수의 추천으로 영화 오디션을 보고 합격하여 출연했는데, 이 영화가 '대박'이 나면서 많은 친구들이 알아보자 오히려 불안해한다. '준비 안 된 상태' 즉 현재 외모가 그대로 재현된 영상이 '나중에 남으면 안 좋을 것'으로 생각되기 때문이다. 이는 카메라를 통한 영상 이미지 재현이 컨버전스 미디어 정경과 결합하여 여자 연기자의 영상 이미지 구축에 어떻게 작동하는가를 생생하게 보여주는 실례라고 할 수 있다.

그렇다면 남자 지망생과 신인들에게는 카메라를 통해 재현되는 영상이 외모 관리와 몸 변형 요구에 어떻게 작동하고 있을까. 광고와 한류 시장이 연기자의 가장 큰 수익 모델인 현재 한국 영상산업의 상황에서 남자 지망생과 신인들의 외모 자질은 '키 185cm 이상, 옷태가 나는 마르고 잔근육의 몸, 쌍커풀 없는 눈'(30대 초반, 남, 드라마 및 영화 단역, 조연급 연기자로 활동중)으로 표현된다. 여러 명의 남성 지망생 및 신인들은 이에 해당되는 '몸 스펙'이 아니면, 기획사에 들어갈 수 없다고 했다. 기획사에 소속된 한 신인 연기자는 이 모두를 갖추었으며, 기획사 측으로부터 '몸 관리 잘 하라'는 요구를 받는다고 했다. 성공적인 이미지 상품이 되기 위한 남성 외모의 조건은 이처럼 상대역 여성들보다 큰 키, '옷태'가 상징하는 소비적 남성성과 '근육'이 상징하는 보호자적 남성성, 그리고 '쌍커풀 없는 눈'이 상징하는 '한국적' 남성성의 복합적인 결합이다. 이처럼 남녀 연기자들에게 요구되는 '카메라에 잘 받는 외모' 자질은 확연하게 대비되는 것으로서 성별에 따른 재경계화가 일어나고 있다.

덧붙여 여성들이 영상에 재현된 자신을 표현할 때 얼굴과 외모에 중점을 두는 것과 달리 남성들은 연기에 중점을 둔 진술을 한다는 점에 주목할 필요가 있다. '기획사에 들어갈 정도'의 외모를 갖추지 못한 남성 지망생과 신인들은 자신들의 외모에 대한 아쉬움을 언급하지만, 그렇다고 해서 영상에 좀 더 '잘 받는' 외모로 변형시켜야 한다고는 생각하지 않았다. 그들이 영상에 '잘 받아야 하는' 것으로 언급하는 것은 카메라의 성격을 이해한 연기력이다. 영상에 매력적으로 재현될 수 있는 방법은 외모 변형이 아니라 '카메라를 이해한 연기'라는 것이다. 이러한 설명은 영상에 매력적으로 재현될 수 있는 방법으로 우선 마른 몸과 예쁘고 입체적인 얼굴을 드는 여자 지망생 및 신인들 설명과 대조적인데, 이는 연기자 이미지 패러마켓에서 '연기력 뛰어난 천만 배우의 길'이라는 선택지를 가진 남자 지망생 및 신인들에게는 연기자에게 필수적인 자질인 '연기력'으로 승부를 걸어볼 만한 길이 없지는 않음을 시사한다.

1-2) '좋은 기획사'의 요건: 기획사가 대 주는 성형수술 비용

연기자를 '이미지 상품'으로 보는 기획사의 외모 지적은 지망생들이 자신의 몸을 '변형해야만 하는 것'으로 인식하게 되는 맥락을 보다 명확하게 보여준다. 2012년 여름, 문화체육관광부가 주최한 <엔터테인먼트 멘토링 캠프> 프로그램 중 하나였던 관계자 강연에서 국내 주요 기획사의 실장급 매니저는 지망생들에게 제대로 된 기획사를 고르는 요령 중 하나로 '성형수술 비용을 대 주는 회사'를 언급했다. 이 비용을 부담하지 않는 회사는 지망생을 제대로 키울 의지가 없는, 사기나 치는 회사일 가능성이 농후하다는 것이다. 그런데 한 지망생이 기획사에 들어가기 위해 매니저들과 만나본 경험으로는 '예전에는 회사에서 성형수술하는 돈을 대 줬지만, 요새는 개인 사비로 하라고 요구한다'고 했다. 회사들은 '배우를 평생 데리고 있는 게 아니라 계약 기간 3년에서 5년 사이에 상품 만들어서 돈 번다 이런 식으로 생각하기 때문에' 성형 비용을 대지 않으려고 한다는 것이다.

이러한 서술에서 '지망생'이 갖는 결정의 권한은 자신의 몸에 관한 것이 아니다. 몸 변형 여부와 수준은 '회사(기획사)'가 정하는 것이다. 그들의 선택지는 몸을 변형시키는 데 필요한 비용을 기꺼이 지불하는 회사인가 아닌가에 국한된다. 지망생들이 몸을 변형시켜야 한다는 것은 이미 전제되어 있는 것이다. 기획사가 '만들어서' 매출을 올리려고 하는 '상품'인 연기자의 가장 우선적인 자질은 연기력이 아니라 성형을 통해서라도 예뻐 보이는 외모이므로 성형 비용은 일종의 '상품 제조 비용'에 해당한다. 그러므로 이 비용을 부담하지 않으려는 회사는 '사기나 치려는 양심 없는' 회사이거나, 계약 기간 내 비용 대비 초과 이윤을 뽑아내려는 의도를 가진 '착취적인' 회사라는 논리가 성립한다. 즉, 기획사는 성형수술 비용을 통해 지망생과 신인이 자신들의 몸과 외모에 기반한 '이미지 상품' 생산을 위해서는 자신의 몸을 스스로 변형해야 한다는 판옵티콘적 권력을(푸코, 2016) 행사한다. 이 또한 남녀별로 차이가 있었는데, 여성들은 기획사에 들어가기 위한 사전 미팅에서도 '성형해야 한다, 성형해 놔서 우리가 편하다'라는 말을 듣는 반면, 남성들은 기획사에 소속된 이후에도 얼굴 고치라는 말은 듣지 않는다고 했다. 대신 그가 듣는 말은 '살을 빼고 근육을 키워라'였고, 이에 해당되는 헬스 비용이 지급되었다고 한다. 이는 앞에서 살펴본 바, 이미지 상품으로서의 연기자 외모 자질이 성별에 따라 다르다는 사실에서 기인한다.

1-3) 영상콘텐츠 제작 과정에서의 외모 의존

카메라의 '객관적' 시선 때문에 연기자의 몸 변형이 당연하다는 논리에서 또 한 가지 제기되는 문제는 다른 나라의 배우들에게는 이 정도의 몸 변형이 비슷한 논리와 정도로 요구되지 않는다는 점이다. 외국에서 배우 훈련을 경험해

본 적이 있는 한 신인 연기자의 이야기는 이러한 상황이 현재 한국 사회의 영상 제작 관행 때문일 수도 있다는 점을 시사한다.

> 한국 사람이 한국 말로 연기하는데 쟤는 말이 저 따위냐라고 사람들이 얘기할 수 있잖아요. 그거를 봤을 때 이거는 한국말을 잘 하고 못 하고의 차이가 아니에요. 한국말로 연기하는 거는 한국 사람들한테는 뭐가 박혀있는 거가 있구나. (북미에서 배운 거하고는 다른 거라고 느끼시는 거예요?) 네. 어미를 굉장히 중요시하고, 호흡을 어디서 끊어 읽고 이런 거를 굉장히 중요시하는. 그런 거를 생각해봤을 때 적어도 한국 연기는 말을 굉장히 중요시해요. 반면 미국 연기는 행동을 중요시해요. 말이 중요한 게 아니에요. 연기는 행동에 있다, 그랬거든요. 하지만 한국은 지금, 그게 드라마가 가장 큰 영향을 끼치는 것 같은데, 카메라가 굉장히 정해져있어요. 클로즈업, 투샷 아니면 앉아서. 그러면 큰 움직임들이 없어요. 대부분이 마주 앉아서, 마주 보고 서서 말하는 거거든요. 모든 것을 그 말 안에 표현해야 해요. 말로 아니면 얼굴 표정으로. 요 안의 작은 움직임을 가지고 다 표현을 해야 하거든요. 그러면 작은 눈썹 움직임, 턱 약간 움직임, 그걸로 표현을 하는 게 행동의 전부고 나머지는 말로 모두 해야 해요. 스토리를 풀고, 캐릭터를 보여주고 하는 걸 말로써 해결을 하는 거죠. 드라마 때문인 것 같아요. 적어도 지난 4년 동안 제가 봐 온 바는 그래요. (30대 초반, 남, 드라마 및 영화 단역으로 활동중, 해외 연기학교 졸업)

이 남성은 북미의 배우 양성 학교에서 훈련을 받고 몇 편의 단편영화에 출연한 경험이 있으며, 면접 당시 4년째 한국에서 머무르며 영화, 드라마 단역 출연 및 광고 출연 등 배우의 길을 모색하고 있었다. 그의 경험에 따르면 한국 연기는 '말'과 '표정 연기'가 중요한 반면, 미국 연기는 '행동'이 중요하다. 한국의 경우 특히 드라마에서 카메라 워크는 거의 움직임이 없으며, 한 장면에 많은 배우들이 한꺼번에 나오는 경우가 드물다. 미국의 경우 드라마도 '풀샷(full shot)'이 많고 한 장면에 많은 배우들이 서로 주고받는 연기들이 많다고 한다. 그러한 차이 때문인지 오디션에서도 한국에서는 대부분 독백을 해 보라고 하는 반면, 미국에서는 몸 움직임을 보거나 대사를 읽어주면 그에 대해 반응하는 대사 연기를 주문하는 경우가 많았다고 한다. 즉 한국의 영상 콘텐츠 특히 드라마에서는 과도한 클로즈업에도 감탄을 자아낼 만한 얼굴의 아름다움, 표정 연기와 대사 소화력이 중요하다면, 미국의 경우 '연기는 행동에 있다'고 말해질 정도로 몸 연기와 배우들 간의 호흡이 중요시된다는 것이다.

물론 작품의 목적에 따라 상황은 다를 수 있기 때문에 국가 간 영상콘텐츠 재현 스타일의 차이를 과도하게 일반화하기는 어렵다. 맥루헌(Marshall McLuhan)은 텔레비전이 기술적으로 클로즈업에 적합한 미디어이며, 이러한 특성상 텔레비전 배우는 말이나 동작을 크게 할 필요가 없고, 대신 영화나 무대에서는 효과가 없는 '고도의 자연적인 일상성'을 체득해야 한다고 분석한다. 텔레비전은 영화나 무대와 달리 시청자의 관여 방식을 통해 영상을 완성하거나 종결하기 때문이라는 것이다(맥루헌, 2011). 이러한 분석은 연기자의 얼굴을 중심으로 한 외모 중시 경향이 매체에 따라 달라질 수 있음을 시사한다. 그러나 이 남성은 텔레비전 드라마라는 동일 장르도 미국과 한국의 제작 방식이 많이 다르기 때문에 초점을 두는 외모와 연기 스타일이 다른 것 같다고 해석하고 있었는데, 이는 제작 프로듀서들이나 다른 신인 연기자들이 현장에 대해 설명해준 바와 일치하는 측면이 있었다. 예컨대 영상 콘텐츠에 대한 권리를 갖지 못한 채 방송사의 하청업체로 전락한 외주제작사가 시간에 겨가며 제작하는 드라마는 그 제작현장이 '사람들이 워낙 지쳐있어서 군대식으로 하지 않으면 안 되는 곳'(기획사 겸 제작사의 제작 프로듀서) '잠을 못 자기 때문에 배우를 인격적으로 존중하고 그럴 수 있는 곳이 아니다. 조금만 지체되도 쌍욕이 날아오는 곳'(30대 초반의 남성 조연 연기자)이다. 그런 만큼 '그림(영상)을 만드느라 고심할 시간'이 없기 때문에 대본대로 찍을 수만 있으면 다행이고, 연기자의 얼굴과 표정에 의지해 '그림'을 만드느라 카메라 워크도 관습적'(외주제작사 제작 프로듀서)이라는 것이다. 영상 콘텐츠 제작은 예술적이고 창의적인 과정일 것이라는 고정관념과 다르게 그야말로 '공장'식으로 제작되면서 연기자의 특정 외모가 이 과정을 가장 효율적으로 진행할 수 있는 요소가 되고 있는 것으로 보인다.

2) '이미지 상품-주체(image commodity-subject)'의 구성

2-1) '원료(raw material)로서의 몸' 인식: '몸에 대한 투자' 논리와 '몸 멸시' 감각의 형성

이처럼 성형을 비롯한 직접적인 몸 변형은 여자 지망생과 신인에게 압도적으로 요구되는 사항이지만 모든 이들이 비슷한 수준으로 몸 변형을 실천하지는 않는다. 그 이유는 연예계에서 성공하기 위한 요건으로서의 몸 변형이 개개인에게 갖는 의미와 정도가 다르기 때문이다. 지망생과 신인들은 자신이 가진 자원 및 이에 따라 달라지는 지망동기에 따라 몸 변형을 포함한 외모 관리의 필요성을 다르게 느끼고 있다.

예컨대 학력 및 학벌 자원과 부모의 사회경제적 지위가 모두 높고, '가수가 아니라 음악인'이 되고 싶었던 한 여성 지망생에게 외모 관리는 어느 정도로 필요했을까. 소위 '명문대'에 입학 후, 고등학생 때부터 소망한 대중음악인의 길을 걷기 위해 이에 반대하는 부모와 다투고 가출했던 그녀는 당시 참여한 언더그라운드 계의 컴필레이션 음반이 대중적인 성공을 거둔 후 이에 주목한 한 가요 기획사 관계자의 눈에 띄어 전속 계약을 맺는 것으로 연예계에 첫 발을 내디뎠다. 그녀는 기획사에서 처음부터 '빵 터뜨릴 만한 급'의 신인으로 대접받았다. 사장은 그녀에게 처음에는 성형을 요구하지 않았고, 오히려 '얼굴 고치다 바보된 애들이 얼마나 많은 줄 아느냐'는 핀잔을 줬다고 한다. 그녀의 작사와 작곡 실력, '엄친딸'스러운 배경이 '외모'를 능가하는 가수로서의 상품 가치일 수 있다는 판단 때문이었을 것이다. '가수가 아닌 음악인'을 지망한 그녀의 지망동기도 여기에 맞추어질 수 있었다. 그러나 그녀가 연기 트레이닝을 받고 연기자 데뷔를 준비하면서 성형에 대한 사장의 요구사항은 미묘하게 달라진다. '아침부터 저녁까지 모든 트레이닝을 소화하면서 식사 조절까지 하느라' 170cm 가까이 되는 키에 '온 몸이 뼈와 근육뿐인' 50kg의 몸무게를 유지했지만, 사장의 '살 좀 더 빼 볼래?'라는 한 마디에 살을 더 빼야 했다고 한다. 또한 영화 제작사 관계자와 미팅을 하게 되자 사장은 '성형외과 견적'을 받아보자고 제안하여 '2,800만원'의 견적을 받아오기도 했다. 이는 외모에 대한 지적이 여성 신인을 규제하는 중요한 방식임과 더불어 아무리 외모 외의 다른 자원으로 '빵 터뜨릴 만한 급'으로 분류

된 신인이라 하더라도 상품 가치에 대한 판단이 달라지면 성형과 같은 몸 변형
은 얼마든지 요구될 수 있음을 보여준다. 그녀의 몸은 투자를 통해 바꿀 수 있
는 '원료(raw material)'이기 때문이다.

　흥미롭게도 그녀는 스스로 '턱 깎는 수술'을 하고 싶어졌다고 말했다. 그녀
는 이를 예뻐지고 싶은 자신의 욕구 때문이라고 말했지만, 이런 구체적인 소망
이 기획사에서의 농담을 빙자한 지속적인 외모 지적, 이로 인해 당시 받은 상처
와 아무 상관이 없다고 단언하기는 어려워 보인다. 자신이 가진 자원들로 성형
은 안 할 수 있었지만 그 외 당연시되는 외모 관리와 지적으로 인해 그녀 스스
로 자신의 몸을 투자를 통해 바꾸면 더 좋을 대상으로 여기게 된 것이다. 즉, 있
는 그대로의 신체가 자신이 아니고, 고쳐서 더 예뻐질 신체가 자신인 것이다.

　자신의 몸에 대한 복잡한 감정은 실제로 성형을 한 경우에 더 분명하게 드
러난다.

　　그 때 마침 성형외과에서 협찬이 들어왔었어요. 전신을 다 공짜로 해
　주겠다고 … 그래서 엄마한테 얘길 했더니, 엄마가 미쳤다고. 왜 그런 짓을
　공짜로 왜 하냐고. 그런 건 절대 안 된다, 얼굴인데. 다들 워낙 크다 보니까,
　제 얼굴에 코가 낮거나 이런 건 아니었는데, 되게 밋밋해보이는 게 있더라
　구요. 그래서 이제 병원을 다니면서 물어봤어요. 지금 내 얼굴 되게 좋아한
　다. 좋아해서 바꿀 마음은 없는데, 화면에 뭔가 좀 더 또렷하게 나왔으면
　좋겠다 … 그렇게 해 갖구 조금 손을 댔는데, 수술하고 나서 너무 힘들었어
　요 … 성형을 하고 나서, 거울을 봤는데, 제가 알던 얼굴이 아닌 거예요 …
　28년을 알고 지낸 얼굴이 아닌 거예요. (낯선 얼굴이 거기 있었구나) 네. 그래
　서 뭘 해도, 내가 무슨 표정을 짓고 있는지 모르겠는 거예요. 내 얼굴을 내
　가 모르겠으니까 아무것도 못 하겠더라구요. 되게 힘들었었어요, 감정적으
　로. (30대 초반, 여, 신인 연기자로 활동중, 연기 관련학과 재학 중)

　그녀는 자신은 다른 여성들과 다르게 '콤플렉스 있어서 한 게 아니라 직업
적 자질을 보완하기 위해' 성형을 했다고 강조했다. 어머니와 의논하여 '거리의
흔한 여성들과는 다른 방식으로 해 달라'며 성형의에게 구체적인 주문을 했다고

한다. 이는 신중한 상품 소비자의 태도와 다르지 않다. 여자 연기자로서의 자질 보완이 유연한 몸짓, 풍부하고 개성적인 표정과 목소리의 단련 등이 아니라 화면에 입체적으로 재현되는 획일적인 '높은 코'라는 사실은, 연기자의 몸이 특정한 외모를 중심으로 구성되는 이미지 상품의 원료로 위치되고 있음을 보여준다. 그러나 그녀의 서사는 몸이 단순한 원료일 수 없으며 자아의 터전임을 보여준다. 그녀의 신체는 화면에 비쳐졌을 때 '밋밋하지 않고 입체적인' 여자 연기자 이미지 상품의 '규격'에 도달했지만, 그 도달의 순간 그녀는 '개성적이었던 내 얼굴' 즉 '규격'에 맞지 않았던 원래의 신체를 떠올리며 규격에 맞는 지금의 신체에 대해 낯설고 힘들어한다.

이처럼 자원과 지망동기상 다른 외모 관리는 하더라도 성형은 안 해도 되거나, 정서적이고 물질적인 지원 속에서 '직업적 자질의 보완'으로 성형을 할 수 있었던 사례들 외에 상대적으로 자원이 부족한 여성들의 몸 변형은 어떤 양상을 띠며, 이들의 몸에 대한 감각은 어떠한 것일까.

저는 부모님 졸라서 했어요. 계속 졸랐어요, 수술해 달라고. (어떻게 졸랐어요?) 과 애들 얘기를 많이 했죠. 과 애들은 다 예쁘고, 다 하고 그랬는데 나도 좀 해 달라고. 엄마를 한 1, 2년 설득하고 3학년 때 했어요. 근데 이제 하니까 막 여기도 하고 싶고, 안면윤곽도 하고 싶고. 욕심이 계속 생기긴 해요. 너무 과하지만 않으면. (20대 초반, 여, 고교시절 광고모델 활동, 연기 관련 학과 재학 중)

일반인들은 더 예뻐지고 싶어서 얼굴 뜯어고친다고 하는데, 저희는 하나의 과정이에요. 수술하고 붓기있어서 선그라스 끼고 수업에 오고 그러죠. 허벅지가 굵으면 아예 대 놓고 말해요. 말이 좋아 꿀벅지지 진짜 말라야 된다고. 오디션 장에서도 헐렁한 옷 입으면 혼나요. 처음에 모르는 사람이 들으면 수치심이 들 수도 있지만, 보여지는 게 직업이다 보니까 라인 볼 수 있게 핏되는 옷 입어야 하고. 코멘트가 노골적으로 이렇게 쪄서 되겠냐. 그러니까 다이어트나 성형이 필수인 거죠. 하나의 준비 과정인 거죠. (20대 후반, 여, 드라마 보조출연 활동, 방송연기전문학원생)

이 두 사례 모두 '하고 나니까 더 하고 싶다'고 했다. 왜 그럴까. 고친 외모와 자아는 어떤 관계를 맺기에 '계속 욕심이 생기고' '일반인들과 다르게 우리는 하나의 과정'이라고 말하는 것일까. 기획사와 같은 '연기자 공급 단위'로 바로 진입하지 못 하고, 학교와 학원과 같은 '연기자 양성 단위'로 유입되어 스스로 오디션을 보러 다니거나 기획사 소속을 위해 노력하고 있는 이러한 사례들은 매번 새로운 장에서 끊임없이 자신을 입증해야 한다. 외모는 여자 연기자 지망생이 자신을 입증하는 가장 확실한 방식이다. 자원이 많은 여성이라도 '예쁜 외모'는 그 다른 자원들을 압도하는 자원이 되는데, 하물며 자원이 별로 없는 여성이 '예쁜 외모'를 갖추어야 한다는 것은 '의무사항'이다. 이에 그녀들이 경험하는 것은 '얼굴을 고쳤을 때' 오는 다른 반응이다. 기획사 매니저의 경우 '고쳐놓아서 다행'이라고 표현하며, 제작사 오디션 시 더 이상 얼굴에 대한 부정적인 코멘트를 듣지 않는다는 것이다. 이러한 맥락에서 성형을 비롯한 외모관리는 '투자'로, 외모 관리 후 다른 반응은 '투자에 대한 회수'로 여겨진다.

그런데 이 사례들은 '부모님을 조르면 성형 수술해 줄 정도의 자원'은 있었던 경우다. 실제 연기자를 지망하는 삶이란 '아르바이트 정도로 일상을 유지하며 트레이닝, 오디션, 미팅 등에 계속 응해야 하는' 것이기 때문에 한꺼번에 목돈이 들어가는 교정이나 성형 수술 비용을 자신이 충당하기란 쉽지 않다. 따라서 이런 비용을 대줄 수 있는 누군가가 없는 경우 성형은 스스로 '안 하는' 게 아니라 할 수 없어서 '못 하는' 게 된다.

대학을 졸업하고 지방에 있는 부모로부터 독립하느라 상경한 한 여자 지망생은 사보 만드는 기획사에 취직했고, 그 곳에서 1년 반 동안 일하면서 모은 돈은 치아 교정과 라식 수술을 하는 데 들어갔다. 앞에서 살펴본 사례들이 성형을 '나에 대한 투자'로 설명하는 것과 유사하게 그녀 또한 교정과 라식 비용을 '초기 투자 비용'으로 표현한다. 이러한 표현은 연기자란 직업이 투자를 통해 상품화에 성공한 후 투자한 돈보다 더 많은 수익을 거둘 수 있는 일종의 인간—상품이라는 것을 전제하고 있다.

현재 이 사례는 드라마 보조 출연(엑스트라)과 독립영화에서 주로 활동하고 있는데, 그나마 독립영화계에서 활동하고 있기 때문에 오디션에 응시라도 해 볼 수 있다고 했다. 그러나 그녀에 따르면 독립영화계에서도 '특정 역할을 제대로 구현할 수 있는' 연기력보다는 나이와 신체 조건으로 오디션 응시 가능 여부가 결정된다. 성형이라도 하지 않는 한 합격은 고사하고 응시도 해 볼 수 없는 상황을 반복적으로 경험하면서 그녀는 '처음부터 배제당한다'고 느끼고 이는 '무력감'으로 이어진다. 그녀가 한 '투자' 정도로는 그들이 원하는 신체조건에 맞출 수 없기 때문이다. 자신의 상황을 '경험이나 나이, 신체 조건 모든 면에서 너무 애매하다'고 말하는 것으로 보아 그녀 또한 자신이 한 투자 정도로는 의미 있는 작품에 출연하기 어렵다는 것을 알고 있다.

　　자신을 철저히 하나의 상품으로 대하는 표상체계에서는 궁극적으로 이 상황은 누구 혹은 무엇의 잘못인지, 개인은 이에 어떻게 저항할 수 있는지가 구체화되지 않는다. 그녀의 처지에서 이런 외모 권력은 제작사에 의해 직접적으로 강제되지만 이에 대해서도 그녀는 '보여져야 하는 직업이니까 (그들을) 이해한다'고 말한다. 문제는 제대로 투자할 수 있을 만큼의 자원을 갖지 못해서 애매하게 투자한 자기 잘못으로 돌아간다. 이런 면에서 그녀가 갖는 감정이 제작사의 부당한 처우에 대한 '분노'이기보다 스스로에 대한 자신감 없음인 '무력감'인 이유가 설명된다. 이처럼 카메라를 통해 재현된 영상을 경유한 외모의 직업 자질화와 성형의 일상화는 여자 연기자 지망생과 신인들의 창조적인 에너지와 연기에 대한 열정을 모두 흡수해 버릴 만큼 강력한 것이다.

　　이처럼 자원과 지망동기, 성별에 따라 '더 투자해야 할 것으로서의 외모 관리'는 다르게 위치지어진다. 이에 따라 지망생과 신인 개개인의 신체 변형 및 외모 관리 양상에는 차이가 있으나, 이 차이는 말 그대로 '정도의 차이'일 뿐이다. 이 모든 실천의 양상들이 도착하는 하나의 지점은 '관리하고 고쳐서 팔릴 만한 이미지를 획득해야 하는 원료로서의 몸에 대한 감각'이다. 또한 이는 원래의 몸을 긍정하지도, 고친 몸을 충분히 긍정하지도 못하는 감각을 낳는다는 점에서 '몸 멸시 감각'이라고 할 수 있다. 자신의 몸이 '여기 저기 관리하고 고쳐야 할 것들이 남아 있는 과정 중의 대상'이기 때문에 그 과정 어느 상태에서도 완전히 만족스러운 상태란 없다. 이처럼 몸을 변형할 수 있다는 사실은 몸으로부터의 해방이 아니라 오히려 몸에 얽매인 상태를 가져온다.

2-2) 경쟁적 비교를 통한 자아 감각의 유지

　　이처럼 '같을 수 없는 인간들'의 이미지를 특정한 동일 기준으로 비교하고 대조하며 규격에 맞는 상품으로 제조하는 것이 당연시되는 현재 연예 산업의 논리가 지망생과 신인들에게 관철되는 과정에서 스스로의 몸에 대한 멸시를 경험하는 지망생과 신인들은 이를 봉합하기 위해 다른 여성을 비교대상으로 타자화하는 것으로 보인다.

예컨대 기획사 내에서 '빵 터뜨릴 급'으로 위치지어졌던 한 지망생에게 '얼굴 고치다 바보된 애들이 얼마나 많은데 그런 생각하지 말라'는 얘기를 했던 기획사 사장은 회사 내 다른 여자 신인은 '성형 리얼리티 프로그램'에 출연시켰다고 한다. 그 여자 신인은 '바닥에서부터 가야 하는 이쑤시개 급'이고, 그녀는 '빵 터뜨릴 급'이었기 때문이다. 앞서 살펴본 이 여성의 소위 '자발적인 성형 욕구'는 기획사 내 '이쑤시개 급'으로 위치지어진 여자 신인에 대한 '강제적인 성형 요구'에 대한 진술과 함께 제시된다. 이 사례의 자발성을 자발적인 것으로만 보기 어렵다는 점에 대해서는 이미 논의했지만 여기서 지적하고 싶은 또 다른 측면은 진술 방식이다. '스스로 고치고 싶었다'는 이야기는 '거의 강제적으로 성형을 해야 한' 회사 내 다른 급의 여자 신인의 사례와 함께 등장하는데, 이로부터 이 여성이 그녀와 자신을 구별짓고자 시도한다는 사실을 알 수 있다. 언더그라운드에서 작사와 작곡 실력을 인정받았고, 유명 가수에게 발탁되어 '음악인'이 되려고 준비 중인 '나'는 기획사 사장에게도 '내 자식'이라고 인정받으며 미래에 회사에 엄청난 수익을 안겨줄 수 있는 '빵 터뜨릴 만한 급의 신인'으로서, 있는 건 '노래 실력 뿐'인, 심지어 '못 생기기조차 한 그녀'와는 '다른 사람'이라는 것이다. 이 차별화의 인정을 기획사 사장에게서 구하는 것은 이 사례가 음악인이 되고 싶었던 최초의 계기가 '남자 백 밴드를 뒤에 두고 예쁘게 보여질 거 생각 안 하고 미친 듯이 소리지르던 백인 여가수'가 각인되었던 순간이라고 표현했던 것에 비추어 생각해보면 놀랍지 않을 수 없다. 이 최초의 계기는 한국 사회가 문화적으로 강제하는 '여자다움', '여성성'이라는 범주에의 위화감으로 해석할 수 있는데, 그랬던 그녀가 온갖 외모에 대한 지적과 관리, 성형에의 은밀하고도 집요한 요구와 그것의 주체화를 통해 도달한 지점은 결국 '나는 스스로 고치고 싶은 사람', '그 여자는 고쳐야 되는 사람'이라는 여성들 간 경쟁적 비교의 논리인 것이다.

또 다른 여성 신인 연기자는 '직업적인 자질 보완'을 위한 자신의 성형을 '콤플렉스 고치려는' 일반 여성 나아가 다른 업계 후배들의 성형과 다른 것으로 이야기한다. 사실 그녀가 '길거리에 돌아다니는 흔한 분들'과 다를 수 있는 이유는 '성형 협찬'을 거절할 수 있는 어머니의 정서적, 물질적 자원을 통해서이다. 협찬을 받을 수 있다면 받고 싶은 경우들로서는 '길거리에 돌아다니는 흔한 분들'이 되는 길을 피할 수 없는 것이다. 그러나 그녀는 자신이 이런 경우들과 '다른 경우'라는 것을 강조하는 것으로 이야기를 마무리한다.

이처럼 상대적으로 자원이 있는 사례들이 구사하는 서사방식을 '나는 다른 여자들과 다르다'라고 요약할 수 있다면, 상대적으로 자원이 없는 사례들의 이야기하는 방식은 어떠할까. 이들의 이야기에서 특징적인 것은 우선 이들이 '다른 여성들과 다른 나'보다는 '너나 할 것 없이 다 고쳐야 하는 여자 지망생들'의 상황을 강조한다는 것이다. 한 지망생은 연기 관련 학과 동기생들 중 성형을 안한 친구들이 별로 없고, 길거리에서 지나가는 사람들과 텔레비전에 나오는 연예인들 중에서도 어느 부위를 어떻게 성형했는지가 다 보인다고 했다. 방송연기전문학원을 다니고 있는 또 다른 지망생은 브라운관이나 스크린에서 볼 수 있는 현역 배우들도 성형을 하고 부은 얼굴로 개인 교습을 받으러 오는 장면들을 목격하면서 '저렇게 활동하는 사람들도 계속 고치는구나'라고 생각하게 되었다고 했다. 이런 이들의 이야기 방식은 '나는 다른 여자들과 다르다'라는 서사방식과 비교해 볼 때 '여자들은 어차피 마찬가지다'라고 표현할 수 있다. 이 서사 또한 '여성'을 '성형하지 않을 수 없는 하나의 집단'으로 타자화하는 논리이긴 마찬가지인데 흥미로운 것은 '어차피 마찬가지인 여자들 중에서 그래도 나는 좀 다르다'라는 차별화의 논리가 추가된다는 것이다. 예컨대 '한 번 고치니까 과하지 않은 수준까지는 계속 고치고 싶다'고 말하면서 과한 수준으로 고쳐서 인조 인간처럼 된 나이트나 클럽에서 마주치는 여성들과 자신을 차별화하거나 '진정한 연기자가 되려는 과정에서 어쩔 수 없이 고친 자신'과 '스타가 되려고 허영심에 고치는 여자애들'을 구별하는 논리가 그렇다. 이처럼 이 사례들에서도 자신을 다른 여성들과의 경쟁적 비교를 통해 '다른 존재'로 위치시키려는 논리를 발견할 수 있다.

그렇다면 여자 지망생들과 신인들이 각기 다른 자원들과 지망동기를 가지고 있고, 이에 따라 이들의 신체 변형을 포함한 외모 관리 양상에 차이가 있음에도 불구하고 공통적으로는 나와 '다른 여성들'이라는 여성 집단 타자화의 논리를 찾아볼 수 있음은 무엇을 의미하는가. 일본의 여성학자 우에노(上野千鶴子)는 성별 이원적인 젠더 질서의 핵심적인 논리인 여성 혐오(misogyny)는 남성에게는 '여성 멸시', 여성에게는 '자기 혐오'라는 비대칭적인 방식으로 작동한다고 본다. 여성이 여기서 벗어날 수 있는 방식은 '예외적 여자'가 되어 자기 이외의 여성들을 타자화함으로써 그들에게 여성 혐오를 전가하는 것이다. 이 방법은 다시 두 가지 전략으로 나뉠 수 있는데, 하나는 남자들로부터 '명예 남성'으로 인정받는 '능력 있는 특권적 엘리트 여성'이 되는 전략이고, 다른 하나는 여성이라고 하는 범주로부터 이탈하여 여성으로서 가치가 매겨지는 것 자체를 회피하는 '추녀 전략'이다(上野, 2012). 학력, 학벌, 부모 자원이 모두 높고 '가수가 아니라 음악가'를 지망한 여성 지망생에게서 남성들에게 인정받는 '특권적 엘리트 여성'의 전략을 찾아보기란 어렵지 않다. 지원해주는 부모가 있는 여성 신인 연기자 또한 '콤플렉스 고치려고 성형하는 후배들'과 자신을 분리해서 설명한다. 자원이 그다지 많지 않기 때문에 '외모' 자원의 중요성이 압도적인 다른 사례들은 '여자들은 어차피 고쳐야 한다'며 여성성 자체를 외모 관리와 긴밀하게 연관지으면서도 자신이 어떻게 '과하게 고치는, 그냥 연예인 되고 싶어서 고치는, 요구에 맞춰주느라 고치는' 여성들과 다른 존재인지를 설명한다. 이처럼 여자 지망생들과 신인들에게 압도적으로 강요되는 성형 등의 몸 변형 요구는 개개 여성들로 하여금 자신들이 가진 자원을 매개로 다르게 실천되지만, 이 실천을 둘러싸고 스스로를 '아무 생각 없이 성형하는 여성들'과는 차별화된 존재로 위치짓고자 하는 그야말로 의미화의 투쟁이 벌어지고 있다.

　　남자 지망생과 신인들 또한 시각적 대상으로 재현되는 직업의 특성상 자신의 외모를 상대화하는 과정을 거치며, 이에 따른 우열관계를 받아들이고 있다. 그러나 흥미로운 점은 기획사에 들어갈 수 있는 외모의 소유자를 제외한 다른 남성들의 경우 외모로 이미지를 구축하는 길 대신 '연기파 배우의 길'을 적극적으로 언급한다는 점이다. 이는 한국 사회 연기자 이미지 패러마켓에서 남성의 경우 '천만 관객 동원 연기파 배우'라는 이미지로 팔릴 수 있는 가능성이 있기 때문이다.

4 이미지 생산과정에 개입하는 새로운 여성주의 문화연구를 위하여

연기자 지망생과 신인들의 지망동기는 복합적이지만, 이들의 진입 경험은 한 방향 즉 연기자의 이미지 상품화로 인한 압도적으로 '획일적인 외모의 중요성'으로 수렴된다. 앞에서 살펴본 것처럼 카메라에 재현된 영상 이미지, 이에 기반한 대학이나 전문학원의 교수진에 의한 외모 지적, 기획사의 성형 요구와 지원, 영상 콘텐츠 제작 과정에서의 과도한 외모 의존은 이를 개개 여성 지망생과 신인들에게 구체적으로 관철시키는 기제가 된다. 이에 '카메라에 잘 받는 얼굴'로의 변형 요구를 수용하는 여자 지망생과 신인들은 자신이 가진 자원에 따라 각각 다른 수준으로 성형을 경험하고 있었는데, 이는 개인적 차이에 그치지 않았다. 성형 수술을 포함한 외모 관리가 직업적 자질 관리로 당연시되는 연예계 문화에서 이들은 투자해서 변형해야 하는 '원료로서의 몸', 회수할 수 없는 혹은 회수가 안 되는 '몸에 대한 멸시'의 감각을 가지고 있었다. 이를 표면화하지 않고 연기자를 지망하고, 활동할 수 있으려면 '이런 와중에도 연기자를 해야 하는 뭔가 특별한 게 있는 나'라는 자아 감각을 유지하는 것이 중요하다. 그런데 이러한 감각이 온전히 자기 자신에게서 연원하는 것이 아니라 끊임없이 남과의 경쟁적 비교를 통해 만들어질 수밖에 없는 이유는 현재 연기자 선발 체제가 '같을 수 없는 인간들'을 '규격에 맞는 상품'으로 제조하는 시스템이기 때문이다. 그러므로 이러한 주체성은 병리학적인 것이 아니라 현재 연예산업 논리의 당연한 귀결이라고 할 수 있다.

남성 지망생과 신인들 또한 이러한 상황에서 특정한 키와 몸매, 근육을 중심으로 외모 자질이 강제된다. 이는 광고와 한류 드라마 중심의 연기자 이미지 패러마켓에서 이러한 외모의 남성 연기자들이 인기가 높기 때문이다. 그러나 이를 다양한 남성성의 재현으로 축복하기는 어렵다. 지금 우리 눈 앞에서 번성하고 있는 다양한 남성성이란 성별과 세대, 문화적 취향에 따라 세분화되는 상품 소비자의 다양성에 맞추어 새로운 틈새시장을 개척하고 확보하는 전략으로 채택된 것이기 때문이다. 동시에 남성들에게는 특정한 외모를 갖추지 못했어도 도전해 볼 만한 '연기파 배우의 길'이 없지 않다. '연기력'이라는 능력이 외모를 압도해 성공한 남성 롤모델이 존재하는 것이다.

결국 외모 관리와 성형이라는 투자를 통해 이미지 상품화에 성공할 수 있다는 인식은 여성 연기자를 새롭게 몸적인 존재로 구축한다. 물론 여성 연기자는 언제나 몸적 존재였지만, 이제 그 몸은 '관리되고 변형되는' 것이다. 관리되고 변형될 수 있기 때문에 오히려 몸을 고쳐서라도 획일적인 외모를 기본적으로 갖추어야 한다는 문화적 압력이 더욱 설득력을 얻게 된다. 이는 이들을 특별한 훈련을 필요로 하는 전문적 직업인이 아니라 자신의 몸을 이용하고 드러내보이는 '재자연화된 존재'로 위치지운다. 이러한 현실에서 절실히 요청되는 것은, 영상산업 전반을 구조화하고 있는 상품화의 논리를 급진적으로 탐문하고, 젊은 여성들이 몸의 변형을 통해 형성하는 주체성의 논리에 대해 대안적인 시각을 제시함으로써 구체적으로 개입할 수 있는 여성주의 문화 연구의 다양한 시도들일 것이다.

토론 및 연구 과제

1. 최근 화제가 되고 있는 걸그룹이나 이들의 뮤직비디오 중 하나를 골라 이들이 재현하는 '여성 이미지'와 이것이 우리들의 일상에 미치는 영향을 생각하면서 '이미지로서의 여성'을 분석해보자.
2. 최근 화제가 되고 있는 보이그룹이나 이들의 뮤직비디오 중 하나를 골라 이들이 재현하는 '남성 이미지' 그리고 '이미지로서의 남성'을 분석해보자. 그리고 1과 2를 비교해보자.
3. 1과 2의 생산과정에 대한 개입은 어떻게 가능할지 토론해보자.

참고문헌

김예란(2014), "아이돌 공화국 : 소녀 산업의 지구화와 소녀 육체의 상업화", 「젠더와 사회」, 서울: 동녘.

김은실(2001), 「여성의 몸, 몸의 문화정치학」, 서울: 또하나의문화.

김현경(2014), "기획사 중심 연예산업의 젠더/섹슈얼리티 정치학", 한국여성학회(편), 「한국여성학」, 제30권 2호.

다이어, 리처드(1995), 주은우 역, 「스타 – 이미지와 기호」, 서울: 한나래.

맥루헌, 마셜(2011), 김상호 역, 「미디어의 이해」, 서울: 커뮤니케이션 북스.

백미숙(2013), "한국여성커뮤니케이션학회와 한국 언론학에서 여성주의/젠더 연구", 한국여성연구학회협의회(편), 「여성주의 연구의 도전과 과제」, 서울: 한울.

월터스, 수잔나 D.(1999), 김현미·김주현·신정원·윤자영 역, 「이미지와 현실 사이의 여성들 – 여성주의 문화이론을 향해」, 서울: 또하나의문화.

이수안(2011), "대중문화에서 기호가치로서 몸 이미지의 소비양식 : 아이돌 그룹을 중심으로", 한국문화사회학회, 「문화와 사회」, 제11권.

정민우·이나영(2009), "스타를 관리하는 팬덤, 팬덤을 관리하는 산업", 한국여성커뮤니케이션학회(편), 「미디어, 젠더 & 문화」, 12호.

젠킨스, 헨리(2008), 김정희원·김동신 역, 「컨버전스 컬처」, 서울: 비즈앤비즈

치즈코, 우에노(2012), 나일등 역, 「여성혐오를 혐오한다」, 서울: 삼인.

클라인, 나오미(2010), 이은진 역, 「슈퍼 브랜드의 불편한 진실」, 서울: 살림 BIZ.

푸코, 미셸(2016), 오생근 역, 「감시와 처벌」, 서울: 나남출판.

Hall, Stuart(1983), "The Problem of Ideology: Marxism wothout guarantees", in Matthews, B.(eds.), Marx 100years on, London: Lawrence & Wishart.

Lukács, G.(2010), Scripted Affects, Branded Selves—Television, Subjectivity, and Capitalism in 1990s Japan, Durham & London: Duke University Press.

McRobbie, Angela(1991), Feminism and Youth Culture, London & New York: Routledge.

공저자약력

곽 삼 근
이화여자대학교 교육학과 학사
이화여자대학교 대학원 교육학과 문학석사
미국 Michigan State University, Ph.D.(성인및계속교육학)
현 이화여자대학교 교육학과 교수
저서 「여성과 교육」「여성주의 교육학」「현대인의 삶과 문화예술교육」 외 다수
E-mail: skkwak@ewha.ac.kr

김 신 현 경
연세대학교 정치외교학 학사
이화여자대학교 여성학 석사 및 박사(섹슈얼리티, 문화연구)
현 베를린자유대학 박사후연구원, 이화여대 한국여성연구원 기획 연구위원
저서 「섹슈얼리티 강의, 두 번째 이야기」(공저, 동녘)
역서 「성적 차이, 민주주의에 도전하다」(공역, 인간사랑)
논문 「기획사 중심 연예산업의 젠더/섹슈얼리티 정치학」(한국여성학)
　　　「아이돌을 둘러싼 젠더화된 샤덴프로이데의 문화정치학」(한국언론정보학보) 외 다수
E-mail: todamo@hanmail.net

김 현 미
서울대학교 영어교육과 학사
미국 University of Washington, MA, Ph.D.(사회문화인류학)
현 연세대학교 문화인류학과 교수
저서: 「글로벌시대의 문화번역」「우리는 모두 집을 떠난다: 한국에서 이주자로 살아가기」
　　　「젠더와 사회」(공저) 등.
E-mail: hmkim2@yonsei.ac.kr

손 승 영
연세대학교 사회학과 학사
미국 Yale University 석사
미국 University of Connecticut, Ph.D.(사회학)
현 동덕여자대학교 교양학부 여성학 교수
저서 「한국가족과 젠더: 페미니즘의 정치학과 젠더질서의 재편성」(집문당) 외 다수
E-mail: sysohn@dongduk.ac.kr

이 소 희
덕성여대 영어영문학과 문학사
한양대학교 대학원 문학석사 및 문학박사
영국 Univ. of Hull, MA & PhD(문학)

현 한양여자대학교 실용영어과 교수

저서 「여성주의 연구의 도전과 과제」, 「다문화사회, 이주와 트랜스내셔널리즘」 외 다수

E-mail: shlee@hywoman.ac.kr

주 은 희

연세대학교 문과대학 학사

연세대학교 대학원 교육학석사

영국 Cardiff University, Ph.D.(심리학)

현 한양여자대학교 유아교육과 교수

저서 「오늘, 청소년의 성을 읽다」(지식마당) 외 다수

논문 「유아기 자녀 어머니의 부부관계와 양육특성 관련

　　　인구사회학적 변인과 개인 내적 변인 분석」(젠더연구) 외 다수

E-mail: juno@hywoman.ac.kr

제3판
일상의 여성학 — 여성의 눈으로 세상읽기

초판발행	1998년 8월 30일
개정판발행	2005년 3월 25일
제3판발행	2017년 2월 28일
중판발행	2021년 3월 10일

지은이	곽삼근·김신현경·김현미·손승영·이소희·주은희
펴낸이	안종만·안상준

편 집	전은정
기획/마케팅	이영조
표지디자인	권효진
제 작	고철민·조영환

펴낸곳	(주) **박영사**
	서울특별시 금천구 가산디지털2로 53, 210호(가산동, 한라시그마밸리)
	등록 1959. 3. 11. 제300-1959-1호(倫)
전 화	02)733-6771
f a x	02)736-4818
e-mail	pys@pybook.co.kr
homepage	www.pybook.co.kr
ISBN	979-11-303-0424-3 93330

정 가　　18,000원